全国一级建造师执业资格考试历年真题+冲刺试卷

建设工程法规及相关知识
历年真题+冲刺试卷

全国一级建造师执业资格考试历年真题+冲刺试卷编写委员会　编写

中国建筑工业出版社

图书在版编目（CIP）数据

建设工程法规及相关知识历年真题+冲刺试卷／全国一级建造师执业资格考试历年真题+冲刺试卷编写委员会编写. -- 北京：中国建筑工业出版社，2024.12.（全国一级建造师执业资格考试历年真题+冲刺试卷）．
ISBN 978-7-112-30707-4

Ⅰ．D922.297-44

中国国家版本馆 CIP 数据核字第 2024H10Z24 号

责任编辑：牛　松
责任校对：赵　菲

全国一级建造师执业资格考试历年真题+冲刺试卷
建设工程法规及相关知识
历年真题+冲刺试卷
全国一级建造师执业资格考试历年真题+冲刺试卷编写委员会　编写
*
中国建筑工业出版社出版、发行（北京海淀三里河路9号）
各地新华书店、建筑书店经销
北京鸿文瀚海文化传媒有限公司制版
北京同文印刷有限责任公司印刷
*
开本：787 毫米×1092 毫米　1/16　印张：16½　字数：396 千字
2024 年 12 月第一版　2024 年 12 月第一次印刷
定价：40.00 元（含增值服务）
ISBN 978-7-112-30707-4
（44013）

版权所有　翻印必究
如有内容及印装质量问题，请与本社读者服务中心联系
电话：(010) 58337283　QQ：2885381756
（地址：北京海淀三里河路9号中国建筑工业出版社604室　邮政编码：100037）

前　言

"全国一级建造师执业资格考试历年真题+冲刺试卷"丛书是严格按照现行全国一级建造师执业资格考试大纲的要求，根据全国一级建造师执业资格考试用书，在全面锁定考纲与教材变化、准确把握考试新动向的基础上编写而成的。

本套丛书分为八个分册，分别是《建设工程经济历年真题+冲刺试卷》《建设工程项目管理历年真题+冲刺试卷》《建设工程法规及相关知识历年真题+冲刺试卷》《建筑工程管理与实务历年真题+冲刺试卷》《机电工程管理与实务历年真题+冲刺试卷》《市政公用工程管理与实务历年真题+冲刺试卷》《公路工程管理与实务历年真题+冲刺试卷》《水利水电工程管理与实务历年真题+冲刺试卷》，每分册中包含五套历年真题及三套考前冲刺试卷。

本套丛书秉承了"探寻考试命题变化轨迹"的理念，对历年考题赋予专业的讲解，全面指导应试者答题方向，悉心点拨应试者的答题技巧，从而有效突破应试者的固态思维。在习题的编排上，体现了"原创与经典"相结合的原则，着力加强"能力型、开放型、应用型和综合型"试题的开发与研究，注重与知识点所关联的考点、题型、方法的再巩固与再提高，并且题目的难易程度和形式尽量贴近真题。另外，各科目均配有一定数量的最新原创题目，以帮助考生把握最新考试动向。

本套丛书可作为考生导学、导练、导考的优秀辅导材料，能使考生举一反三、融会贯通、查漏补缺，为考生最后冲刺助一臂之力。

由于编写时间仓促，书中难免存在疏漏之处，望广大读者不吝赐教。衷心希望广大读者将建议和意见及时反馈给我们，我们将在以后的工作中予以改正。

读者如果对图书中的内容有疑问或问题，可关注微信公众号【建造师应试与执业】，与图书编辑团队直接交流。

建造师应试与执业

目　　录

全国一级建造师执业资格考试答题方法及评分说明

2020—2024年《建设工程法规及相关知识》真题分值统计

2024年度全国一级建造师执业资格考试《建设工程法规及相关知识》真题及解析

2023年度全国一级建造师执业资格考试《建设工程法规及相关知识》真题及解析

2022年度全国一级建造师执业资格考试《建设工程法规及相关知识》真题及解析

2021年度全国一级建造师执业资格考试《建设工程法规及相关知识》真题及解析

2020年度全国一级建造师执业资格考试《建设工程法规及相关知识》真题及解析

《建设工程法规及相关知识》考前冲刺试卷（一）及解析

《建设工程法规及相关知识》考前冲刺试卷（二）及解析

《建设工程法规及相关知识》考前冲刺试卷（三）及解析

全国一级建造师执业资格考试答题方法及评分说明

全国一级建造师执业资格考试设《建设工程经济》《建设工程项目管理》《建设工程法规及相关知识》三个公共必考科目和《专业工程管理与实务》十个专业选考科目（专业科目包括建筑工程、公路工程、铁路工程、民航机场工程、港口与航道工程、水利水电工程、矿业工程、机电工程、市政公用工程和通信与广电工程）。

《建设工程经济》《建设工程项目管理》《建设工程法规及相关知识》三个科目的考试试题为客观题。《专业工程管理与实务》科目的考试试题包括客观题和主观题。

一、客观题答题方法及评分说明

1. 客观题答题方法

客观题题型包括单项选择题和多项选择题。对于单项选择题来说，备选项有4个，选对得分，选错不得分也不扣分，建议考生宁可错选，不可不选。对于多项选择题来说，备选项有5个，在没有把握的情况下，建议考生宁可少选，不可多选。

在答题时，可采取下列方法：

（1）直接法。这是解常规的客观题所采用的方法，就是考生选择认为一定正确的选项。

（2）排除法。如果正确选项不能直接选出，应首先排除明显不全面、不完整或不正确的选项，正确的选项几乎是直接来自于考试用书或者法律法规，其余的干扰选项要靠命题者自己去设计，考生要尽可能多排除一些干扰选项，这样就可以提高选择出正确答案的概率。

（3）比较法。直接把各备选项加以比较，并分析它们之间的不同点，集中考虑正确答案和错误答案关键所在。仔细考虑各个备选项之间的关系。不要盲目选择那些看起来、读起来很有吸引力的错误选项，要去误求正、去伪存真。

（4）推测法。利用上下文推测词义。有些试题要从句子中的结构及语法知识推测入手，配合考生自己平时积累的常识来判断其义，推测出逻辑的条件和结论，以期将正确的选项准确地选出。

2. 客观题评分说明

客观题部分采用机读评卷，必须使用2B铅笔在答题卡上作答，考生在答题时要严格按照要求，在有效区域内作答，超出区域作答无效。每个单项选择题只有1个备选项最符合题意，就是4选1。每个多项选择题有2个或2个以上备选项符合题意，至少有1个错项，就是5选2~4，并且错选本题不得分，少选，所选的每个选项得0.5分。考生在涂卡时应注意答题卡上的选项是横排还是竖排，不要涂错位置。涂卡应清晰、厚实、完整，保持答题卡干净整洁，涂卡时应完整覆盖且不超出涂卡区域。修改答案时要先用橡皮擦将原涂卡处擦干净，再涂新答案，避免在机读评卷时产生干扰。

二、主观题答题方法及评分说明

1. 主观题答题方法

主观题题型是实务操作和案例分析题。实务操作和案例分析题是通过背景资料阐述一个项目在实施过程中所开展的相应工作，根据这些具体的工作提出若干小问题。

实务操作和案例分析题的提问方式及作答方法如下：

（1）补充内容型。一般应按照教材将背景资料中未给出的内容都回答出来。

（2）判断改错型。首先应在背景资料中找出问题并判断是否正确，然后结合教材、相关规范进行改正。需要注意的是，考生在答题时，有时不能按照工作中的实际做法来回答问题，因为根据实际做法作为答题依据得出的答案和标准答案之间存在很大差距，即使答了很多，得分也很低。

（3）判断分析型。这类型题不仅要求考生答出分析的结果，还需要通过分析背景资料来找出问题的突破口。需要注意的是，考生在答题时要针对问题作答。

（4）图表表达型。结合工程图及相关资料表回答图中构造名称、资料表中缺项内容。需要注意的是，关键词表述要准确，避免画蛇添足。

（5）分析计算型。充分利用相关公式、图表和考点的内容，计算题目要求的数据或结果。最好能写出关键的计算步骤，并注意计算结果是否有保留小数点的要求。

（6）简单论答型。这类型题主要考查考生记忆能力，一般情节简单、内容覆盖面较小。考生在回答这类型题时要直截了当，有什么答什么，不必展开论述。

（7）综合分析型。这类型题比较复杂，内容往往涉及不同的知识点，要求回答的问题较多，难度很大，也是考生容易失分的地方。要求考生具有一定的理论水平和实际经验，对教材知识点要熟练掌握。

2. 主观题评分说明

主观题部分评分是采取网上评分的方法来进行，为了防止出现评卷人的评分宽严度差异对不同考生产生影响，每个评卷人员只评一道题的分数。每份试卷的每道题均由2位评卷人员分别独立评分，如果2人的评分结果相同或很相近（这种情况比例很大）就按2人的平均分为准。如果2人的评分差异较大超过4~5分（出现这种情况的概率很小），就由评分专家再独立评分一次，然后用专家所评的分数和与专家评分接近的那个分数的平均分数为准。

主观题部分评分标准一般以准确性、完整性、分析步骤、计算过程、关键问题的判别方法、概念原理的运用等为判别核心。标准一般按要点给分，只要答出要点基本含义一般就会给分，不恰当的错误语句和文字一般不扣分，要点分值最小一般为0.5分。

主观题部分作答时必须使用黑色墨水笔书写作答，不得使用其他颜色的钢笔、铅笔、签字笔和圆珠笔。作答时字迹要工整、版面要清晰，书写不能离密封线太近，密封后评卷人不容易看到；书写的字不能太粗太密太乱，最好买支极细笔，字体稍微书写大点、工整点，这样看起来工整、清晰，评卷人也愿意多给分。

主观题部分作答应避免答非所问，因此考生在考试时要答对得分点，答出一个得分点就给分，说的不完全一致，也会给分，多答不会给分的，只会按点给分。不明确用到什么规范的情况就用"强制性条文"或者"有关法规"代替，在回答问题时，只要有可能，就在答题的内容前加上这样一句话：根据有关法规或根据强制性条文，通常这些是得分点之一。

主观题部分作答应言简意赅，并多使用背景资料中给出的专业术语。考生在考试时应相信第一感觉，很多考生在涂改答案过程中往往把原来对的改成错的，这种情形很多。在确定完全答对时，就不要展开论述，也不要写多余的话，能用尽量少的文字表达出正确的意思就好，这样评卷人看得舒服，考生也能省时间。如果答题时发现错误，不得使用涂改液等修改，应用笔画个框圈起来，打个"×"即可，然后再找一块干净的地方重新书写。

2020—2024年《建设工程法规及相关知识》真题分值统计

命题点		题型	分值				
			2020年	2021年	2022年	2023年	2024年
第1章 建设工程基本法律知识	1.1 建设工程法律基础	单项选择题	2	2	2	2	
		多项选择题					2
	1.2 建设工程物权制度	单项选择题	4	4	4	4	2
		多项选择题	4	4	4		2
	1.3 建设工程知识产权制度	单项选择题	2	2	2	2	2
		多项选择题				2	
	1.4 建设工程侵权责任制度	单项选择题	2	2	2	1	2
		多项选择题	2	2	2	2	
	1.5 建设工程税收制度	单项选择题	3	2	2	1	2
		多项选择题	4	4	4	2	
	1.6 建设工程行政法律制度	单项选择题					1
		多项选择题					2
	1.7 建设工程刑事法律制度	单项选择题	1	1	1		2
		多项选择题	2	2			
第2章 建筑市场主体制度	2.1 建筑市场主体的一般规定	单项选择题	3	3	3	2	1
		多项选择题				2	
	2.2 建筑业企业资质制度	单项选择题	1	1	1	1	1
		多项选择题		2	2	2	
	2.3 建造师注册执业制度	单项选择题		2	2	2	
		多项选择题	2				
	2.4 建筑市场主体信用体系建设	单项选择题	1	2	2	2	1
		多项选择题				4	2
	2.5 营商环境制度	单项选择题					1
		多项选择题					
第3章 建设工程许可法律制度	3.1 建设工程规划许可	单项选择题					1
		多项选择题					2
	3.2 建设工程施工许可	单项选择题	1	2	2	1	2
		多项选择题	2	2	2	2	
第4章 建设工程发承包法律制度	4.1 建设工程发承包的一般规定	单项选择题	2	2	2	2	1
		多项选择题				2	
	4.2 建设工程招标投标制度	单项选择题	3	4	5	4	3
		多项选择题	6	4	8	2	2
	4.3 非招标采购制度	单项选择题					1
		多项选择题					2
第5章 建设工程合同法律制度	5.1 合同的基本规定	单项选择题	2	1	1	3	2
		多项选择题					
	5.2 建设工程施工合同的规定	单项选择题	2	2	2	5	3
		多项选择题	4	4	4	6	4
	5.3 相关合同制度	单项选择题	6	5	6	3	5
		多项选择题	2	2	2	4	2

续表

命题点		题型	分值				
			2020年	2021年	2022年	2023年	2024年
第6章 建设工程安全生产法律制度	6.1 建设单位和相关单位的安全责任制度	单项选择题	2	1	1	2	2
		多项选择题	2	2	2		
	6.2 施工安全生产许可证制度	单项选择题	2	2	1	1	1
		多项选择题	2	2	4		2
	6.3 施工单位安全生产责任制度	单项选择题	1		2	4	3
		多项选择题	2	2	2	4	2
	6.4 施工现场安全防护制度	单项选择题	2	3		4	1
		多项选择题	2	2		4	4
	6.5 施工生产安全事故的应急救援和调查处理	单项选择题	1	3	2	2	1
		多项选择题	2			2	
	6.6 政府主管部门安全生产监督管理	单项选择题					1
		多项选择题					2
第7章 建设工程质量法律制度	7.1 工程建设标准	单项选择题	2	2	2	1	2
		多项选择题	2	2	2		
	7.2 无障碍环境建设制度	单项选择题					1
		多项选择题					2
	7.3 建设单位及相关单位的质量责任和义务	单项选择题	3	3	1	1	1
		多项选择题	2	2	2	2	2
	7.4 施工单位的质量责任和义务	单项选择题	2	1	2	2	
		多项选择题	2	2	2	4	2
	7.5 建设工程竣工验收制度	单项选择题	2	2	1	2	2
		多项选择题			2		
	7.6 建设工程质量保修制度	单项选择题	1	2	3	1	1
		多项选择题	2	2	2	2	
第8章 建设工程环境保护和历史文化遗产保护法律制度	8.1 建设工程环境保护制度	单项选择题	3	2	2	3	2
		多项选择题	2	2	2	2	
	8.2 施工中历史文化遗产保护制度	单项选择题	2	2	1	2	2
		多项选择题				2	2
第9章 建设工程劳动保障法律制度	9.1 劳动合同制度	单项选择题	2	2	4	3	2
		多项选择题	2	2	2	2	
	9.2 劳动用工和工资支付保障	单项选择题					1
		多项选择题					2
	9.3 劳动安全卫生和保护	单项选择题					1
		多项选择题					2
	9.4 工伤保险制度	单项选择题					1
		多项选择题					
	9.5 劳动争议的解决	单项选择题					1
		多项选择题					2
第10章 建设工程争议解决法律制度	10.1 建设工程争议和解、调解制度	单项选择题	3	3	3		1
		多项选择题	2	4	4	2	
	10.2 仲裁制度	单项选择题	2	2	2	2	2
		多项选择题	4	2	2		2
	10.3 民事诉讼制度	单项选择题	2	2	2	3	2
		多项选择题	2	2	2	2	2
	10.4 行政复议制度	单项选择题	1		1	2	1
		多项选择题		2			
	10.5 行政诉讼制度	单项选择题		1		2	3
		多项选择题	2		2		2
合计		单项选择题	70	70	70	70	70
		多项选择题	60	60	60	60	60

2024年度全国一级建造师执业资格考试

《建设工程法规及相关知识》

真题及解析

微信扫一扫
查看本年真题解析课

2024年度《建设工程法规及相关知识》真题

一、单项选择题（共70题，每题1分。每题的备选项中，只有1个最符合题意）

1. 根据《建筑法》，以欺骗手段取得建筑业企业资质证书的，应当承担的法律责任是（　　）。

   A. 注销资质证书　　　　　　　　B. 罚金

   C. 行政拘留　　　　　　　　　　D. 吊销资质证书

2. 根据《仲裁法》，下列纠纷中，能够约定仲裁的是（　　）。

   A. 婚姻纠纷　　　　　　　　　　B. 融资租赁合同纠纷

   C. 继承纠纷　　　　　　　　　　D. 监护纠纷

3. 根据《消防法》，单位的消防安全责任人是（　　）。

   A. 单位实际控制人　　　　　　　B. 单位安全部门负责人

   C. 单位行政部门负责人　　　　　D. 单位主要责任人

4. 根据《水污染防治法》，禁止设置排污口的是（　　）。

   A. 风景名胜区水体

   B. 货运码头

   C. 饮用水水源保护区内

   D. 具有特殊经济文化价值的水体

5. 下列文物中，可以属于私人所有的是（　　）。

   A. 古文化遗址　　　　　　　　　B. 古墓葬

   C. 祖传的字画　　　　　　　　　D. 石窟寺

6. 建设工程竣工后，应当及时组织竣工验收的主体是（　　）。

   A. 总承包单位　　　　　　　　　B. 建设单位

   C. 监理单位　　　　　　　　　　D. 工程质量监督机构

7. 施工作业人员发现直接危及人身安全的紧急情况，有权停止作业或者采取可能的应急措施后撤离作业场所，体现了施工作业人员的主要权利是（　　）。

   A. 施工作业危险的知情权

1

B. 紧急避险权

C. 对危险行为的检举权

D. 请求民事赔偿权

8. 承包人起诉发包人支付工程价款，经传票传唤，诉讼参加人无正当理由拒不到庭的，人民法院的下列做法中，正确的是（　　）。

   A. 承包人拒不到庭的，缺席判决

   B. 第三人拒不到庭的，裁定中止案件审理

   C. 证人拒不到庭的，按撤诉处理

   D. 发包人拒不到庭的，缺席判决

9. 关于劳动争议仲裁委员会设立的说法，正确的是（　　）。

   A. 直辖市人民政府可以决定在区、县设立

   B. 按照行政区划层层设立

   C. 省、自治区人民政府只能决定在设区的市设立

   D. 设区的市仅能设立1个劳动争议仲裁委员会

10. 关于专利权的说法，正确的是（　　）。

    A. 授予专利权的外观设计，应当具备新颖性、创造性和实用性

    B. 《专利法》规定的发明创造是指发明、实用新型和外观设计

    C. 发明专利权的期限自专利权授予之日起计算

    D. 外观设计专利权的期限为10年

11. 施工单位的原因致使建设工程质量不符合约定的，发包人请求并经施工单位修理后造成逾期交付的，施工单位（　　）。

    A. 不承担违约责任，修理费用由施工单位承担

    B. 应当承担缔约过失责任

    C. 应当承担违约责任

    D. 应当承担侵权责任

12. 关于工程监理单位质量责任和义务的说法，正确的是（　　）。

    A. 工程监理单位可以转让工程监理业务

    B. 工程监理单位不得与被监理工程的承包单位有隶属关系

    C. 未经总监理工程师签字，建筑材料不得在工程上使用

    D. 未经工程监理单位盖章，建设单位不拨付工程款

13. 下列情形中，应当判定为施工安全管理重大事故隐患的是（　　）。

    A. 建筑施工特种作业人员未取得特种作业人员操作资格证书上岗作业

    B. 施工单位未取得安全生产许可证

    C. 施工从业人员未取得安全生产考核合格证书从事相关工作

    D. 分部分项工程未编制、未审核专项施工方案

14. 关于建筑起重机械安装单位安全责任的说法，正确的是（　　）。

    A. 编制建筑起重机械安装、拆卸工程专项施工方案，并由本单位法定代表人签字

B. 将建筑起重机械安装、拆卸时间报工程所在地县级以上地方人民政府建设主管部门审核

C. 安装单位的技术负责人应当进行现场监督和定期巡查

D. 组织安全施工技术交底并签字确认

15. 关于居住权的说法，正确的是（　　）。

A. 当事人应当采用书面形式订立居住权合同

B. 居住权自居住权合同生效时设立

C. 居住权可以继承

D. 居住权人有权出租设立居住权的住宅

16. 关于占有的说法，正确的是（　　）。

A. 在施工过程中，施工单位对施工场地的占有属于自主占有

B. 在施工过程中，建设单位对施工场地的占有属于他主占有

C. 在施工过程中，施工单位对施工场地的占有属于恶意占有

D. 占有的不动产或者动产被侵占的，占有人有权请求返还原物

17. 甲施工单位向乙水泥厂采购水泥，合同约定总价款300万元，甲施工单位按约定向乙水泥厂支付了定金70万元。后因乙水泥厂供应的水泥不符合强制性国家标准导致该合同解除，甲施工单位可以要求乙水泥厂返还的最高金额为（　　）。

A. 130万元
B. 140万元
C. 120万元
D. 70万元

18. 人民法院认为事实清楚、权利义务关系明确、争议不大的第一审行政案件，可以适用简易程序的是（　　）。

A. 发回重审的案件

B. 按照审判监督程序再审的案件

C. 被诉行政行为经过听证程序的案件

D. 属于政府信息公开的案件

19. 关于工资支付时间保障的说法，正确的是（　　）。

A. 工资必须在每月的前5个工作日内支付

B. 实行周、日、小时工资制的，工资可按周、日、小时支付

C. 如遇节假日，工资应当在节假日结束后的第一个工作日支付

D. 工资至少每2个月支付1次

20. 关于仲裁庭组成的说法，正确的是（　　）。

A. 当事人可以约定仲裁庭由5名仲裁员组成

B. 仲裁庭可以由3名仲裁员或者1名仲裁员组成

C. 仲裁庭由当事人组建，仲裁员采取随机抽取方式确定

D. 首席仲裁员应当由仲裁委员会主任指定

21. 关于契税的说法，正确的是（　　）。

A. 契税的具体税率，由省、自治区、直辖市人民政府决定

B. 以偿还债务方式转移土地、房屋权属的，免征契税

C. 房屋互换的，契税的计税依据为所互换的房屋价格的差额

D. 婚姻关系存续期间夫妻之间变更房屋权属的，征收契税

22. 企业未按照要求提供企业信用档案信息的，县级以上地方人民政府住房城乡建设主管部门有权作出的行政处罚决定是（　　）。

　　A. 没收违法所得　　　　　　　　B. 责令赔偿损失
　　C. 责令限期改正　　　　　　　　D. 罚金

23. 属于申请施工许可证的条件是（　　）。

　　A. 已向建设单位缴纳履约保证金
　　B. 场地具备施工条件
　　C. 在中标候选人公示期内
　　D. 有满足施工需要的资金安排

24. 关于刑罚的说法，正确的是（　　）。

　　A. 拘役是刑罚主刑的一种
　　B. 罚款是刑罚附加刑的一种
　　C. 附加刑不得独立适用
　　D. 没收财产是刑罚主刑的一种

25. 下列行政诉讼案件中，由中级人民法院受理的一审案件是（　　）。

　　A. 知识产权案件
　　B. 省公安厅作为被告的案件
　　C. 乡镇人民政府作为被告的案件
　　D. 县级人民政府作为被告的案件

26. 下列民事诉讼案件中，实行二审终审制度的是（　　）。

　　A. 实现担保物权案件　　　　　　B. 建设工程施工合同案件
　　C. 确认调解协议案件　　　　　　D. 小额诉讼案件

27. 某建设工程施工中发现地下古墓，立即报告了当地文物行政部门，如无特殊情况，文物行政部门接到报告后应当（　　）。

　　A. 在12小时内赶赴现场，并在3日内提出处理意见
　　B. 在24小时内赶赴现场，并在7日内提出处理意见
　　C. 在24小时内赶赴现场，并在3日内提出处理意见
　　D. 在24小时内赶赴现场，并在5日内提出处理意见

28. 根据《保障中小企业款项支付条例》，机关、事业单位从中小企业采购货物，工程、服务，应当自（　　）之日起30日内支付款项。

　　A. 货物、工程、服务交付　　　　B. 采购合同生效
　　C. 保修期满　　　　　　　　　　D. 双方确认结算金额

29. 关于侵犯商业秘密的说法，正确的是（　　）。

　　A. 第三人明知商业秘密权利人的前员工以盗窃手段获取权利人商业秘密仍获取该商业

秘密的，不构成侵犯商业秘密

　　B. 经营者违反保密义务，披露其所掌握的商业秘密属于侵犯商业秘密

　　C. 受到损害的商业秘密权利人的赔偿数额，应当按照侵权人因侵权所获得的利益确定

　　D. 在侵犯商业秘密案件的民事审判程序中，商业秘密权利人就对方侵权承担全部举证责任

30. 关于产品责任的说法，正确的是（　　）。

　　A. 因产品存在缺陷造成他人损害的，被侵权人仅可向产品的销售者请求赔偿

　　B. 因运输者的过错使产品存在缺陷，造成他人损害的，被侵权人应当向产品的运输者请求赔偿

　　C. 明知产品存在缺陷仍然生产、销售，造成他人死亡的，被侵权人有权请求相应的惩罚性赔偿

　　D. 产品投入流通后发现存在缺陷造成他人损害的，生产者、销售者不承担责任

31. 关于无障碍环境建设保障措施的说法，正确的是（　　）。

　　A. 文明城市创建活动，应当将无障碍环境建设情况作为重要内容

　　B. 残疾人联合会有权修改涉及无障碍环境建设的标准

　　C. 地方结合本地实际制定的地方无障碍环境建设标准应当高于国家标准的相关技术要求

　　D. 中等职业学校应当开设无障碍环境建设相关专业和课程

32. 尚未制定法律、行政法规的，国务院部门规章对违反行政管理秩序的行为，可以设定的行政处罚的是（　　）。

　　A. 行政拘留　　　　　　　　B. 责令停产停业

　　C. 警告　　　　　　　　　　D. 没收违法所得

33. 社会保险行政部门受理工伤认定申请后，职工或者其近亲属认为是工伤，用人单位不认为是工伤，关于工伤认定证据的说法，正确的是（　　）。

　　A. 由职工或者其近亲属承担举证责任

　　B. 由用人单位承担举证责任

　　C. 由社会保险行政部门依职权调查取证

　　D. 由人民法院依职权调查取证

34. 关于人民调解的说法，正确的是（　　）。

　　A. 经人民调解委员会调解达成的调解协议，当事人有权申请强制执行

　　B. 经人民调解委员会调解达成的调解协议，具有法律约束力

　　C. 经人民调解委员会调解达成调解协议后，一方当事人有权向人民法院申请司法确认

　　D. 未经人民调解委员会调解的，不得提起民事诉讼

35. 施工单位在将隔震减震装置用于建设工程前进行取样时的监督单位为（　　）。

　　A. 住房城乡建设主管部门

　　B. 设计单位或者建设工程质量检测机构

　　C. 负有安全生产监督管理职责的部门

D. 建设单位或者工程监理单位

36. 下列行为中，属于违法分包的是（　　）。

A. 专业承包单位未派项目负责人、技术负责人、质量管理负责人、安全管理负责人等主要管理人员的

B. 专业作业承包人承包的范围是承包单位承包的全部工程，专业作业承包人计取的是除上缴给承包单位的"管理费"之外的全部工程价款的

C. 专业作业的发包单位不是该工程承包单位的

D. 专业作业承包人除计劳务作业费用外，还计取主要建筑材料款和大中型施工机械设备、主要周转材料费用的

37. 关于安全生产许可证有效期的说法，正确的是（　　）。

A. 延期手续由原安全生产许可证颁发管理机关办理

B. 安全生产许可证的有效期为5年

C. 安全生产许可证需要延期的，企业应当于期满后3个月内申请延期

D. 未发生重大安全事故的，安全生产许可证有效期满时自动延期

38. 关于施工合同工期顺延的说法，正确的是（　　）。

A. 隐蔽工程在隐蔽之前，发包人没有按照承包人的通知及时检查的，承包人可以顺延工期

B. 承包人虽未取得工期顺延的确认，但能够证明在合同约定的期限内申请过工期顺延，承包人以此为由主张工期顺延的，人民法院应当予以支持

C. 建设工程竣工前，当事人对工程质量发生争议，工程质量经鉴定合格的，鉴定期间不计入顺延工期期间

D. 当事人约定承包人未在约定期限内提出工期顺延视为工期不顺延，承包人提出合理抗辩的，工期仍不可顺延

39. 根据《民法典》，关于承揽合同履行的说法，正确的是（　　）。

A. 定作人验收并受领承揽物或者工作成果的，免除承揽人的瑕疵担保责任

B. 定作人不履行协助义务的，承揽人可以直接解除合同

C. 定作人在承揽人完成工作前可以随时解除合同，造成承揽人损失的，应当赔偿损失

D. 承揽人未经定作人同意将辅助承揽工作交由第三人完成的，定作人可以解除合同

40. 甲安装工程公司拟与在公司工作了15年的王某解除劳动合同，劳动合同解除前12个月王某的月平均工资为2.3万元，该公司职工月平均工资0.8万元，甲安装工程公司所在设区的市级人民政府公布的本地区上年度职工月平均工资为0.65万元。根据《劳动合同法》，甲安装工程公司应当向王某支付的经济补偿是（　　）。

A. 34.5万元　　　　　　　　B. 12万元

C. 23.4万元　　　　　　　　D. 9.75万元

41. 关于申请建造师初始注册的说法，正确的是（　　）。

A. 应当通过聘用单位提出申请

B. 初始注册的条件与建造师资格考试的条件相同

C. 取得证书的人员可以受聘于 2 个相关单位

D. 建造师初始注册通过备案完成

42. 女大学生林某被企业录用后，主动要求到最苦、最累的岗位工作。根据《劳动法》，企业可以满足她的要求，但不得安排其从事的是（   ）。

  A. 矿山井下作业   B. 高处作业

  C. 低温、冷水作业   D. 夜班工作

43. 关于建设工程质量保证金预留的说法，正确的是（   ）。

  A. 发包人应当按照合同约定方式预留质量保证金，质量保证金总预留比例不得高于工程价款结算总额的 2%

  B. 在工程项目竣工前，已经缴纳履约保证金的，发包人不得同时预留质量保证金

  C. 合同约定由承包人以银行保函替代预留质量保证金的，保函金额不得高于工程价款结算总额的 1.5%

  D. 采用工程质量保证担保的，发包人可以同时预留质量保证金

44. 关于建设工程档案资料的说法，正确的是（   ）。

  A. 工程竣工验收后 6 个月内，应当向城建档案馆报送一套符合规定的建设工程档案

  B. 电子档案签署了具有法律效力的电子印章或者电子签名的，也应当移交相应纸质档案

  C. 组织竣工验收时，应当组织对工程档案进行验收

  D. 改建工程应当重新编制建设工程档案，并按时报送

45. 对下列行政行为不服，申请人应当先向行政复议机关申请行政复议，对行政复议决定不服，方可以向人民法院提起行政诉讼的是（   ）。

  A. 行政机关作出的确认自然资源所有权的决定

  B. 行政机关作出的行政强制执行决定

  C. 行政机关作出的吊销资质证书处罚决定

  D. 申请政府信息公开，行政机关不予公开

46. 关于建造师基本权利和义务的说法，正确的是（   ）。

  A. 接受继续教育是其权利而非义务

  B. 在本人执业活动中形成的文件上签字是其义务而非权利

  C. 本人的注册证书应当交由聘用单位保管

  D. 协助注册管理机关完成相关工作是其义务

47. 某施工单位在施工中偷工减料，降低工程质量标准，造成重大安全事故，该施工单位的行为构成（   ）。

  A. 重大劳动安全事故罪

  B. 强令、组织他人违章冒险作业罪

  C. 重大责任事故罪

  D. 工程重大安全事故罪

48. 下列情形中，对方当事人可以行使施工合同法定解除权的是（   ）。

A. 承包人将建设工程转包的

B. 发包人迟延支付工程款的

C. 承包人采购不合格材料，监理人拒绝该材料进场的

D. 在保修期内，承包人未能在合理期限对工程缺陷进行修复的

49. 根据《保险法》，下列行为中，属于保险人义务的是（　　）。

A. 保险事故发生后的及时通知义务

B. 对保险人责任免除条款的明确说明义务

C. 保险事故发生时采取必要措施防止或者减少保险标的损失的义务

D. 保险标的危险程度增加时的及时通知义务

50. 从建筑物上坠落的物品造成他人损害，经调查难以确定具体侵权人，除能够证明自己不是侵权人的外，补偿主体为（　　）。

A. 建筑物全体业主　　　　　　　B. 物业服务企业

C. 可能加害的建筑物使用人　　　D. 居民委员会

51. 关于框架协议采购的说法，正确的是（　　）。

A. 框架协议采购可以确定 1 名或者多名入围供应商

B. 开放式框架协议采购是框架协议采购的主要形式

C. 框架协议采购需求在框架协议有效期内可以变动

D. 封闭式框架协议入围供应商可以随时退出框架协议

52. 关于分包工程生产安全事故报告的说法，正确的是（　　）。

A. 事故现场有关人员应当在合理时间内报告本单位负责人

B. 单位负责人应当立即如实报告当地负有安全生产监督管理职责的部门

C. 由分包单位负责逐级上报事故

D. 事故报告后应当每 4 小时补报一次

53. 关于建设工程开标的说法，正确的是（　　）。

A. 开标应当在招标文件确定的提交投标文件截止时间之后公开进行

B. 开标由招标人主持，邀请投标人推选的代表参加

C. 开标地点应当为招标文件中预先确定的地点

D. 开标过程可以根据需要进行记录

54. 关于乡村建设规划许可证的说法，正确的是（　　）。

A. 在村庄规划区内进行公益事业建设，申请乡村建设规划许可证的可以是个人

B. 在村庄规划区内进行乡镇企业建设，不必申请乡村建设规划许可证

C. 在乡规划区内使用原有宅基地进行农村村民住宅建设的，统一由城市、县人民政府核发乡村建设规划许可证

D. 在乡规划区内占用农用地进行乡村公共设施建设，直接核发乡村建设规划许可证

55. 下列安全责任中，属于设计单位安全责任的是（　　）。

A. 处理施工安全事故隐患

B. 向施工单位提供真实、准确和完整的有关资料

C. 审查安全技术措施

D. 对采用新结构的建设工程在设计中提出预防生产安全事故的措施建议

56. 在噪声敏感建筑物集中区域因特殊需要必须连续施工作业的，应当取得地方人民政府住房和城乡建设、生态环境主管部门或者地方人民政府指定的部门的证明，并（　　）。

A. 向附近居民支付赔偿费用

B. 报经应急管理部门审批

C. 经居民小区业主委员会同意

D. 在施工现场显著位置公示

57. 计算增值税应纳税额时，下列项目的进项税额不得从销项税额中抵扣的是（　　）。

A. 自境外单位购进无形资产，从税务机关或者扣缴义务人取得的代扣代缴税款的完税凭证上注明的增值税额

B. 从海关取得的海关进口增值税专用缴款书上注明的增值税额

C. 从销售方取得的增值税专用发票上注明的增值税额

D. 非正常损失的在产品、产成品所耗用的购进货物（不包括固定资产）、劳务和交通运输服务

58. 根据《民法典》，关于保证合同的说法，正确的是（　　）。

A. 非法人组织不得为保证人

B. 保证期间可以约定为主债务履行期限届满之日起 12 个月

C. 保证的范围只应当明确约定为主债务及其利息、违约金、损害赔偿金

D. 当事人在保证合同中对保证方式没有约定的，按照连带责任保证承担保证责任

59. 根据《民法典》，下列合同中，属于可撤销合同的是（　　）。

A. 违背公序良俗的合同

B. 行为人与相对人以虚假的意思表示订立的合同

C. 行为人与相对人恶意串通，损害他人合法权益订立的合同

D. 第三人以胁迫手段，使对方在违背真实意思的情况下订立的合同

60. 关于建筑工程中止施工的说法，正确的是（　　）。

A. 中止施工满 1 年的工程恢复施工前，建设单位应当报发证机关核验施工许可证

B. 在建的建筑工程因故中止施工的，建设单位应当自中止施工之日起 3 个月内，向发证机关报告

C. 施工单位应当按照规定做好建筑工程的维护管理工作

D. 建筑工程恢复施工时，应当经发证机关批准

61. 关于政府主管部门实施建设工程抗震监督管理措施的说法，正确的是（　　）。

A. 对建设单位或者施工现场随时进行监督检查

B. 不得复制被检查单位有关建设工程的文件和资料

C. 对隔震减震装置实施抽样检测

D. 查封涉嫌违反抗震设防强制性标准的施工单位

62. 张某在甲施工单位连续工作满8年；李某与甲施工单位已经连续订立2次固定期限劳动合同，但因工负伤不能从事原工作；王某在甲施工单位工作2年，并被甲施工单位聘任为总经理；赵某在甲施工单位累计工作了10年，但期间曾离职。除劳动者提出订立固定期限劳动合同外，甲施工单位应当与其订立无固定期限劳动合同的是（　　）。

A. 李某
B. 张某
C. 王某
D. 赵某

63. 关于招标投标异议、投诉处理的说法，正确的是（　　）。

A. 投标人对开标有异议的，应当自知道或者应当知道之日起15日内向有关行政监督部门投诉
B. 行政监督部门应当自收到投诉之日起5个工作日内决定是否受理投诉
C. 投诉人以非法手段取得证明材料进行投诉的，行政监督部门应当予以驳回
D. 行政监督部门应当自受理投诉之日起20个工作日内作出书面处理决定

64. 关于行政诉讼举证责任的说法，正确的是（　　）。

A. 原告应当提供其向被告提出异议的证据
B. 被告对作出的行政行为负有举证责任
C. 在诉讼过程中，被告可以自行向原告、第三人和证人收集证据
D. 原告应当提供证明行政行为违法的证据

65. 某施工单位与某仓储中心签订了建材仓储合同，并按照合同约定交付了建材，后施工单位提取建材时发现部分建材因保管不善潮湿损坏，双方发生争议。关于该仓储合同的说法，正确的是（　　）。

A. 施工单位向仓储中心交付建材时合同成立
B. 施工单位逾期提取建材，仓储中心可以直接提存建材
C. 仓储中心应当对潮湿损坏的建材承担赔偿责任
D. 施工单位提前提取建材、仓储中心应当减收仓储费

66. 关于招标方式的说法，正确的是（　　）。

A. 邀请招标必须向5个以上潜在投标人发出邀请
B. 公开招标是招标人以招标公告的方式邀请不特定的法人或者其他组织投标
C. 邀请招标是招标人以投标邀请书的方式邀请不特定的法人或者其他组织投标
D. 省、自治区、直辖市人民政府确定的地方重点项目，均可以进行邀请招标

67. 关于代理法律特征的说法，正确的是（　　）。

A. 代理行为不能导致法律权利义务关系的变化
B. 代理人实施代理行为时没有独立进行意思表示的权利
C. 代理行为的法律后果由代理人与被代理人共同承担
D. 代理人必须在代理权限范围内实施代理

68. 下列情形中，施工单位负责人应当到施工现场进行带班检查的是（　　）。

A. 工程项目出现险情时
B. 工程项目进行分部分项工程施工时

C. 项目负责人因故暂时离岗时

D. 工程项目发现事故隐患时

69. 某建筑设备公司向某施工单位出售了一批交由承运人运输的在途二手外墙喷涂机器人，关于该买卖合同履行的说法，正确的是（　　）。

A. 建筑设备公司对机器人承担质量瑕疵担保义务

B. 建筑设备公司对机器人不承担权利瑕疵担保义务

C. 在途机器人毁损、灭失的风险自机器人交付时起由建筑设备公司承担

D. 因机器人不符合质量要求，施工单位拒绝接收机器人，机器人毁损、灭失的风险由建筑设备公司与施工单位共同承担

70. 关于安全生产举报的说法，正确的是（　　）。

A. 应急管理部门集中受理举报

B. 受理的举报事项经调查核实后，根据性质和程度决定是否形成书面材料

C. 负有安全生产监督管理职责的部门应当公开举报电话、信箱或者电子邮件地址等网络举报平台

D. 涉及人员重伤的举报事项，应当由县级以上人民政府组织核查处理

二、多项选择题（共30题，每题2分。每题的备选项中，有2个或2个以上符合题意，至少有1个错项。错选，本题不得分；少选，所选的每个选项得0.5分）

71. 根据《最高人民法院关于审理建设工程施工合同纠纷案件适用法律问题的解释（一）》，发包人就建设工程质量缺陷承担过错责任的情形有（　　）。

A. 提供的设计有缺陷

B. 推荐购买的建筑构配件不符合强制性国家标准

C. 提供的建筑材料不符合强制性国家标准

D. 未按照合同约定支付预付款

E. 直接指定分包人分包专业工程

72. 下列费用中，应列入建筑工程安全防护、文明施工措施费用的有（　　）。

A. 环境保护费　　　　　　　B. 临时设施费

C. 建设管理费　　　　　　　D. 安全施工费

E. 文明施工费

73. 根据《建设工程安全生产管理条例》，施工单位专职安全生产管理人员的类型有（　　）。

A. 安装　　　　　　　　　　B. 机械

C. 土建　　　　　　　　　　D. 特种作业

E. 综合

74. 下列情形中，导致施工合同权利终止义务的有（　　）。

A. 发包人被处以罚款

B. 施工合同已经履行

C. 施工合同因故解除

D. 承包人通知发包人将部分工程款支付给第三人

E. 施工过程中发包人与承包人合并

75. 根据《最低工资规定》，在劳动者提供正常的劳动情况下，判断用人单位支付的工资是否低于最低标准应剔除（   ）。

A. 加班补贴
B. 工龄补贴
C. 高温补贴
D. 有毒有害补贴
E. 井下工作补贴

76. 施工单位拒不执行负有安全生产监督管理职责的部门作出的停止施工的决定，有发生生产安全事故的现实危险的，在保证安全的前提下，负有安全生产监督管理职责的部门可以通知有关单位采取的措施有（   ）。

A. 停止供电
B. 禁止通行
C. 停止拨付资金
D. 限制供应食品、药品
E. 停止供应民用爆炸物品

77. 关于所有权权能的说法，正确的有（   ）。

A. 占有权可以根据所有权人的意志和利益分离出去，由非所有权人享有
B. 所有权是物权中最重要也最完全的一种权利，在法律上不受限制
C. 财产所有权的权能包括占有权、使用权、收益权和处分权
D. 使用权是所有权人所享有的一项独立权能
E. 处分权是所有权人最基本的权利，是所有权内容的核心

78. 当事人申请执行仲裁裁决，有管辖权的单位包括（   ）。

A. 被执行人住所地的中级人民法院
B. 被执行人住所地的基层人民法院
C. 被执行的财产所在地的基层人民法院
D. 被执行的财产所在地的中级人民法院
E. 作出仲裁裁决的仲裁机构

79. 行政诉讼期间发生的下列情形中，人民法院应当裁定停止执行行政行为的有（   ）。

A. 被告认为需要停止执行的
B. 原告认为需要停止执行的
C. 该行政行为的执行会给当事人造成重大损害的
D. 该行政行为具有人身强制属性的
E. 人民法院认为该行政行为的执行会给国家利益造成重大损害的

80. 关于招标投标异议及其处理的说法，正确的有（   ）。

A. 投标人认为招标投标活动不符合规定的，有权向招标人提出异议
B. 投标人对招标文件有异议的，应当在投标截止时间 10 日前提出

C. 潜在投标人对资格预审文件有异议的，应当在提交资格预审申请文件截止时间 3 日前提出

D. 对评标结果的异议作出答复前，招标人应当暂停招标投标活动

E. 投标人对开标有异议的，招标人应当在评标完成后作出答复

81. 根据《无障碍环境建设法》，关于无障碍环境建设监督管理的说法，正确的有（　）。

A. 对违反《无障碍环境建设法》规定，损害社会公共利益的行为，人民检察院可以提起公益诉讼

B. 乡镇人民政府、街道办事处应当协助有关部门做好无障碍环境建设工作

C. 无障碍环境建设应当发挥企业主导作用，调动市场主体积极性，引导社会组织和公众广泛参与

D. 县级以上人民政府建立无障碍环境建设信息公示制度，不定期发布无障碍环境建设情况

E. 新闻媒体可以对无障碍环境建设情况开展舆论监督

82. 关于建筑工程节能验收的说法，正确的有（　）。

A. 建设单位组织竣工验收，应当对民用建筑是否符合民用建筑节能强制性标准进行查验

B. 单位工程竣工验收应当在建筑节能分部工程验收合格后进行

C. 政府投资项目不符合强制性节能标准的不得批准建设

D. 不符合强制性节能标准的项目可以进行开工建设

E. 建筑节能分部工程的质量验收，施工单位应当先行自检合格

83. 甲建材供应商与乙承运人签订了货运合同，约定由乙承运人运输一批建材到异地，收货人为丙施工单位，运费由丙施工单位支付。关于乙承运人相关权利的说法，正确的有（　）。

A. 乙承运人有权拒绝甲建材供应商通常、合理的运输要求

B. 如果甲建材供应商不按照约定或者法定方式包装建材，乙承运人有权拒绝运输

C. 建材运输到达目的地后，乙承运人有权要求丙施工单位及时受领

D. 如果丙施工单位不支付运费，乙承运人有权留置该批建材

E. 如果丙施工单位无故拒绝接收，乙承运人有权提存该批建材

84. 民事判决执行完毕后，据以执行的判决确有错误被人民法院撤销，关于补救措施的说法，正确的有（　）。

A. 已被执行的财产无法返还的，不再执行回转

B. 人民法院应当作出裁定，责令取得财产的人返还

C. 应当提起执行异议的诉讼

D. 取得财产的人拒不返还的，强制执行

E. 执行回转应当在判决被撤销后 6 个月内提出

85. 企业申请建筑业企业资质升级，资质许可机关不予批准其建筑业企业资质升级申请

的情形有（ ）。

A. 超越本企业资质等承揽工程

B. 未依法纳税

C. 未依法履行工程质量保修义务

D. 未取得施工许可证擅自施工

E. 未按照规定缴纳社会保障资金

86. 关于行政强制的说法，正确的有（ ）。

A. 排除妨碍、恢复原状属于行政强制措施

B. 行政强制包括行政强制措施和行政强制执行

C. 尚未制定法律、行政法规，且属于地方性事务的，地方性法规可以设定扣押财物的行政强制措施

D. 尚未制定法律，且属于国务院行政管理职权事项的，行政法规可以设定限制公民人身自由的行政强制措施

E. 法律、法规以外的其他规范性文件不得设定行政强制措施

87. 下列不良行为记录中，属于施工单位资质不良行为的有（ ）。

A. 未取得资质证书承揽工程的

B. 以欺骗手段取得资质证书承揽工程的

C. 以他人名义投标或者以其他方式弄虚作假，骗取中标的

D. 不按照与中标人订立的合同履行义务，情节严重的

E. 将承包的工程转包或者违法分包的

88. 关于需要配合建设工程进行考古发掘工作的说法，正确的有（ ）。

A. 应当由省、自治区、直辖市文物行政部门在勘探工作的基础上提出发掘计划，报国务院文物行政部门批准

B. 国务院文物行政部门在批准发掘计划前，应当征求社会科学研究机构及其他科研机构和有关专家的意见

C. 建设单位对配合建设工程进行的考古调查、勘探、发掘，应当予以协助

D. 确因建设工期紧迫，对古文化遗址急需进行抢救发掘的，由省级文物行政部门组织发掘，并同时补办审批手续

E. 确因有自然破坏危险，对古墓葬急需进行抢救发掘的，组织发掘的部门为建设工程所在地县级人民政府文物行政部门

89. 根据《劳动争议调解仲裁法》，关于劳动争议仲裁时效的说法，正确的有（ ）。

A. 仲裁时效因当事人一方向对方当事人主张权利而中断

B. 劳动关系存续期间因拖欠劳动报酬发生争议的，劳动者申请仲裁不受仲裁时效期间的限制

C. 劳动争议申请仲裁的时效期间为3年

D. 仲裁时效因对方当事人同意履行义务而中止

E. 因拖欠劳动报酬发生争议且劳动关系终止的，应当自劳动关系终止之日起1年内提出

90. 根据《注册建造师管理规定》，注册建造师在执业活动中有违法行为，县级以上地方人民政府住房城乡建设主管部门有权作出的行政处罚决定有（   ）。

A. 警告
B. 责令赔偿损失
C. 行政拘留
D. 责令改正
E. 没收违法所得

91. 根据《住房和城乡建设部关于做好房屋建筑和市政基础设施工程质量事故报告和调查处理工作的通知》，事故调查报告应当包括的内容有（   ）。

A. 事故发生经过和事故救援情况
B. 事故项目及各主管部门概况
C. 事故发生的原因和事故性质
D. 事故造成的直接和间接经济损失
E. 事故责任者的处理决定

92. 关于法的效力层级的说法，正确的有（   ）。

A. 宪法具有最高的法律效力
B. 法的制定主体、程序、时间、适用范围影响法的效力层级
C. 地方性法规的效力高于地方政府规章的效力
D. 行政法规的法律地位和法律效力高于地方性法规和部门规章
E. 同一机关制定的自治条例和单行条例，新的规定与旧的规定不一致的，适用新的规定

93. 关于建设工程抗震相关主体责任和义务的说法，正确的有（   ）。

A. 对抗震性能鉴定结果判定需要进行抗震加固且具备加固价值的已经建成的建设工程，所有权人应当进行抗震加固
B. 任何单位不得擅自变动建设工程抗震构件
C. 建设工程所有权人应当对存在严重抗震安全隐患的建设工程进行安全监测，并在加固前采取停止或者限制使用等措施
D. 设计单位可以根据建设单位的要求，在安全范围内适度降低抗震设防强制性标准
E. 实行施工总承包的，隔震减震装置可以由总承包单位和分包单位协同完成

94. 关于施工单位职工教育培训制度的说法，正确的有（   ）。

A. 施工单位应当建立、健全教育培训制度，加强对职工的教育培训
B. 未经教育培训或者考核不合格的人员，不得上岗作业
C. 施工单位应当建立培训基地
D. 推行终身职业技能培训制度，加强建筑工人岗前培训和技能提升培训
E. 大力推行现代学徒制和企业新型学徒制

95. 根据《城乡规划法》，关于规划条件的说法，正确的有（   ）。

A. 变更规划条件必须向城市、县人民政府城乡规划主管部门提出申请

B. 规划条件的变更内容不符合控制性详细规划的，城乡规划主管部门不得批准

C. 县级以上地方人民政府城乡规划主管部门对建设工程是否符合规划条件予以核实

D. 经城乡规划主管部门核实不符合规划条件的，建设单位不得组织竣工验收

E. 建设单位应当参照规划条件进行建设

96. 下列情形中，安全生产许可证颁发管理机关或者其上级行政机关可以撤销已经颁发的安全生产许可证的有（　　）。

A. 安全生产许可证颁发管理机关工作人员玩忽职守颁发安全生产许可证的

B. 超越法定职权颁发安全生产许可证的

C. 安全生产许可证颁发管理机关发现企业不再具备安全生产条件的

D. 企业转让安全生产许可证的

E. 违反法定程序颁发安全生产许可证的

97. 企业应当落实的消防安全主体责任有（　　）。

A. 保证安全费用高比例用于消防工作

B. 明确各级、各岗位消防安全责任人及其职责

C. 对建筑消防设施每年至少进行1次全面检测

D. 所有单位均实行24小时消防值班制度

E. 定期开展防火检查、巡查

98. 关于勘察、设计单位质量责任和义务的说法，正确的有（　　）。

A. 注册建筑师、注册结构工程师等注册执业人员应当在设计文件上签字，对设计文件负责

B. 未经注册的建设工程勘察人员，可以借用已注册执业人员的名义从事建设工程勘察活动

C. 对有特殊要求的建筑材料，设计单位可以指定生产厂、供应商

D. 勘察、设计单位可以转包所承揽的工程

E. 设计单位应当就审查合格的施工图设计文件向施工单位作出详细说明

99. 关于单一来源采购的说法，正确的有（　　）。

A. 采用单一来源采购方式公示期不得少于3个工作日

B. 单一来源采购方式适用于工程采购

C. 拟采用单一来源采购方式的，在批准之前，应当在省级以上财政部门指定媒体上公示，并将公示情况一并报财政部门

D. 对采用单一来源采购方式公示有异议的，可以在公示期间内将书面意见反馈给采购人、采购代理机构，并同时抄送相关财政部门

E. 采购人收到公示异议后应当组织补充论证，论证后认为异议成立的，应当采用其他采购方式

100. 关于未成年工特殊保护的说法，正确的有（　　）。

A. 不得安排未成年工从事低温、冷水作业

B. 不得安排未成年工从事国家规定的第三级体力劳动强度的劳动

C. 不得安排未成年工从事矿山井下作业
D. 不得安排未成年工从事夜班工作
E. 用人单位应当对未成年工定期进行健康检查

2024年度真题参考答案及解析

一、单项选择题

1. D;	2. B;	3. D;	4. C;	5. C;
6. B;	7. B;	8. D;	9. A;	10. B;
11. C;	12. B;	13. A;	14. D;	15. A;
16. D;	17. A;	18. D;	19. B;	20. B;
21. C;	22. C;	23. D;	24. A;	25. D;
26. B;	27. B;	28. A;	29. C;	30. C;
31. A;	32. C;	33. B;	34. C;	35. C;
36. D;	37. A;	38. A;	39. C;	40. C;
41. A;	42. C;	43. C;	44. C;	45. C;
46. D;	47. D;	48. C;	49. B;	50. C;
51. A;	52. B;	53. C;	54. C;	55. D;
56. D;	57. D;	58. C;	59. D;	60. A;
61. C;	62. A;	63. C;	64. B;	65. C;
66. B;	67. D;	68. C;	69. A;	70. C。

【解析】

1. D。本题考核的是以欺骗手段取得资质证书。《建筑法》规定，以欺骗手段取得资质证书的，吊销资质证书，处以罚款；构成犯罪的，依法追究刑事责任。

2. B。本题考核的是仲裁的特征。仲裁协议所处分的客体范围受一定程度的法律限制，并非所有的争议都能够提交仲裁解决。《仲裁法》规定，平等主体的公民、法人和其他组织之间发生的合同纠纷和其他财产权益纠纷，可以仲裁。下列纠纷不能仲裁：(1) 婚姻、收养、监护、扶养、继承纠纷；(2) 依法应当由行政机关处理的行政争议。

3. D。本题考核的是消防安全责任人。《消防法》明确规定了单位的主要责任人是本单位的消防安全责任人，对本单位的消防安全工作全面负责。

4. C。本题考核的是施工水污染防治。禁止向水体排放油类、酸液、碱液或者剧毒废液。禁止在水体清洗装贮过油类或者有毒污染物的车辆和容器。禁止向水体排放、倾倒放射性固体废物或者含有高放射性和中放射性物质的废水。禁止向水体排放、倾倒工业废渣、城镇垃圾和其他废弃物。禁止将含有汞、镉、砷、铬、铅、氰化物、黄磷等的可溶性剧毒废渣向水体排放、倾倒或者直接埋入地下。禁止在江河、湖泊、运河、渠道、水库最高水位线以下的滩地和岸坡堆放、存贮固体废弃物和其他污染物。禁止利用渗井、渗坑、裂隙、溶洞，私设暗管，篡改、伪造监测数据，或者不正常运

18

行水污染防治设施等逃避监管的方式排放水污染物。在饮用水水源保护区内，禁止设置排污口。

5. C。本题考核的是文物的保护。根据《文物保护法》，中华人民共和国境内地下、内水和领海中遗存的一切文物，属于国家所有。古文化遗址、古墓葬、石窟寺属于国家所有。国家指定保护的纪念建筑物、古建筑、石刻、壁画、近代现代代表性建筑等不可移动文物，除国家另有规定的以外，属于国家所有。国有不可移动文物的所有权不因其所依附的土地所有权或者使用权的改变而改变。下列可移动文物，属于国家所有：（1）中国境内出土的文物，国家另有规定的除外；（2）国有文物收藏单位以及其他国家机关、部队和国有企业、事业组织等收藏、保管的文物；（3）国家征集、购买的文物；（4）公民、法人和其他组织捐赠给国家的文物；（5）法律规定属于国家所有的其他文物。属于国家所有的可移动文物的所有权不因其保管、收藏单位的终止或者变更而改变。国有文物所有权受法律保护，不容侵犯。

属于集体所有和私人所有的纪念建筑物、古建筑和祖传文物以及依法取得的其他文物，其所有权受法律保护。文物的所有者必须遵守国家有关文物保护的法律、法规的规定。

6. B。本题考核的是组织竣工验收的主体。《建设工程质量管理条例》规定，建设单位收到建设工程竣工报告后，应当组织设计、施工、工程监理等有关单位进行竣工验收。

对工程进行竣工检查和验收，是建设单位法定的权利和义务。在建设工程完工后，承包单位应当向建设单位提供完整的竣工资料和竣工验收报告，提请建设单位组织竣工验收。建设单位收到竣工验收报告后，应及时组织有设计、施工、工程监理等有关单位参加的竣工验收，检查整个工程项目是否已按照设计要求和合同约定全部建设完成，并符合竣工验收条件。

7. B。本题考核的是紧急避险权。《民法典》规定，自然人的生命安全和生命尊严受法律保护。任何组织或者个人不得侵害他人的生命权。

《安全生产法》规定，从业人员发现直接危及人身安全的紧急情况时，有权停止作业或者在采取可能的应急措施后撤离作业场所。生产经营单位不得因从业人员在上述紧急情况下停止作业或者采取紧急撤离措施而降低其工资、福利等待遇或者解除与其订立的劳动合同。

8. D。本题考核的是开庭审理。原告经传票传唤，无正当理由拒不到庭的，或者未经法庭许可中途退庭的，可以按撤诉处理；被告反诉的，可以缺席判决。被告经传票传唤，无正当理由拒不到庭的，或者未经法庭许可中途退庭的，可以缺席判决。宣判前，原告申请撤诉的，是否准许，由人民法院裁定。人民法院裁定不准许撤诉的，原告经传票传唤，无正当理由拒不到庭的，可以缺席判决。

9. A。本题考核的是劳动争议仲裁委员会的设立。劳动争议仲裁委员会按照统筹规划、合理布局和适应实际需要的原则设立。省、自治区人民政府可以决定在市、县设立；直辖市人民政府可以决定在区、县设立。直辖市、设区的市也可以设立一个或者若干个劳动争议仲裁委员会。劳动争议仲裁委员会不按行政区划层层设立。

10. B。本题考核的是专利权。

授予专利权的发明和实用新型，应当具备新颖性、创造性和实用性。除了新颖性外，外观设计还应当具备富有美感和适于工业应用两个条件，故 A 选项错误。

《专利法》保护的是发明创造专利权，并规定发明创造是指发明、实用新型和外观设计，故 B 选项正确。

发明专利权的期限为 20 年，实用新型专利权的期限为 10 年，外观设计专利权的期限为 15 年，均自申请日起计算，故 C、D 选项错误。

11. C。本题考核的是施工单位的质量责任。《民法典》规定，因施工人的原因致使建设工程质量不符合约定的，发包人有权请求施工人在合理期限内无偿修理或者返工、改建。经过修理或者返工、改建后，造成逾期交付的，施工人应当承担违约责任。"合理期限"应根据施工合同确定，施工合同没有明确约定的，应当根据完成这一工作一般所需的合理时间确定，发包人和施工人也可以就修理、返工、改建等问题签订补充协议。

12. B。本题考核的是工程监理单位质量责任和义务。

《建筑法》规定，工程监理单位应当在其资质等级许可的监理范围内，承担工程监理业务。工程监理单位不得转让工程监理业务，故 A 选项错误。

《建设工程质量管理条例》规定，工程监理单位应当选派具备相应资格的总监理工程师和监理工程师进驻施工现场。未经监理工程师签字，建筑材料、建筑构配件和设备不得在工程上使用或者安装，施工单位不得进行下一道工序的施工。未经总监理工程师签字，建设单位不拨付工程款，不进行竣工验收，故 C、D 选项错误。

13. A。本题考核的是施工安全管理重大事故隐患。《关于印发〈房屋市政工程生产安全重大事故隐患判定标准（2022 版）〉的通知》（建质规〔2022〕2 号）规定，施工安全管理有下列情形之一的，应判定为重大事故隐患：（1）建筑施工单位未取得安全生产许可证擅自从事建筑施工活动，故 B 选项错误。（2）施工单位的主要负责人、项目负责人、专职安全生产管理人员未取得安全生产考核合格证书从事相关工作，故 C 选项错误。（3）建筑施工特种作业人员未取得特种作业人员操作资格证书上岗作业，故 A 选项正确。（4）危险性较大的分部分项工程未编制、未审核专项施工方案，或未按规定组织专家对"超过一定规模的危险性较大的分部分项工程范围"的专项施工方案进行论证，故 D 选项错误。

14. D。本题考核的是建筑起重机械安装单位的安全责任。《建筑起重机械安全监督管理规定》规定，建筑起重机械使用单位和安装单位应当在签订的建筑起重机械安装、拆卸合同中明确双方的安全生产责任。实行施工总承包的，施工总承包单位应当与安装单位签订建筑起重机械安装、拆卸工程安全协议书。安装单位应当履行下列安全职责：（1）按照安全技术标准及建筑起重机械性能要求，编制建筑起重机械安装、拆卸工程专项施工方案，并由本单位技术负责人签字；故 A 选项错误。（2）按照安全技术标准及安装使用说明书等检查建筑起重机械及现场施工条件；（3）组织安全施工技术交底并签字确认；故 D 选项正确。（4）制定建筑起重机械安装、拆卸工程生产安全事故应急救援预案；（5）将建筑起重机械安装、拆卸工程专项施工方案，安装、拆卸人员名单，安装、拆卸时间等材料报施工总承包单位和监理单位审核后,告知工程所在地县级以上地方人民政府建设主管部门。故B选项错误。

安装单位应当按照建筑起重机械安装、拆卸工程专项施工方案及安全操作规程组织安装、拆卸作业。安装单位的专业技术人员、专职安全生产管理人员应当进行现场监督,技术负责人应当定期巡查。故C选项错误。

15. A。本题考核的是居住权。居住权人有权按照合同约定,对他人的住宅享有占有、使用的用益物权,以满足生活居住的需要。设立居住权,当事人应当采用书面形式订立居住权合同。居住权无偿设立,但是当事人另有约定的除外。设立居住权的,应当向登记机构申请居住权登记。居住权自登记时设立。

居住权不得转让、继承。设立居住权的住宅不得出租,但是当事人另有约定的除外。居住权期限届满或者居住权人死亡的,居住权消灭。居住权消灭的,应当及时办理注销登记。

16. D。本题考核的是占有。占有人不知道自己是无权占有的,为善意占有;明知自己属于无权占有的,为恶意占有。占有可以分为自主占有和他主占有。自主占有是指占有人以所有的意思对物从事的占有。自主占有意味着占有人明示或默示其占有物属于自己,至于他是否对物具备合法所有权,或者是否确信自己具备所有权则不影响自主占有的成立。他主占有是指占有人以非所有的意思对他人财产从事的占有,如保管人对保管物的占有、用益物权人对用益物的占有、质权人对质物的占有等。在施工过程中,施工单位对施工场地的占有属于他主占有。

占有的不动产或者动产被侵占的,占有人有权请求返还原物;对妨害占有的行为,占有人有权请求排除妨害或者消除危险;因侵占或者妨害造成损害的,占有人有权依法请求损害赔偿。

17. A。本题考核的是定金。《民法典》规定,当事人可以约定一方向对方给付定金作为债权的担保。定金合同自实际交付定金时成立。定金的数额由当事人约定;但是,不得超过主合同标的额的20%,超过部分不产生定金的效力。定金中起法律效力的部分为300×20%=60万元。

给付定金的一方不履行债务或者履行债务不符合约定,致使不能实现合同目的的,无权请求返还定金;收受定金的一方不履行债务或者履行债务不符合约定,致使不能实现合同目的的,应当双倍返还定金。甲施工单位可以主张的部分:双倍返还定金,并返还超出定金法律效力部分的10万元。

施工单位可以要求乙水泥厂返还的最高金额为:60×2+10=130万元。

18. D。本题考核的是简易程序。人民法院审理下列第一审行政案件,认为事实清楚、权利义务关系明确、争议不大的,可以适用简易程序:(1)被诉行政行为是依法当场作出的;(2)案件涉及款额2000元以下的;(3)属于政府信息公开案件的。除上述规定以外的第一审行政案件,当事人各方同意适用简易程序的,可以适用简易程序。发回重审、按照审判监督程序再审的案件不适用简易程序。

适用简易程序审理的行政案件,由审判员一人独任审理,并应当在立案之日起45

日内审结。人民法院在审理过程中，发现案件不宜适用简易程序的，裁定转为普通程序。

19. B。本题考核的是工资支付时间保障。根据《工资支付暂行规定》，工资必须在用人单位与劳动者约定的日期支付。如遇节假日或休息日，则应提前在最近的工作日支付。工资至少每月支付一次，实行周、日、小时工资制的可按周、日、小时支付工资。

20. B。本题考核的是仲裁庭组成。《仲裁法》规定，仲裁庭可以由3名仲裁员或者1名仲裁员组成。

由3名仲裁员组成的合议仲裁庭，设首席仲裁员。当事人约定由3名仲裁员组成仲裁庭的，应当各自选定或者各自委托仲裁委员会主任指定1名仲裁员，第3名仲裁员由当事人共同选定或者共同委托仲裁委员会主任指定。第3名仲裁员是首席仲裁员。

当事人约定由1名仲裁员成立仲裁庭的，应当由当事人共同选定或者共同委托仲裁委员会主任指定仲裁员。

21. C。本题考核的是契税。《契税法》规定，在中华人民共和国境内转移土地、房屋权属，承受的单位和个人为契税的纳税人，应当依照规定缴纳契税。转移土地、房屋权属，是指下列行为：（1）土地使用权出让；（2）土地使用权转让，包括出售、赠与、互换；（3）房屋买卖、赠与、互换。其中土地使用权转让，不包括土地承包经营权和土地经营权的转移。以作价投资（入股）、偿还债务、划转、奖励等方式转移土地、房屋权属的，应当依照规定征收契税。

契税税率为3%~5%。契税的具体适用税率由省、自治区、直辖市人民政府在前述规定的税率幅度内提出，报同级人民代表大会常务委员会决定，并报全国人民代表大会常务委员会和国务院备案。契税的计税依据：（1）土地使用权出让、出售，房屋买卖，为土地、房屋权属转移合同确定的成交价格，包括应交付的货币以及实物、其他经济利益对应的价款；（2）土地使用权互换、房屋互换，为所互换的土地使用权、房屋价格的差额；（3）土地使用权赠与、房屋赠与以及其他没有价格的转移土地、房屋权属行为，为税务机关参照土地使用权出售、房屋买卖的市场价格依法核定的价格。

有下列情形之一的，免征契税：（1）国家机关、事业单位、社会团体、军事单位承受土地、房屋权属用于办公、教学、医疗、科研、军事设施；（2）非营利性的学校、医疗机构、社会福利机构承受土地、房屋权属用于办公、教学、医疗、科研、养老、救助；（3）承受荒山、荒地、荒滩土地使用权用于农、林、牧、渔业生产；（4）婚姻关系存续期间夫妻之间变更土地、房屋权属；（5）法定继承人通过继承承受土地、房屋权属；（6）依照法律规定应当予以免税的外国驻华使馆、领事馆和国际组织驻华代表机构承受土地、房屋权属。

22. C。本题考核的是建筑市场各方主体信用信息公开和应用。《建筑业企业资质管理规定》规定，企业未按照本规定要求提供企业信用档案信息的，由县级以上地方人民政府住房城乡建设主管部门或者其他有关部门给予警告，责令限期改正；逾期未改正的，可处以1000元以上1万元以下的罚款。

23. D。本题考核的是申领施工许可证的条件。施工许可证的申领条件：（1）依法应当办理用地批准手续的,已经办理该建筑工程用地批准手续;(2)依法应当办理建设工程规划许可证的,已经取得建设工程规划许可证;(3)施工场地已经基本具备施工条件,需要征收房屋的,其进度符合施工要求;(4)已经确定施工单位;(5)有满足施工需要的资金安排、施工图纸及技术资料,建设单位应当提供建设资金已经落实承诺书,施工图设计文件已按规定审查合格;(6)有保证工程质量和安全的具体措施。

24. A。本题考核的是刑罚。刑罚是刑法所规定的由国家审判机关对犯罪人所适用的限制或剥夺其某种权益的强制性制裁方法。刑罚分为主刑和附加刑。主刑的种类如下:(1)管制;(2)拘役;(3)有期徒刑;(4)无期徒刑;(5)死刑。附加刑的种类如下:(1)罚金;(2)剥夺政治权利;(3)没收财产。附加刑也可以独立适用。对于犯罪的外国人,可以独立适用或者附加适用驱逐出境。

25. D。本题考核的是行政诉讼的级别管辖。级别管辖是上下级人民法院之间受理第一审行政案件的分工和权限。基层人民法院管辖第一审行政案件。中级人民法院管辖下列第一审行政案件:(1)对国务院部门或者县级以上地方人民政府所作的行政行为提起诉讼的案件;(2)海关处理的案件;(3)本辖区内重大、复杂的案件;(4)其他法律规定由中级人民法院管辖的案件。高级人民法院管辖本辖区内重大、复杂的第一审行政案件。最高人民法院管辖全国范围内重大、复杂的第一审行政案件。

《最高人民法院关于适用〈中华人民共和国行政诉讼法〉的解释》(法释〔2018〕1号)第5条规定,有下列情形之一的,属于行政诉讼法规定的"本辖区内重大、复杂的案件":(1)社会影响重大的共同诉讼案件;(2)涉外或者涉及香港特别行政区、澳门特别行政区、台湾地区的案件;(3)其他重大、复杂案件。

26. B。本题考核的是两审终审的例外情况。我国民事诉讼实行两审终审制度,即民事案件经两级法院审判即宣告终结。两审终审的例外情况:(1)最高人民法院的判决、裁定,是发生法律效力的判决、裁定;(2)选民资格案件、宣告失踪或者宣告死亡案件、认定公民无民事行为能力或者限制民事行为能力案件、认定财产无主案件、确认调解协议案件和实现担保物权案件等适用特别程序的案件,实行一审终审;(3)小额诉讼案件,实行一审终审。

27. B。本题考核的是施工发现文物的报告与保护。在进行建设工程或者在农业生产中,任何单位或个人发现文物,应当保护现场,立即报告当地文物行政部门,文物行政部门接到报告后,如无特殊情况,应当在24小时内赶赴现场,并在7日内提出处理意见。文物行政部门可以报请当地人民政府通知公安机关协助保护现场。施工发现的文物属于国家所有,任何单位或者个人不得哄抢、私分、藏匿。

28. A。本题考核的是规范支付行为要求。机关、事业单位从中小企业采购货物、工程、服务,应当自货物、工程、服务交付之日起30日内支付款项;合同另有约定的,付款期限最长不得超过60日。大型企业从中小企业采购货物、工程、服务,应当按照行业规范、交易习惯合理约定付款期限并及时支付款项。合同约定采取履行进度结算、定期结算等结算方式的,付款期限应当自双方确认结算金额之日起算。

29. B。本题考核的是侵犯商业秘密的情形。经营者不得实施下列侵犯商业秘密的行为：(1) 以盗窃、贿赂、欺诈、胁迫、电子侵入或者其他不正当手段获取权利人的商业秘密；(2) 披露、使用或者允许他人使用以前项手段获取的权利人的商业秘密；(3) 违反保密义务或者违反权利人有关保守商业秘密的要求，披露、使用或者允许他人使用其所掌握的商业秘密；(4) 教唆、引诱、帮助他人违反保密义务或者违反权利人有关保守商业秘密的要求，获取、披露、使用或者允许他人使用权利人的商业秘密。经营者以外的其他自然人、法人和非法人组织实施上述违法行为的，视为侵犯商业秘密。第三人明知或者应知商业秘密权利人的员工、前员工或者其他单位、个人实施上述所列违法行为，仍获取、披露、使用或者允许他人使用该商业秘密的，视为侵犯商业秘密。

侵犯商业秘密，给商业秘密权利人造成损害的，应当依法承担民事责任，受到损害的商业秘密权利人的赔偿数额，按照其因被侵权所受到的实际损失确定；实际损失难以计算的，按照侵权人因侵权所获得的利益确定。

在侵犯商业秘密的民事审判程序中，商业秘密权利人提供初步证据，证明其已经对所主张的商业秘密采取保密措施，且合理表明商业秘密被侵犯。涉嫌侵权人应当证明权利人所主张的商业秘密不属于法律规定的商业秘密。商业秘密权利人提供初步证据合理表明商业秘密被侵犯，且提供以下证据之一的，涉嫌侵权人应当证明其不存在侵犯商业秘密的行为为：(1) 有证据表明涉嫌侵权人有渠道或者机会获取商业秘密，且其使用的信息与该商业秘密实质上相同；(2) 有证据表明商业秘密已经被涉嫌侵权人披露、使用或者有被披露、使用的风险；(3) 有其他证据表明商业秘密被涉嫌侵权人侵犯。

30. C。本题考核的是产品责任。因产品存在缺陷造成他人损害的，被侵权人可以向产品的生产者请求赔偿，也可以向产品的销售者请求赔偿，故 A 选项错误。

因运输者、仓储者等第三人的过错使产品存在缺陷，造成他人损害的，产品的生产者、销售者赔偿后，有权向第三人追偿，故 B 选项错误。

明知产品存在缺陷仍然生产、销售，或者没有依照规定采取有效补救措施，造成他人死亡或者健康严重损害的，被侵权人有权请求相应的惩罚性赔偿，故 C 选项正确。

产品投入流通后发现存在缺陷的，生产者、销售者应当及时采取停止销售、警示、召回等补救措施；未及时采取补救措施或者补救措施不力造成损害扩大的，对扩大的损害也应当承担侵权责任。依据规定采取召回措施的，生产者、销售者应当负担被侵权人因此支出的必要费用，故 D 选项错误。

31. A。本题考核的是无障碍环境建设保障措施。

文明城市、文明村镇、文明单位、文明社区、文明校园等创建活动，应当将无障碍环境建设情况作为重要内容。对在无障碍环境建设工作中做出显著成绩的单位和个人，按照国家有关规定给予表彰和奖励，故 A 选项正确。

《无障碍环境建设法》规定，制定或者修改涉及无障碍环境建设的法律、法规、规章、规划、其他规范性文件以及标准，应当征求残疾人、老年人代表以及残疾人联合会、老龄协会等组织的意见。残疾人联合会、老龄协会等组织可以依法提出制定或者修改无障碍环境建设标准的建议，故 B 选项错误。

地方结合本地实际制定的地方标准不得低于国家标准的相关技术要求，故 C 选项错误。

国家建立无障碍环境建设相关领域人才培养机制。充分发挥高校等机构作为人才培养的重要阵地的作用，国家鼓励高等学校、中等职业学校等开设无障碍环境建设相关专业和课程，开展无障碍环境建设理论研究、国际交流和实践活动，故 D 选项错误。

32. C。本题考核的是行政处罚的设定。国务院部门规章可以在法律、行政法规规定的给予行政处罚的行为、种类和幅度的范围内作出具体规定。尚未制定法律、行政法规的，国务院部门规章对违反行政管理秩序的行为，可以设定警告、通报批评或者一定数额罚款的行政处罚。罚款的限额由国务院规定。地方政府规章可以在法律、法规规定的给予行政处罚的行为、种类和幅度的范围内作出具体规定。尚未制定法律、法规的，地方政府规章对违反行政管理秩序的行为，可以设定警告、通报批评或者一定数额罚款的行政处罚。罚款的限额由省、自治区、直辖市人民代表大会常务委员会规定。

33. B。本题考核的是工伤认定证据。社会保险行政部门收到工伤认定申请后，应当在 15 日内对申请人提交的材料进行审核，材料完整的，作出受理或者不予受理的决定。社会保险行政部门决定受理的，应当出具《工伤认定申请受理决定书》；决定不予受理的，应当出具《工伤认定申请不予受理决定书》。职工或者其近亲属认为是工伤，用人单位不认为是工伤的，由用人单位承担举证责任。

34. B。本题考核的是人民调解。人民法院依法确认调解协议有效，一方当事人拒绝履行或者未全部履行的，对方当事人可以向人民法院申请强制执行，故 A 选项错误。也就是说，未经司法确认的人民调解协议对当事人有法律约束力，但不能作为司法强制执行的依据；经司法确认的人民调解协议，可以作为强制执行的依据。

经人民调解委员会调解达成的调解协议，具有法律约束力，当事人应当按照约定履行，故 B 选项正确。

经人民调解委员会调解达成调解协议后，当事人之间就调解协议的履行或者调解协议的内容发生争议的，一方当事人可以向人民法院提起诉讼，故 C 选项错误。

当事人可以通过自行协商、调解、仲裁等方式解决纠纷，也可以直接向人民法院提起诉讼，故 D 选项错误。

35. D。本题考核的是建设工程抗震相关主体的责任和义务。隔震减震装置用于建设工程前，施工单位应当在建设单位或者工程监理单位监督下进行取样，送建设单位委托的具有相应建设工程质量检测资质的机构进行检测。禁止使用不合格的隔震减震装置。

36. D。本题考核的是违法分包的情形。《建筑工程施工发包与承包违法行为认定查处管理办法》第12条列举了以下违法分包的情形：（1）承包单位将其承包的工程分包给个人的；（2）施工总承包单位或专业承包单位将工程分包给不具备相应资质单位的；（3）施工总承包单位将施工总承包合同范围内工程主体结构的施工分包给其他单位的，钢结构工程除外；（4）专业分包单位将其承包的专业工程中非劳务作业部分再分包的；（5）专业作业承包人将其承包的劳务再分包的；（6）专业作业承包人除计取劳务作业费用外，还计取主要建筑材料款和大中型施工机械设备、主要周转材料费用的。

37. A。本题考核的是安全生产许可证的有效期。

根据《建筑施工单位安全生产许可证管理规定》，安全生产许可证的有效期为 3 年，故

B 选项错误。

安全生产许可证有效期满需要延期的，企业应当于期满前 3 个月向原安全生产许可证颁发管理机关办理延期手续，故 A 选项正确、C 选项错误。

企业在安全生产许可证有效期内，严格遵守有关安全生产的法律法规，未发生死亡事故的，安全生产许可证有效期届满时经原安全生产许可证颁发管理机关同意，不再审查，安全生产许可证有效期延期 3 年，故 D 选项错误。

38．A。本题考核的是施工合同工期顺延。

隐蔽工程在隐蔽以前，承包人应当通知发包人检查。发包人没有及时检查的，承包人可以顺延工程日期，并有权请求赔偿停工、窝工等损失，故 A 选项正确。

当事人约定顺延工期应当经发包人或者监理人签证等方式确认，承包人虽未取得工期顺延的确认，但能够证明在合同约定的期限内向发包人或者监理人申请过工期顺延且顺延事由符合合同约定，承包人以此为由主张工期顺延的，人民法院应予支持，故 B 选项错误。

建设工程竣工前，当事人对工程质量发生争议，工程质量经鉴定合格的，鉴定期间为顺延工期期间，故 C 选项错误。

当事人约定承包人未在约定期限内提出工期顺延申请视为工期不顺延的，按照约定处理，但发包人在约定期限后同意工期顺延或者承包人提出合理抗辩的除外，故 D 选项错误。

39．C。本题考核的是承揽合同。

对承揽人交付的工作成果，定作人应当及时验收并受领。定作人受领承揽物或工作成果的，不免除承揽人的瑕疵担保责任，故 A 选项错误。

承揽工作需要定作人协助的，定作人有协助的义务。定作人不履行协助义务致使承揽工作不能完成的，承揽人可以催告定作人在合理期限内履行义务，并可以顺延履行期限；定作人逾期不履行的，承揽人可以解除合同，故 B 选项错误。

定作人在承揽人完成工作前可以随时解除合同，造成承揽人损失的，应当赔偿损失，故 C 选项正确。

承揽人未经定作人同意将主要承揽工作交由第三人完成的，定作人可以解除合同，故 D 选项错误。

40．C。本题考核的是劳动合同履行、变更、解除和终止中的法律责任。经济补偿按劳动者在本单位工作的年限，每满 1 年支付 1 个月工资的标准向劳动者支付。6 个月以上不满 1 年的，按 1 年计算；不满 6 个月的，向劳动者支付半个月工资的经济补偿。劳动者月工资高于用人单位所在直辖市、设区的市级人民政府公布的本地区上年度职工月平均工资 3 倍的，向其支付经济补偿的标准按职工月平均工资 3 倍的数额支付，向其支付经济补偿的年限最高不超过 12 年。

王某的月平均工资为 2.3 万元，高于甲安装工程公司所在设区的市级人民政府公布的本地区上年度职工月平均工资的 3 倍（0.65×3＝1.95 万元），甲安装工程公司应当向王某支付的经济补偿为：1.95×12＝23.4 万元。

41. A。本题考核的是建造师初始注册。取得一级建造师资格证书并受聘于一个建设工程勘察、设计、施工、监理、招标代理、造价咨询等单位的人员，应当通过聘用单位提出注册申请，并可以向单位工商注册所在地的省、自治区、直辖市人民政府住房城乡建设主管部门提交申请材料。

取得资格证书的人员，经过注册方能以注册建造师的名义执业。申请初始注册时应当具备以下条件：（1）经考核认定或考试合格取得资格证书；（2）受聘于一个相关单位；（3）达到继续教育要求；（4）没有《注册建造师管理规定》中规定不予注册的情形。

42. A。本题考核的是女职工劳动保护措施。根据《女职工劳动保护特别规定》，女职工禁忌从事的劳动范围有：（1）矿山井下作业；（2）体力劳动强度分级标准中规定的第四级体力劳动强度的作业；（3）每小时负重6次以上、每次负重超过20公斤的作业，或者间断负重、每次负重超过25公斤的作业。

用人单位应当遵守女职工禁忌从事的劳动范围的规定。用人单位应当将本单位属于女职工禁忌从事的劳动范围的岗位书面告知女职工。

43. B。本题考核的是质量保证金预留。发包人应按照合同约定方式预留保证金，保证金总预留比例不得高于工程价款结算总额的3%。合同约定由承包人以银行保函替代预留保证金的，保函金额不得高于工程价款结算总额的3%。在工程项目竣工前，已经缴纳履约保证金的，发包人不得同时预留工程质量保证金。采用工程质量保证担保、工程质量保险等其他保证方式的，发包人不得再预留保证金。

44. C。本题考核的是建设工程档案资料。

建设单位应当在工程竣工验收后3个月内，向城建档案馆报送一套符合规定的建设工程档案，故A选项错误。

每项建设工程应编制一套电子档案，随纸质档案一并移交城建档案管理机构。电子档案签署了具有法律效力的电子印章或电子签名的，可不移交相应纸质档案，故B选项错误。

在组织竣工验收时，应组织对工程档案进行验收，验收结论应在工程竣工验收报告、专家组竣工验收意见中明确，故C选项正确。

对改建、扩建和重要部位维修的工程，建设单位应当组织设计、施工单位据实修改、补充和完善原建设工程档案。凡结构和平面布置等改变的，应当重新编制建设工程档案，并在工程竣工后3个月内向城建档案馆报送，故D选项错误。

45. D。本题考核的是复议前置。有下列情形之一的，申请人应当先向行政复议机关申请行政复议，对行政复议决定不服的，可以再依法向人民法院提起行政诉讼：（1）对当场作出的行政处罚决定不服；（2）对行政机关作出的侵犯其已经依法取得的自然资源的所有权或者使用权的决定不服；（3）认为行政机关存在《行政复议法》第11条规定的未履行法定职责情形；（4）申请政府信息公开，行政机关不予公开；（5）法律、行政法规规定应当先向行政复议机关申请行政复议的其他情形。对上述规定的情形，行政机关在作出行政行为时应当告知公民、法人或者其他组织先向行政复议机关申请行政复议。

46. D。本题考核的是建造师基本权利和义务。注册建造师享有下列权利：（1）使用注册建造师名称；（2）在规定范围内从事执业活动；（3）在本人执业活动中形成的文件上签

27

字并加盖执业印章；（4）保管和使用本人注册证书、执业印章；（5）对本人执业活动进行解释和辩护；（6）接受继续教育；（7）获得相应的劳动报酬；（8）对侵犯本人权利的行为进行申述。

注册建造师应当履行下列义务：（1）遵守法律法规和有关管理规定，恪守职业道德；（2）执行技术标准、规范和规程；（3）保证执业的质量，并承担相应责任；（4）接受继续教育，努力提高执业水准；（5）保守在执业中知悉的国家秘密和他人的商业、技术等秘密；（6）与当事人有利害关系的，应当主动回避；（7）协助注册管理机关完成相关工作。

注册证书和执业印章是注册建造师的执业凭证，由注册建造师本人保管、使用。

47．D。本题考核的是建设工程常见犯罪行为及罪名。工程重大安全事故罪，是指建设单位、设计单位、施工单位、工程监理单位违反国家规定，降低工程质量标准，造成重大安全事故的行为。

重大劳动安全事故罪，是指安全生产设施或者安全生产条件不符合国家规定，因而发生重大伤亡事故或者造成其他严重后果的行为。

强令、组织他人违章冒险作业罪，是指强令他人违章冒险作业，或者明知存在重大事故隐患而不排除，仍冒险组织作业，因而发生重大伤亡事故或者造成其他严重后果的行为。

重大责任事故罪，是指在生产、作业中违反有关安全管理的规定，因而发生重大伤亡事故或者造成其他严重后果的行为。

48．A。本题考核的是施工合同解除的特别规定。承包人将建设工程转包、违法分包的，发包人可以解除合同。发包人提供的主要建筑材料、建筑构配件和设备不符合强制性标准或者不履行协助义务，致使承包人无法施工，经催告后在合理期限内仍未履行相应义务的，承包人可以解除合同。

49．B。本题考核的是保险人义务。保险人的主要义务：（1）赔付保险金的义务；（2）告知义务；（3）及时签发保险单证的义务；（4）降低保费的义务；（5）承担必要、合理费用的义务。

订立保险合同，保险人应当向投保人说明保险合同的条款内容；保险合同中规定有关保险人责任免除条款的，保险人在订立保险合同时应当向投保人明确说明，否则，该条款不产生效力。

50．C。本题考核的是建筑物和物件损害责任。从建筑物中抛掷物品或者从建筑物上坠落的物品造成他人损害的，由侵权人依法承担侵权责任；经调查难以确定具体侵权人的，除能够证明自己不是侵权人的外，由可能加害的建筑物使用人给予补偿。可能加害的建筑物使用人补偿后，有权向侵权人追偿。

51．A。本题考核的是框架协议采购。

框架协议采购可以确定1名或者多名入围供应商，故A选项正确。

框架协议采购分为封闭式框架协议采购和开放式框架协议采购两类。封闭式框架协议采购是框架协议采购的主要形式，故B选项错误。

集中采购机构或者主管预算单位应当确定框架协议采购需求。框架协议采购需求在框架协议有效期内不得变动，故 C 选项错误。

封闭式框架协议入围供应商无正当理由，不得主动放弃入围资格或者退出框架协议，故 D 选项错误。

52. B。本题考核的是生产安全事故报告。

生产经营单位发生生产安全事故后，事故现场有关人员应当立即报告本单位负责人。单位负责人接到事故报告后，应当迅速采取有效措施，组织抢救，防止事故扩大，减少人员伤亡和财产损失，并按照国家有关规定立即如实报告当地负有安全生产监督管理职责的部门，不得隐瞒不报、谎报或者迟报，不得故意破坏事故现场、毁灭有关证据，故 A 选项错误、B 选项正确。

实行施工总承包的建设工程，由总承包单位负责上报事故，故 C 选项错误。

事故报告后出现新情况，以及事故发生之日起 30 日内伤亡人数发生变化的，应当及时补报，故 D 选项错误。

53. C。本题考核的是开标。

开标应当在招标文件确定的提交投标文件截止时间的同一时间公开进行，故 A 选项错误。

开标由招标人主持，邀请所有投标人参加，故 B 选项错误。

开标地点应当为招标文件中预先确定的地点，故 C 选项正确。

开标过程应当记录，并存档备查，故 D 选项错误。

54. C。本题考核的是乡村建设规划许可证。

在乡、村庄规划区内进行乡镇企业、乡村公共设施和公益事业建设的，建设单位或者个人应当向乡、镇人民政府提出申请，由乡、镇人民政府报城市、县人民政府城乡规划主管部门核发乡村建设规划许可证，故 A、B 选项错误。

在乡、村庄规划区内进行乡镇企业、乡村公共设施和公益事业建设以及农村村民住宅建设，不得占用农用地；确需占用农用地的，应当依照《土地管理法》有关规定办理农用地转用审批手续后，由城市、县人民政府城乡规划主管部门核发乡村建设规划许可证，故 D 选项错误。

55. D。本题考核的是设计单位的安全责任。设计单位的安全责任：（1）按照法律、法规和工程建设强制性标准进行设计；（2）明确施工安全关键点并提出指导意见；（3）对"三新"等工程的施工安全提出措施建议；（4）对工程设计成果负责。

《建设工程安全生产管理条例》规定，采用新结构、新材料、新工艺的建设工程和特殊结构的建设工程，设计单位应当在设计中提出保障施工作业人员安全和预防生产安全事故的措施建议。

56. D。本题考核的是建设项目噪声污染防治。在噪声敏感建筑物集中区域，禁止夜间进行产生噪声的建筑施工作业，但抢修、抢险施工作业，因生产工艺要求或者其他特殊需要必须连续施工作业的除外。因特殊需要必须连续施工作业的，应当取得地方人民政府住房和城乡建设、生态环境主管部门或者地方人民政府指定的部门的证明，并在施工现场显著位置公示或者以其他方式公告附近居民。

57. D。本题考核的是进项税额不得从销项税额中抵扣的情形。下列进项税额准予从销项税额中抵扣：(1) 从销售方取得的增值税专用发票上注明的增值税额。(2) 从海关取得的海关进口增值税专用缴款书上注明的增值税额。(3) 购进农产品，除取得增值税专用发票或者海关进口增值税专用缴款书外，按照农产品收购发票或者销售发票上注明的农产品买价和11%的扣除率计算的进项税额，国务院另有规定的除外。进项税额计算公式：进项税额=买价×扣除率。(4) 自境外单位或者个人购进劳务、服务、无形资产或者境内的不动产，从税务机关或者扣缴义务人取得的代扣代缴税款的完税凭证上注明的增值税额。

下列项目的进项税额不得从销项税额中抵扣。(1) 用于简易计税方法计税项目、免征增值税项目、集体福利或者个人消费的购进货物、劳务、服务、无形资产和不动产。(2) 非正常损失的购进货物，以及相关的劳务和交通运输服务。(3) 非正常损失的在产品、产成品所耗用的购进货物（不包括固定资产）、劳务和交通运输服务。(4) 国务院规定的其他项目。

58. A。本题考核的是保证合同。

以公益为目的的非营利法人、非法人组织不得为保证人，故A选项正确。

保证期间在保证合同中应明确约定，没有约定或者约定不明确的，保证期间为主债务履行期限届满之日起6个月，故B选项错误。

保证的范围是指保证人对哪些债务承担保证责任。当事人应当在保证合同中予以明确约定，当事人没有约定的，保证的范围包括主债权及其利息、违约金、损害赔偿金和实现债权的费用，故C选项错误。

保证的方式包括一般保证和连带责任保证。当事人在保证合同中对保证方式没有约定或者约定不明确的，按照一般保证承担保证责任，故D选项错误。

59. D。本题考核的是可撤销合同。可撤销合同的种类包括：(1) 基于重大误解订立的合同，行为人有权请求人民法院或者仲裁机构予以撤销。(2) 一方以欺诈手段，使对方在违背真实意思的情况下订立的合同，受欺诈方有权请求人民法院或者仲裁机构予以撤销。(3) 一方或者第三人以胁迫手段，使对方在违背真实意思的情况下订立的合同，受胁迫方有权请求人民法院或者仲裁机构予以撤销。(4) 一方利用对方处于危困状态、缺乏判断能力等情形，致使合同成立时显失公平的，受损害方有权请求人民法院或者仲裁机构予以撤销。

A、B、C选项属于无效合同的情形。

60. A。本题考核的是核验施工许可证。

《建筑法》规定，在建的建筑工程因故中止施工的，建设单位应当自中止施工之日起1个月内，向发证机关报告，并按照规定做好建筑工程的维护管理工作。建筑工程恢复施工时，应当向发证机关报告；中止施工满1年的工程恢复施工前，建设单位应当报发证机关核验施工许可证。

61. C。本题考核的是政府主管部门实施建设工程抗震监督管理的法定职权。《建设工程抗震管理条例》规定，县级以上人民政府住房和城乡建设主管部门或者其他有关监督管理部门履行建设工程抗震监督管理职责时，有权采取以下措施：（1）对建设工程或者施工现场进行监督检查；（2）向有关单位和人员调查了解相关情况；（3）查阅、复制被检查单位有关建设工程抗震的文件和资料；（4）对抗震结构材料、构件和隔震减震装置实施抽样检测；（5）查封涉嫌违反抗震设防强制性标准的施工现场；（6）发现可能影响抗震质量的问题时，责令相关单位进行必要的检测、鉴定。

62. A。本题考核的是订立无固定期限劳动合同的情形。《劳动合同法》规定，具有下列情形之一，劳动者提出或者同意续订、订立劳动合同的，除劳动者提出订立固定期限劳动合同外，应当订立无固定期限劳动合同：（1）劳动者在该用人单位连续工作满10年的；（2）用人单位初次实行劳动合同制度或者国有企业改制重新订立劳动合同时，劳动者在该用人单位连续工作满10年且距法定退休年龄不足10年的；（3）连续订立2次固定期限劳动合同，且劳动者没有《劳动合同法》第39条和第40条第1项、第2项规定的情形，续订劳动合同的。

用人单位自用工之日起满1年不与劳动者订立书面劳动合同的，视为用人单位与劳动者已订立无固定期限劳动合同。

63. C。本题考核的是招标投标投诉处理。投标人对开标有异议的，应当在开标现场提出，招标人应当场作出答复，并制作记录，故A选项错误。

行政监督部门应当自收到投诉之日起3个工作日内决定是否受理投诉，并自受理投诉之日起30个工作日内作出书面处理决定，故B、D选项错误。

投诉人捏造事实、伪造材料或者以非法手段取得证明材料进行投诉的，行政监督部门应当予以驳回，故C选项正确。

64. B。本题考核的是行政诉讼举证责任。在起诉被告不履行法定职责的案件中，原告应当提供其向被告提出申请的证据，故A选项错误。

被告对作出的行政行为负有举证责任，应当提供作出该行政行为的证据和所依据的规范性文件，故B选项正确。

在诉讼过程中，被告及其诉讼代理人不得自行向原告、第三人和证人收集证据，故C选项错误。

原告可以提供证明行政行为违法的证据。原告提供的证据不成立的，不免除被告的举证责任，故D选项错误。

65. C。本题考核的是仓储合同。储存期内，因保管不善造成仓储物毁损、灭失的，保管人应当承担赔偿责任。因仓储物本身的自然性质、包装不符合约定或者超过有效储存期造成仓储物变质、损坏的，保管人不承担赔偿责任。

66. B。本题考核的是招标方式。邀请招标必须向3个以上的潜在投标人发出邀请，故A选项错误。

公开招标是指招标人以招标公告的方式邀请不特定的法人或者其他组织投标，故B选项正确。

邀请招标是指招标人以投标邀请书的方式邀请特定的法人或者其他组织投标，故C选项错误。

《招标投标法》规定，国务院发展计划部门确定的国家重点项目和省、自治区、直辖市人民政府确定的地方重点项目不适宜公开招标的，经国务院发展计划部门或者省、自治区、直辖市人民政府批准，可以进行邀请招标，故 D 选项错误。

67. D。本题考核的是代理法律特征。

代理人为被代理人实施的是能够产生、变更或消灭法律上的权利义务关系的行为，故 A 选项错误。

代理人实施代理行为时有独立进行意思表示的权利，故 B 选项错误。

代理行为的法律后果归属于被代理人，故 C 选项错误。

代理人必须在代理权限范围内实施代理行为，故 D 选项正确。

68. A。本题考核的是施工单位负责人施工现场带班制度。工程项目进行超过一定规模的危险性较大的分部分项工程施工时，建筑施工单位负责人应到施工现场进行带班检查。工程项目出现险情或发现重大隐患时，建筑施工单位负责人应到施工现场带班检查。

69. A。本题考核的是买卖合同。

质量瑕疵担保，是指出卖人就其所交付的标的物应保证其符合法定或者约定的质量，故 A 选项正确。

标的物的权利瑕疵担保义务，即除法律另有规定外，出卖人就交付的标的物，负有保证自己拥有完整权利，第三人对此不享有全部或部分所有权、担保物权、租赁权、知识产权等任何权利的义务，故 B 选项错误。

出卖人出卖交由承运人运输的在途标的物，除当事人另有约定外，毁损、灭失的风险自合同成立时起由买受人承担，故 C 选项错误。

因标的物不符合质量要求，致使不能实现合同目的的，买受人可以拒绝接受标的物或者解除合同。买受人拒绝接受标的物或者解除合同的，标的物毁损、灭失的风险由出卖人承担，故 D 选项错误。

70. C。本题考核的是安全生产举报处理。《安全生产法》规定，负有安全生产监督管理职责的部门应当建立举报制度，公开举报电话、信箱或者电子邮件地址等网络举报平台，受理有关安全生产的举报；受理的举报事项经调查核实后，应当形成书面材料；需要落实整改措施的，报经有关负责人签字并督促落实。对不属于本部门职责，需要由其他有关部门进行调查处理的，转交其他有关部门处理。涉及人员死亡的举报事项，应当由县级以上人民政府组织核查处理。

二、多项选择题

71. A、C、E；　　　72. A、B、D、E；　　　73. B、C、E；
74. B、C、E；　　　75. A、C、D、E；　　　76. A、E；
77. A、C、D、E；　　78. A、D；　　　　　　79. A、D；
80. A、B、D；　　　81. A、B、E；　　　　82. A、B、C、E；
83. B、C、D、E；　　84. B、D；　　　　　　85. A、C、D；

86. B、C、E；　　　　87. A、B；　　　　88. A、B、C、D；
89. A、B、E；　　　　90. A、D、E；　　　91. A、C；
92. A、B、D、E；　　93. A、B、C；　　　94. A、B、D、E；
95. A、B、C、D；　　96. A、B、E；　　　97. B、C、E；
98. A、C、E；　　　　99. B、C、D、E；　100. C、D、E。

【解析】

71. A、C、E。本题考核的是发包人的质量责任。发包人具有下列情形之一，造成建设工程质量缺陷，应当承担过错责任：（1）提供的设计有缺陷；（2）提供或者指定购买的建筑材料、建筑构配件、设备不符合强制性标准；（3）直接指定分包人分包专业工程。

72. A、B、D、E。本题考核的是安全生产费用。建筑工程安全防护、文明施工措施费用是由《建筑安装工程费用项目组成》中措施费所含的文明施工费、环境保护费、临时设施费、安全施工费组成。

73. B、C、E。本题考核的是专职安全生产管理人员的类型。专职安全生产管理人员分为机械、土建、综合3类。机械类专职安全生产管理人员可以从事起重机械、土石方机械、桩工机械等安全生产管理工作。土建类专职安全生产管理人员可以从事除起重机械、土石方机械、桩工机械等安全生产管理工作以外的安全生产管理工作。综合类专职安全生产管理人员可以从事全部安全生产管理工作。

74. B、C、E。本题考核的是施工合同权利终止。根据《民法典》规定，引起合同权利义务终止的情形包括：（1）债务已经履行；（2）债务相互抵销；（3）债务人依法将标的物提存；（4）债权人免除债务；（5）债权债务同归于一人；（6）法律规定或者当事人约定终止的其他情形。如出现了法律规定的终止的情形，在委托合同中，受托人死亡、丧失民事行为能力的，委托合同终止。合同解除也包含于此种情形之中，合同解除包括法定解除与约定解除。

75. A、C、D、E。本题考核的是最低工资保障制度。根据《最低工资规定》，在劳动者提供正常劳动的情况下，用人单位应支付给劳动者的工资在剔除下列各项以后，不得低于当地最低工资标准：（1）延长工作时间工资；（2）中班、夜班、高温、低温、井下、有毒有害等特殊工作环境、条件下的津贴；（3）法律、法规和国家规定的劳动者福利待遇等。

76. A、E。本题考核的是政府主管部门实施安全生产行政执法工作的法定职权。《安全生产法》规定，负有安全生产监督管理职责的部门依法对存在重大事故隐患的生产经营单位作出停产停业、停止施工、停止使用相关设施或者设备的决定，生产经营单位应当依法执行，及时消除事故隐患。生产经营单位拒不执行，有发生生产安全事故的现实危险的，在保证安全的前提下，经本部门主要负责人批准，负有安全生产监督管理职责的部门可以采取通知有关单位停止供电、停止供应民用爆炸物品等措施，强制生产经营单位履行决定。通知应当采用书面形式，有关单位应当予以配合。负有安全生产监督管理职责的部门依照前述规定采取停止供电措施，除有危及生产安全的紧急情形外，应当提前24小时通知生产经营单位。生产经营单位依法履行行政决定、采取相应措施消除事故隐患的，负有安全生

33

产监督管理职责的部门应当及时解除上述规定的措施。

77. A、C、D、E。本题考核的是所有权权能。

占有权可以根据所有权人的意志和利益分离出去，由非所有权人享有。例如，根据货物运输合同，承运人对托运人的财产享有占有权，故 A 选项正确。

所有权是物权中最重要也最完全的一种权利。当然，所有权在法律上也受到一定的限制。最主要的限制是，为了公共利益的需要，依照法律规定的权限和程序可以征收集体所有的土地和组织、个人的房屋及其他不动产，故 B 选项错误。

财产所有权的权能，是指所有权人对其所有的财产依法享有的权利，包括占有权、使用权、收益权、处分权，故 C 选项正确。

使用权是所有权人所享有的一项独立权能。所有权人可以在法律规定的范围内，以自己的意志使用其所有物，故 D 选项正确。

处分权是所有权人最基本的权利，是所有权内容的核心，故 E 选项正确。

78. A、D。本题考核的是执行仲裁裁决的管辖权。对依法设立的仲裁机构的裁决，一方当事人不履行的，对方当事人可以向有管辖权的人民法院申请执行。受申请的人民法院应当执行。当事人申请执行仲裁裁决案件，由被执行人住所地或者被执行的财产所在地的中级人民法院管辖。

79. A、E。本题考核的是裁定停止执行行政行为的情形。诉讼期间，不停止行政行为的执行。但有下列情形之一的，裁定停止执行：（1）被告认为需要停止执行的；（2）原告或者利害关系人申请停止执行，人民法院认为该行政行为的执行会造成难以弥补的损失，并且停止执行不损害国家利益、社会公共利益的；（3）人民法院认为该行政行为的执行会给国家利益、社会公共利益造成重大损害的；（4）法律、法规规定停止执行的。

80. A、B、D。本题考核的是招标投标异议的处理。

投标人和其他利害关系人认为招标投标活动不符合规定的，有权向招标人提出异议，故 A 选项正确。

潜在投标人或者其他利害关系人对招标文件有异议的，应当在投标截止时间 10 日前提出，故 B 选项正确。

潜在投标人或者其他利害关系人对资格预审文件有异议的，应当在提交资格预审申请文件截止时间 2 日前提出，故 C 选项错误。

投标人或者其他利害关系人对依法必须进行招标的项目的评标结果有异议的，应当在中标候选人公示期间提出。招标人应当自收到异议之日起 3 日内作出答复；作出答复前，应当暂停招标投标活动，故 D 选项正确。

投标人对开标有异议的，应当在开标现场提出，招标人应当当场作出答复，并制作记录，故 E 选项错误。

81. A、B、E。本题考核的是无障碍环境建设监督管理。

对违反《无障碍环境建设法》规定损害社会公共利益的行为，人民检察院可以提出检察建议或者提起公益诉讼，故 A 选项正确。

乡镇人民政府、街道办事处应当协助有关部门做好无障碍环境建设工作，故 B 选项正确。

　　无障碍环境建设应当坚持中国共产党的领导，发挥政府主导作用，调动市场主体积极性，引导社会组织和公众广泛参与，推动全社会共建共治共享，故 C 选项错误。

　　县级以上人民政府建立无障碍环境建设信息公示制度，定期发布无障碍环境建设情况，故 D 选项错误。

　　新闻媒体可以对无障碍环境建设情况开展舆论监督，故 E 选项正确。

82. A、B、C、E。本题考核的是建筑工程节能验收。

　　建设单位组织竣工验收，应当对民用建筑是否符合民用建筑节能强制性标准进行查验；对不符合民用建筑节能强制性标准的，不得出具竣工验收合格报告，故 A 选项正确。

　　单位工程竣工验收应当在建筑节能分部工程验收合格后进行，故 B 选项正确。

　　政府投资项目不符合强制性节能标准的，依法负责项目审批的机关不得批准建设，故 C 选项正确。

　　不符合强制性节能标准的项目，建设单位不得开工建设；已经建成的，不得投入生产、使用，故 D 选项错误。

　　建筑节能分部工程的质量验收，应在施工单位自检合格，且检验批、分项工程全部合格的基础上，进行外墙节能构造外窗气密性现场实体检测和设备系统节能性能检测，确认建筑节能工程质量达到验收的条件后方可进行，故 E 选项正确。

83. B、C、D、E。本题考核的是货运合同。

　　由于公共运输的特殊性，法律赋予了承运人不得拒绝托运人通常、合理的运输要求的强制缔约义务，故 A 选项错误。

　　托运人不按照约定或法定方式包装货物，承运人可以拒绝运输，故 B 选项正确。

　　货物运输到达后，承运人知道收货人的，应当及时通知收货人，故 C 选项正确。

　　托运人或者收货人不支付运费、保管费或者其他费用的，承运人对相应的运输货物享有留置权，但是当事人另有约定的除外，故 D 选项正确。

　　收货人不明或者收货人无正当理由拒绝受领货物的，承运人依法可以提存货物，故 E 选项正确。

84. B、D。本题考核的是执行回转。根据《民事诉讼法》，执行完毕后，据以执行的判决、裁定和其他法律文书确有错误，被人民法院撤销的，如法院制作的先予执行裁定书、判决书、裁定书、调解书或仲裁裁决、公证债权文书等生效并执行完毕后因确有错误被依法撤销，对已被执行的财产，人民法院应当作出裁定，责令取得财产的人返还；拒不返还的，强制执行。执行回转，是对作为执行依据的法律文书确有错误而设立的补救制度，旨在恢复原状，维护当事人合法权益。

85. A、C、D。本题考核的是不予批准建筑业企业资质升级申请的情形。《建筑业企业资质管理规定》规定，企业申请建筑业企业资质升级、资质增项，在申请之日起前 1 年至资质许可决定作出前，有下列情形之一的，资质许可机关不予批准其建筑业企业资质升级申请和增项申请：（1）超越本企业资质等级或以其他企业的名义承揽工程，或允许其他企业或个人以本企业的名义承揽工程的；（2）与建设单位或企业之间相互串通投标，或以行贿等不正当手段谋取中标的；(3)未取得施工许可证擅自施工的；(4)将承包的工程转包或违法分包的；(5)违反国家工程建设强制性标准施工的；(6)恶意拖欠分包企业工程款或者劳务人员工资的；(7)隐瞒或谎报、拖延报告工程质量安全事故，破坏事故现场、阻碍对事故调查的；(8)按照国家法律、法规和标准规定需要持证上岗的现场管理人员和技术工种作业人员未取得证书上岗的；(9)未依法履行工程质量保修义务或拖延履行保修义务的；(10)伪造、变造、倒卖、出租、出借或者以其他形式非法转让建筑业企业资质证书的；(11)发生过较大以上质量安全事故或者发生过两起以上一般质量安全事故的；(12)其他违反法律、法规的行为。

86. B、C、E。本题考核的是行政强制。行政强制，包括行政强制措施和行政强制执行。行政强制措施，是指行政机关在行政管理过程中，为制止违法行为、防止证据损毁、避免危害发生、控制危险扩大等情形，依法对公民的人身自由实施暂时性限制，或者对公民、法人或者其他组织的财物实施暂时性控制的行为。行政强制执行，是指行政机关或者行政机关申请人民法院，对不履行行政决定的公民、法人或者其他组织，依法强制履行义务的行为。

行政强制措施的种类：(1)限制公民人身自由；(2)查封场所、设施或者财物；(3)扣押财物；(4)冻结存款、汇款；(5)其他行政强制措施。行政强制措施由法律设定。尚未制定法律，且属于国务院行政管理职权事项的，行政法规可以设定除限制公民人身自由、冻结存款及汇款和应当由法律规定的行政强制措施以外的其他行政强制措施。尚未制定法律、行政法规，且属于地方性事务的，地方性法规可以设定查封场所、设施或者财物，以及扣押财物的行政强制措施。法律、法规以外的其他规范性文件不得设定行政强制措施。

87. A、B。本题考核的是施工单位资质不良行为。资质不良行为认定标准：(1)未取得资质证书承揽工程的，或超越本单位资质等级承揽工程的；(2)以欺骗手段取得资质证书承揽工程的；(3)允许其他单位或个人以本单位名义承揽工程的；(4)未在规定期限内办理资质变更手续的；(5)涂改、伪造、出借、转让建筑业企业资质证书的；(6)按照国家规定需要持证上岗的技术工种的作业人员未经培训、考核，未取得证书上岗，情节严重的。

88. A、B、C、D。本题考核的是建设项目的文物保护。进行大型基本建设工程，建设单位应当事先报请省、自治区、直辖市人民政府文物行政部门组织从事考古发掘的单位在工程范围内有可能埋藏文物的地方进行考古调查、勘探。需要配合建设工程进行的考古发掘工作，应当由省、自治区、直辖市文物行政部门在勘探工作的基础上提出发掘计划，报国务院文物行政部门批准。国务院文物行政部门在批准前，应当征求社会科学研究机构及其他科研机构和有关专家的意见。建设单位对配合建设工程进行的考古调查、勘探、发掘，应当予以协助，不得妨碍考古调查、勘探、发掘。确因建设工期紧迫或者有自然破坏危险，对古文化遗址、古墓葬急需进行抢救发掘的，由省、自治区、直辖市人民政府文物行政部门组织发掘，并同时补办审批手续。

89. A、B、E。本题考核的是劳动争议仲裁时效。劳动争议申请仲裁的时效期间为1年。仲裁时效期间从当事人知道或者应当知道其权利被侵害之日起计算。

因当事人一方向对方当事人主张权利，或者向有关部门请求权利救济，或者对方当事人同意履行义务而中断，从中断时起，仲裁时效期间重新计算。

因不可抗力或者有其他正当理由，当事人不能在规定的仲裁时效期间申请仲裁的，仲裁时效中止。从中止时效的原因消除之日起，仲裁时效期间继续计算。

劳动关系存续期间因拖欠劳动报酬发生争议的，劳动者申请仲裁不受仲裁时效期间的限制；但是，劳动关系终止的，应当自劳动关系终止之日起1年内提出。

90. A、D、E。本题考核的是建造师执业活动中违法行为应承担的法律责任。《注册建造师管理规定》规定，注册建造师在执业活动中有下列行为之一的，由县级以上地方人民政府住房城乡建设主管部门或者其他有关部门给予警告，责令改正，没有违法所得的，处以1万元以下的罚款；有违法所得的，处以违法所得3倍以下且不超过3万元的罚款。(1) 不履行注册建造师义务；(2) 在执业过程中，索贿、受贿或者谋取合同约定费用外的其他利益；(3) 在执业过程中实施商业贿赂；(4) 签署有虚假记载等不合格的文件；(5) 允许他人以自己的名义从事执业活动；(6) 同时在两个或者两个以上单位受聘或者执业；(7) 涂改、倒卖、出租、出借或以其他形式非法转让资格证书、注册证书和执业印章；(8) 超出执业范围和聘用单位业务范围内从事执业活动；(9) 法律、法规、规章禁止的其他行为。

91. A、C。本题考核的是事故调查报告的内容。事故调查报告应当包括下列内容：(1) 事故项目及各参建单位概况；(2) 事故发生经过和事故救援情况；(3) 事故造成的人员伤亡和直接经济损失；(4) 事故项目有关质量检测报告和技术分析报告；(5) 事故发生的原因和事故性质；(6) 事故责任的认定和事故责任者的处理建议；(7) 事故防范和整改措施。事故调查报告应当附具有关证据材料。事故调查组成员应当在事故调查报告上签名。

92. A、B、D、E。本题考核的是法的效力层级。

宪法是国家的根本大法，具有最高的法律效力，故 A 选项正确。

法的效力层级是指法律体系中的各种法的形式，由于制定的主体、程序、时间、适用范围等的不同，具有不同的效力，形成法的效力等级体系，故 B 选项正确。

地方性法规的效力高于本级和下级地方政府规章，故 C 选项错误。

行政法规的法律地位和法律效力仅次于宪法和法律，高于地方性法规和部门规章，故 D 选项正确。

同一机关制定的法律、行政法规、地方性法规、自治条例和单行条例、规章，新的规定与旧的规定不一致的，适用新的规定，故 E 选项正确。

93. A、B、C。本题考核的是建设工程抗震相关主体责任和义务。

对抗震性能鉴定结果判定需要进行抗震加固且具备加固价值的已经建成的建设工程，所有权人应当进行抗震加固，故 A 选项正确。

任何单位和个人不得擅自变动、损坏或者拆除建设工程抗震构件、隔震沟、隔震缝、隔震减震装置及隔震标识，故 B 选项正确。

建设工程所有权人应当对存在严重抗震安全隐患的建设工程进行安全监测，并在加固前采取停止或者限制使用等措施，故 C 选项正确。

建设单位不得明示或者暗示勘察、设计、施工等单位和从业人员违反抗震设防强制性标准，降低工程抗震性能，故 D 选项错误。

实行施工总承包的，隔震减震装置属于建设工程主体结构的施工，应当由总承包单位自行完成，故 E 选项错误。

94. A、B、D、E。本题考核的是施工单位职工教育培训制度。施工单位应当建立、健全教育培训制度，加强对职工的教育培训；未经教育培训或者考核不合格的人员，不得上岗作业。

《关于加快培育新时代建筑产业工人队伍的指导意见》（建市〔2020〕105 号）规定，完善职业技能培训体系。完善建筑工人技能培训组织实施体系，制定建筑工人职业技能标准和评价规范，完善职业（工种）类别。强化企业技能培训主体作用，发挥设计、生产、施工等资源优势，大力推行现代学徒制和企业新型学徒制。鼓励企业采取建立培训基地、校企合作、购买社会培训服务等多种形式，解决建筑工人理论与实操脱节的问题，实现技能培训、实操训练、考核评价与现场施工有机结合。推行终身职业技能培训制度，加强建筑工人岗前培训和技能提升培训。鼓励各地加大实训基地建设资金支持力度，在技能劳动者供需缺口较大、产业集中度较高的地区建设公共实训基地，支持企业和院校共建产教融合实训基地。探索开展智能建造相关培训，加大对装配式建筑、建筑信息模型（BIM）等新兴职业（工种）建筑工人培养，增加高技能人才供给。

95. A、B、C、D。本题考核的是规划变更。建设单位应当按照规划条件进行建设，确需变更的，必须向城市、县人民政府城乡规划主管部门提出申请。变更内容不符合控制性详细规划的，城乡规划主管部门不得批准。城市、县人民政府城乡规划主管部门应当及时将依法变更后的规划条件通报同级土地主管部门并公示。建设单位应当及时将依法变更后的规划条件报有关人民政府土地主管部门备案。

县级以上地方人民政府城乡规划主管部门按照国务院规定对建设工程是否符合规划条件予以核实。未经核实或者经核实不符合规划条件的，建设单位不得组织竣工验收。

96. A、B、E。本题考核的是安全生产许可证的撤销。安全生产许可证颁发管理机关或者其上级行政机关发现有下列情形之一的，可以撤销已经颁发的安全生产许可证：（1）安全生产许可证颁发管理机关工作人员滥用职权、玩忽职守颁发安全生产许可证的；（2）超越法定职权颁发安全生产许可证的；（3）违反法定程序颁发安全生产许可证的；（4）对不具备安全生产条件的建筑施工单位颁发安全生产许可证的；（5）依法可以撤销已经颁发的安全生产许可证的其他情形。C 选项的情形，安全生产许可证颁发管理机关应当暂扣或吊销安全生产许可证。D 选项情形发生时，有关部门应没收违法所得，处以罚款并吊销安全生产许可证。

97. B、C、E。本题考核的是消防安全主体责任。企业应当落实消防安全主体责任，履行下列职责：（1）明确各级、各岗位消防安全责任人及其职责，制定本单位的消防安全制度、消防安全操作规程、灭火和应急疏散预案。定期组织开展灭火和应急疏散演练，进行消防工作检查考核，保证各项规章制度落实。（2）保证防火检查巡查、消防设施器材维护保养、建筑消防设施检测、火灾隐患整改、专职或志愿消防队和微型消防站建设等消防工作所需资金的投入。生产经营单位安全费用应当保证适当比例用于消防工作。（3）按照相关标准配备消防设施、器材，设置消防安全标志，定期检验维修，对建筑消防设施每年至少进行1次全面检测，确保完好有效。设有消防控制室的，实行24小时值班制度，每班不少于2人，并持证上岗。(4) 保障疏散通道、安全出口、消防车通道畅通，保证防火防烟分区、防火间距符合消防技术标准。人员密集场所的门窗不得设置影响逃生和灭火救援的障碍物。保证建筑构件、建筑材料和室内装修装饰材料等符合消防技术标准。(5) 定期开展防火检查、巡查，及时消除火灾隐患。(6) 根据需要建立专职或志愿消防队、微型消防站，加强队伍建设，定期组织训练演练，加强消防装备配备和灭火药剂储备，建立与公安消防队联勤联动机制，提高扑救初起火灾能力。(7) 消防法律、法规、规章以及政策文件规定的其他职责。

98. A、C、E。本题考核的是勘察、设计单位质量责任和义务。

勘察、设计单位必须按照工程建设强制性标准进行勘察、设计，并对其勘察、设计的质量负责。注册建筑师、注册结构工程师等注册执业人员应当在设计文件上签字，对设计文件负责，故A选项正确。

未经注册的建设工程勘察、设计人员，不得以注册执业人员的名义从事建设工程勘察、设计活动，故B选项错误。

除有特殊要求的建筑材料、专用设备、工艺生产线等外，设计单位不得指定生产厂、供应商，故C选项正确。

勘察、设计单位不得转包或者违法分包所承揽的工程，故D选项错误。

施工图完成并经审查合格后，设计文件的编制工作已经完成，但并不是设计工作的完成，设计单位仍应就设计文件向施工单位作详细的说明，也就是通常所说的设计交底，故E选项正确。

99. B、C、D、E。本题考核的是单一来源采购。

公示期不得少于5个工作日，故A选项错误。

根据《政府采购法实施条例》规定，政府采购工程依法不进行招标的，应当依照政府采购法和本条例规定的竞争性谈判或者单一来源采购方式采购。单一来源采购方式也适用于工程采购，故B选项正确。

拟采用单一来源采购方式的，采购人、采购代理机构在报财政部门批准之前，应当在省级以上财政部门指定媒体上公示，并将公示情况一并报财政部门，故C选项正确。

任何供应商、单位或者个人对采用单一来源采购方式公示有异议的，可以在公示期内将书面意见反馈给采购人、采购代理机构，并同时抄送相关财政部门，故D选项正确。

采购人、采购代理机构收到对采用单一来源采购方式公示的异议后，应当在公示期满后5个工作日内，组织补充论证，论证后认为异议成立的，应当依法采取其他采购方式，故E选项正确。

100. C、D、E。本题考核的是未成年工特殊保护。招用已满16周岁未成年人的单位和个人应当执行国家在工种、劳动时间、劳动强度和保护措施等方面的规定，不得安排其从事过重、有毒、有害等危害未成年人身心健康的劳动或者危险作业。

一般情况下，对未成年工实行缩短工作时间，禁止安排未成年工从事夜班工作和加班加点工作。

不得安排未成年工从事矿山井下、有毒有害、国家规定的第四级体力劳动强度的劳动和其他禁忌从事的劳动。

用人单位应按下列时间要求对未成年工定期进行健康检查：①安排工作岗位之前；②工作满1年；③年满18周岁，距前一次的体检时间已超过半年。

2023年度全国一级建造师执业资格考试

《建设工程法规及相关知识》

真题及解析

2023年度《建设工程法规及相关知识》真题

一、单项选择题（共70题，每题1分。每题的备选项中，只有1个最符合题意）

1. 下列法律文件中，属于我国法的形式的是（　　）。
 A. 宗教法　　　　　　　　　　B. 判例
 C. 国际条约　　　　　　　　　D. 人民法院的判决

2. 关于法的效力层级的说法，正确的是（　　）。
 A. 行政法规的效力高于地方性法规和部门规章
 B. 地方性法规与地方政府规章之间具有同等效力
 C. 省、自治区人民政府制定的规章与设区的市、自治州人民政府制定的规章之间具有同等效力
 D. 部门规章的效力高于地方政府规章

3. 关于民事法律行为委托代理的说法，正确的是（　　）。
 A. 委托代理授权应当采用书面形式
 B. 委托书授权不明的，代理人应当承担全部法律责任
 C. 同一代理事项的委托代理人可以为数人
 D. 代理人知道代理事项违法仍然实施代理行为的，应当承担全部法律责任

4. 关于代理法律特征的说法，正确的是（　　）。
 A. 代为传达当事人的意思表示或者接受意思表示可以构成代理
 B. 代理行为必须是具有法律意义的行为
 C. 代理人实施代理活动的直接依据是法律规定
 D. 被代理人与代理人对代理行为承担连带责任

5. 关于建设用地使用权流转的说法，正确的是（　　）。
 A. 建设用地使用权的流转方式不包括出资、赠与或者抵押
 B. 建设用地使用权流转时，当事人应当采取书面形式订立合同
 C. 流转后的使用期限不能由当事人约定
 D. 建设用地使用权流转时，附着于该土地上的构筑物不随之处分

1

6. 下列物权中，自合同生效时设立的是（   ）。
   A. 地役权   B. 建设用地使用权
   C. 居住权   D. 机动车所有权

7. 下列事项中，不能提出行政复议申请的是（   ）。
   A. 对行政机关就民事纠纷作出的调解处理不服的
   B. 对行政机关作出的警告决定不服的
   C. 对行政机关作出的资质证书变更决定不服的
   D. 对行政机关作出的冻结财产措施决定不服的

8. 关于民事诉讼中质证的说法，正确的是（   ）。
   A. 证据应当在法庭上出示，由法官质证
   B. 当事人及其诉讼代理人经审判人员许可后可以询问证人
   C. 对涉及国家秘密的证据应当保密，不得在开庭时出示
   D. 对书证、视听资料质证时，当事人只能出示证据的原件或者原物

9. 知识产权法的下列保护对象中，属于专利法保护对象的是（   ）。
   A. 为施工绘制的工程设计图
   B. 施工企业编制的投标文件
   C. 施工企业研发的新技术方案
   D. 项目经理完成的工作报告

10. 下列文件中，可以对强制性标准的制定作出规定的是（   ）。
    A. 部门规章   B. 国务院决定
    C. 地方性法规   D. 地方政府规章

11. 根据《建设工程质量管理条例》，组织竣工验收的主体是（   ）。
    A. 施工企业   B. 监理单位
    C. 建设单位   D. 建设工程质量监督机构

12. 下列文件中，属于要约的是（   ）。
    A. 招标文件   B. 投标文件
    C. 拍卖公告   D. 商业广告

13. 下列情形中，应当认定为工伤的是（   ）。
    A. 在工作时间和工作场所内，醉酒后受到事故伤害的
    B. 在工作时间和工作场所内，因打架造成伤害的
    C. 患职业病的
    D. 在上下班途中，受到本人负主要责任的交通事故伤害的

14. 根据《劳动合同法》，下列情形中，导致劳动合同无效或部分无效的是（   ）。
    A. 以欺诈、胁迫的手段，使对方在违背真实意思的情况下履行劳动合同的
    B. 用人单位限制劳动者加班的
    C. 劳动合同仅约定试用期的
    D. 乘人之危，使对方在违背真实意思的情况下变更劳动合同的

15. 管理人没有法定或者约定的义务，为避免他人利益受损失而管理他人事务的，可以请求受益人（   ）。
   A. 支付报酬
   B. 赔偿因管理事务受到的损失
   C. 偿还因管理事务而支出的必要费用
   D. 共享避免损失的利益

16. 下列行为中，属于工程质量不良行为的是（   ）。
   A. 使用国家明令淘汰、禁止使用的危及施工安全的工艺、设备、材料的
   B. 在尚未竣工的建筑物内设置员工集体宿舍的
   C. 对建筑安全事故隐患不采取措施予以消除的
   D. 未对涉及结构安全的试块取样检测的

17. 招标人的下列行为中，属于以不合理条件限制、排斥潜在投标人或者投标人的是（   ）。
   A. 组织投标人踏勘现场
   B. 要求提供类似业绩
   C. 指定特定的专利
   D. 对投标人进行资格预审

18. 根据《消防法》，关于建设工程竣工消防验收的说法，正确的是（   ）。
   A. 经主管部门抽查不合格的，应当停止使用
   B. 建设单位应当向应急管理部门申请消防验收
   C. 建设单位验收后应当报主管部门审批
   D. 建设工程未经主管部门消防验收的，一律禁止投入使用

19. 根据《招标投标法实施条例》，属于两个单位不得参加同一标段投标的是（   ）。
   A. 丙公司及其控股子公司
   B. 甲公司和其上游供应商
   C. 乙公司下属两家相互无控股、管理关系的子公司
   D. 注册地址在同一园区的丁、戊两公司

20. 关于联合体投标的说法，正确的是（   ）。
   A. 由同一专业的单位组成的联合体，按照资质等级较低的单位确定资质等级
   B. 招标人可以要求投标人必须组成联合体共同投标
   C. 联合体中标的，联合体各方按照联合体协议就中标项目分别向招标人承担责任
   D. 联合体各方可以在同一招标项目中以自己名义再进行单独投标

21. 关于施工现场消防安全要求的说法，正确的是（   ）。
   A. 公共建筑在不影响正常营业和使用时，可以进行外保温材料施工作业
   B. 施工现场的办公、生活区与作业区应当分开设置，并保持安全距离
   C. 居住建筑进行节能改造作业期间不得影响居住人员的正常生活
   D. 需要进行明火作业的，动火部门和人员应当向相应主管部门办理备案手续

22. 根据《招标投标违法行为记录公告暂行办法》，关于招标投标违法行为记录公告的说法，正确的是（   ）。

A. 依法限制投标人投标资格的行政处理决定，公告期限为6个月

B. 对招标投标违法行为作出警告行政处理决定不必公告

C. 对招标投标违法行为作出的暂停建设项目审查批准的行政处理决定应当予以公告

D. 被公告的招标投标当事人认为公告记录与行政处理决定的相关内容不符的，公告部门应当立即停止对违法行为记录的公告

23. 关于建设工程返修的说法，正确的是（   ）。

A. 返修仅适用于建设工程质量保修阶段

B. 返修的前提是工程质量不符合国家规定和合同约定的质量标准

C. 返修是无偿的

D. 返修仅限于因施工企业原因造成的质量问题

24. 关于应急救援队伍和人员的说法，正确的是（   ）。

A. 应急救援队伍应当不定期组织训练

B. 应急救援人员经培训取得特种作业证书后，方可参加应急救援工作

C. 微型施工企业不得与邻近的应急救援队伍签订应急救援协议

D. 微型施工企业可以不建立应急救援队伍，但应指定兼职的应急救援人员

25. 根据《民法典》，建设工程施工合同无效，且建设工程经验收不合格的，以下处理正确的是（   ）。

A. 修复后经验收合格的，依据合同关于工程价款的约定支付承包人

B. 修复后经验收不合格的，参照合同关于工程价款的约定折价补偿承包人

C. 修复后经验收合格的，发包人可以请求承包人承担修复费用

D. 修复后经验收不合格的，发承包双方均应当承担责任

26. 关于施工起重机械安装、拆卸单位安全责任的说法，正确的是（   ）。

A. 编制拆装方案，制定安全施工措施，并由监理人员现场审核签字

B. 组织安全施工技术交底并由施工总承包单位技术负责人签字确认

C. 由具有相应资质的单位在资质许可的范围内从事起重机械的安装、拆卸活动

D. 将安装、拆卸方案等材料报施工总承包单位和监理单位审核后，告知工程所在地县级以上地方人民政府应急管理部门

27. 关于仲裁裁决执行的说法，正确的是（   ）。

A. 申请仲裁裁决强制执行的期间为3年

B. 仲裁庭的组成或者仲裁的程序违反法定程序的，应当裁定仲裁裁决不予执行

C. 当事人申请执行仲裁裁决案件，应当由中级人民法院管辖

D. 被人民法院裁定不予执行的，当事人应当就该纠纷重新达成仲裁协议申请仲裁

28. 根据《生产安全事故应急预案管理办法》，关于生产经营单位应急预案的说法，正确的是（   ）。

A. 综合应急预案应当规定应急处置措施和注意事项

B. 专项应急预案应当规定事故风险描述、预警及信息报告

C. 现场处置方案应当规定应急指挥机构与职责

D. 在编制应急预案的基础上，生产经营单位应当编制应急处置卡

29. 根据《优化营商环境条例》，关于工程建设项目审批事项行政许可的说法，正确的是（   ）。
   A. 通过事中事后监管能够解决的事项，一律不得设立行政许可
   B. 可以以年检、年报的形式设定或者实施行政许可
   C. 对相关管理事项尚未制定法律、行政法规的，地方不得就该事项设定行政许可
   D. 已经取消的行政许可，可以转由行业协会组织实施

30. 关于建筑业企业资质证书变更的说法，正确的是（   ）。
   A. 建筑业企业应当在资质证书变更后将变更结果报国务院住房城乡建设主管部门备案
   B. 建筑业企业资质证书遗失补办，申请人应当按照资质许可机关要求在企业官网发布信息
   C. 在建筑业企业资质有效期内，法定代表人变更的，应当办理资质证书变更手续
   D. 企业发生合并，需承继原建筑业企业资质的，可以直接承继原企业资质

31. 关于建设工程合同违约责任中赔偿损失的说法，正确的是（   ）。
   A. 赔偿损失是指合同违约方完全不履行合同义务给对方造成的损失
   B. 赔偿损失以违约方有过错为前提
   C. 损失赔偿额不包括合同履行后可以获得的利益
   D. 赔偿损失是强制违约方给非违约方所受损失的一种补偿

32. 根据《最高人民法院关于审理建设工程施工合同纠纷案件适用法律问题的解释（一）》，建设工程承包人已经提交竣工验收报告，发包人拖延验收，双方对实际竣工日期发生争议，竣工日期为（   ）。
   A. 承包人提交竣工验收报告之日   B. 竣工验收合格之日
   C. 建设工程移交之日   D. 竣工验收报告载明的日期

33. 根据《最高人民法院关于审理建设工程施工合同纠纷案件适用法律问题的解释（一）》，关于工程垫资处理的说法，正确的是（   ）。
   A. 当事人对垫资有约定的，按照工程欠款处理
   B. 当事人对垫资没有约定的，按照借款纠纷处理
   C. 当事人对垫资利息没有约定，承包人请求支付利息的，人民法院不予支持
   D. 当事人对垫资利息有约定的，人民法院最高支持的垫资利息为同类贷款利率或者同期贷款市场报价利率的4倍

34. 经监理单位审查，由勘察单位向施工企业提供与建设工程有关的原始资料，其真实性、准确性、齐全性的责任承担主体为（   ）。
   A. 建设单位   B. 监理单位
   C. 施工企业   D. 勘察单位

35. 关于借款合同当事人权利义务的说法，正确的是（   ）。
   A. 借款人必须提供担保
   B. 借款人未按照约定的借款用途使用借款的，贷款人应当解除合同

C. 贷款人的主要义务是提供借款和不得预扣利息

D. 当事人约定的借款利率不受限制

36. 关于施工项目负责人安全生产责任的说法，正确的是（　　）。

A. 对本企业安全生产管理全面负责

B. 向监理单位请假并经同意后，项目负责人方可离开施工现场

C. 在"危大工程"施工期间离开施工现场时，应当委托项目相关负责人在现场带班

D. 每月带班生产时间不得少于本月施工时间的 80%

37. 关于承揽合同的说法，正确的是（　　）。

A. 承揽合同由定作人负责提供相关设备或者技术

B. 承揽合同以完成一定的工作并交付工作成果为标的

C. 承揽人工作不具有独立性

D. 承揽人享有法定任意解除权

38. 关于施工企业安全生产责任的说法，正确的是（　　）。

A. 企业主要负责人是本单位安全生产第一责任人

B. 应当设置专职安全生产分管负责人

C. 安全生产责任书应当由施工企业法定代表人与项目负责人签订

D. 工程项目实行总承包的，安全生产责任全部由总承包单位承担

39. 关于施工企业安全生产费用提取使用的说法，正确的是（　　）。

A. 施工企业提取的安全生产费用应当专户核算

B. 施工企业应当严格执行安全生产费用提取标准，不得提高或者降低

C. 投标文件中的工程安全防护、文明施工措施的费用应当与环境保护、临时设施的费用合并报价

D. 安全生产费用应当在当年内使用完毕，不得结转下年使用

40. 根据《民事诉讼法》，关于简易程序的说法，正确的是（　　）。

A. 简易程序是人民法院审理案件的首选诉讼程序

B. 简易程序实行一审终审

C. 人民法院在审理过程中，发现案件不宜适用简易程序的，裁定转为普通程序

D. 适用简易程序审理的案件，应当在立案之日起 2 个月内审结

41. 关于建筑节能材料、设备使用的说法，正确的是（　　）。

A. 使用不符合建筑节能标准的材料的已建成项目，不得投入生产、使用

B. 新建建筑应当全部使用节能设备

C. 国家全面禁止能源消耗高的建筑材料

D. 鼓励建筑节能改造中使用节能建筑材料

42. 关于总承包单位项目专职安全生产管理人员配备人数的要求，正确的是（　　）。

A. 5000 万元以下的土木工程不少于 1 人

B. 1 万平方米以下的建筑工程不少于 2 人

C. 1 万~5 万平方米的装修工程不少于 3 人

D. 5000万元~1亿元的线路管道工程不少于3人

43. 国有资金占控股地位的依法必须进行招标的下列项目中，可以邀请招标的是（   ）。

A. 工期紧张的

B. 技术复杂，只有少量潜在投标人可供选择的

C. 采用公开招标方式所需时间过长的

D. 采购时无法精确拟定技术规格的

44. 关于仲裁协议的说法，正确的是（   ）。

A. 仲裁事项的范围不包含法律问题的争议

B. 当事人对仲裁协议效力有异议的，应当在仲裁庭首次开庭前提出

C. 仲裁协议因合同的无效而无效

D. 仲裁协议可以采用书面形式，也可以采用口头方式

45. 关于行政诉讼管辖的说法，正确的是（   ）。

A. 对限制人身自由的行政强制措施不服提出的诉讼，应当由被告所在地人民法院管辖

B. 复议机关改变原行政行为的案件，可以由复议机关所在地人民法院管辖

C. 中级人民法院管辖第一审行政案件

D. 因不动产提起的行政诉讼，由被告所在地人民法院管辖

46. 房屋市政工程生产安全重大隐患排查治理的责任主体是（   ）。

A. 建设单位　　　　　　　　　B. 监理单位

C. 检测机构　　　　　　　　　D. 施工企业

47. 关于注册商标转让的说法，正确的是（   ）。

A. 转让注册商标的，由转让人向商标局提出申请

B. 商标专用权人不得将商标与企业分离而单独转让

C. 注册商标的转让是指商标专用人许可他人使用其注册商标的行为

D. 转让注册商标的，商标注册人对其在同一种商品上注册的近似的商标应当一并转让

48. 关于个人所得税的说法，正确的是（   ）。

A. 居民个人从中国境外取得的所得，不必缴纳个人所得税

B. 因自然灾害遭受重大损失的，免征个人所得税

C. 个人红利所得和财产租赁所得，适用20%的比例税率

D. 非居民个人在中国境内从两处以上取得工资、薪金所得的，不需要办理纳税申报

49. 关于建设单位安全责任的说法，正确的是（   ）。

A. 要求施工企业提供施工现场地下管线资料

B. 要求施工企业增加大量人力、物力投入，确保项目安全生产

C. 不得随意压缩合同工期

D. 简化施工程序，节约费用

50. 根据《水污染防治法》，关于饮用水水源准保护区内水污染防治的说法，正确的是（   ）。

A. 禁止新建、扩建对水体污染严重的项目

B. 禁止新建、改建、扩建与保护水源无关的建设项目

C. 禁止新建、改建、扩建排放污染物的项目

D. 禁止新建、扩建任何建设项目

51. 根据《房屋建筑工程和市政基础设施工程实行见证取样和送检的规定》，关于施工检测的见证取样和送检的说法，正确的是（　　）。

A. 取样人员应当在试样或者其包装上作出标识、封志，并由见证人员和取样人员签字

B. 混凝土中使用的掺加剂必须实施见证取样和送检

C. 见证人员应当由建设单位代表和监理单位的监理工程师共同担任

D. 厕浴间使用的防水材料不必实施见证取样和送检

52. 根据《噪声污染防治法》，关于建设工程项目噪声污染防治的说法，正确的是（　　）。

A. 噪声污染防治费用应当列入工程造价

B. 建设单位应当制定噪声污染防治实施方案

C. 监理单位应当落实噪声污染防治实施方案

D. 在施工合同中，应当明确建设单位的噪声污染防治责任

53. 下列情形中，属于违法分包的是（　　）。

A. 施工总承包单位将施工总承包合同中的幕墙工程分包给具有相应资质单位的

B. 施工总承包单位将施工总承包合同中的钢结构工程分包给具有相应资质单位的

C. 专业分包单位将其承包的专业工程中的劳务作业部分分包的

D. 专业作业承包人除计取劳务作业费用外，还计取主要建筑材料款和大中型施工机械设备、主要周转材料费用的

54. 根据《建设工程质量管理条例》，关于建设工程质量保修期的说法，正确的是（　　）。

A. 地基基础工程保修期限为设计文件规定的该工程的合理使用年限

B. 所有项目的保修期限均由法律规定

C. 任何使用条件下，建设工程保修期均应当符合法定最低保修期限

D. 供热系统的最低保修期限为 5 年

55. 根据《关于进一步加强施工工地和道路扬尘管控工作的通知》，关于扬尘管控的说法，正确的是（　　）。

A. 施工现场的道路及材料堆放区地面应当进行硬化处理

B. 建筑物内施工垃圾的清运，应当采用器具或者管道运输

C. 堆放的土方土质良好的，可以裸露堆放

D. 施工现场不得设置车辆冲洗设施

56. 关于行政许可的说法，正确的是（　　）。

A. 行政机关有权主动作出行政许可

B. 行政许可是一种要式行政行为

C. 行政许可是一种单纯的赋权性行政行为

D. 直接关系人身健康、生命财产安全等的特定活动，不得设定行政许可

57. 关于权利质权的说法，正确的是（　　）。

A. 以专利权中的财产权出质后，出质人不得许可他人使用专利权

B. 将有的应收账款不得出质

C. 以基金份额出质的，质权自权利凭证交付质权人时设立

D. 以商业承兑汇票出质的，质权自办理出质登记时设立

58. 根据《民法典》，关于保证合同的说法，正确的是（　　）。

A. 保证合同只能是有偿合同

B. 保证合同的双方当事人是保证人与债务人

C. 保证合同是主债权债务合同的从合同

D. 保证合同的责任方式为连带责任保证

59. 甲施工企业与乙材料供应商订立了总货款为200万元的买卖合同，约定甲向乙给付定金50万元作为合同履行的担保，同时约定任意一方违约均应当向对方支付违约金40万元。甲因资金困难，经乙同意后，实际向乙交付定金30万元后乙不能履行合同义务，甲能够获得人民法院支持的最高金额是（　　）。

A. 70万元　　　　　　　　　　B. 40万元

C. 60万元　　　　　　　　　　D. 100万元

60. 关于货运合同的说法，正确的是（　　）。

A. 货运合同的收货人和托运人不是同一人

B. 多式联运单据是不可转让单据

C. 货运合同的标的是运输的货物

D. 承运人的主要权利包括求偿权、特殊情况下的拒运权和留置权

61. 根据《建筑施工企业安全生产许可证管理规定》，属于取得安全生产许可证应当具备的条件是（　　）。

A. 设置安全生产管理机构，配备专职或者兼职安全生产管理人员

B. 有符合规定的工程业绩

C. 作业人员经有关业务主管部门考核合格，取得操作资格证书

D. 保证本单位安全生产条件所需资金的投入

62. 根据《民事诉讼法》，按照各人民法院的辖区和民事案件的隶属关系，划分同级人民法院受理第一审民事案件的分工和权限的属于（　　）。

A. 级别管辖　　　　　　　　　B. 移送管辖

C. 地域管辖　　　　　　　　　D. 指定管辖

63. 根据《劳动合同法》，下列情形中，引起劳动合同终止的是（　　）。

A. 劳动者开始依法享受社会保险待遇的

B. 用人单位破产重整的

C. 以完成一定工作任务为期限的劳动合同，工作任务完成的

D. 用人单位被吊销资质证书的

64. 下列情形中，导致可移动文物所有权发生改变的是（　　）。
A. 中国境外出土的文物，流入境内
B. 公民向国家捐赠文物
C. 收藏文物的国有文物收藏单位终止
D. 保管文物的事业单位变更

65. 下列单位中，可以担任政府投资项目工程总承包单位的是（　　）。
A. 初步设计文件已经公开的该项目的设计文件编制单位
B. 该项目的代建单位
C. 该项目的项目管理单位
D. 该项目的造价咨询单位

66. 关于"危大工程"专项施工方案的说法，正确的是（　　）。
A. 项目专职安全生产管理人员应当对专项施工方案实施情况进行现场监督
B. "危大工程"实行专业分包的，专项施工方案应当由相应分包单位组织编制
C. 专项施工方案应当由施工企业项目负责人负责审核
D. 超过一定规模的"危大工程"，在专家论证前专项施工方案应当通过施工企业审核和专业监理工程师审查

67. 根据《保障农民工工资支付条例》，关于农民工工资的说法，正确的是（　　）。
A. 事业单位经营困难的，可以拖欠农民工工资
B. 用人单位使用个人派遣的农民工，拖欠农民工工资的，由派遣个人清偿
C. 合伙企业拖欠农民工工资不清偿的，由出资人清偿
D. 用人单位允许未取得相应资质的单位以用人单位的名义对外经营，导致拖欠所招用农民工工资的，由未取得相应资质的单位清偿

68. 下列义务中，属于建设工程施工合同中承包人主要义务的是（　　）。
A. 及时检查隐蔽工程
B. 不得转包和违法分包工程
C. 及时验收工程
D. 及时提供原材料、设备

69. 关于施工现场文物保护的说法，正确的是（　　）。
A. 确因建设工期紧迫的，施工企业可以自行对古文化遗址进行抢救发掘和保护
B. 进行大型基本建设工程，建设单位应当报请有关部门在工程范围内有可能埋藏文物的地方进行考古调查、勘探
C. 施工现场造成文物损毁的，追究刑事责任
D. 在进行建设工程中，施工企业发现文物，应当在24小时内报告文物行政部门

70. 乙开发商与甲施工企业订立了建设工程施工合同，将某房屋建筑工程的施工发包给甲，工程竣工验收合格后，乙未按约定支付工程结算价款，经甲催告后，乙仍逾期未支付。关于甲拟主张建设工程价款优先受偿权的说法，正确的是（　　）。

A. 甲有权直接向乙主张建设工程价款优先受偿权
B. 甲主张建设工程价款优先受偿权的期限不得超过 6 个月
C. 甲行使建设工程价款优先受偿权的期限自竣工验收合格之日起算
D. 甲主张优先受偿的范围不包括乙逾期支付工程结算价款的利息

二、**多项选择题**（共 30 题，每题 2 分。每题的备选项中，有 2 个或 2 个以上符合题意，至少有 1 个错项。错选，本题不得分；少选，所选的每个选项得 0.5 分）

71. 根据《标准化法》，标准包括（　　）。
A. 国家标准
B. 国际标准
C. 行业标准
D. 地方标准
E. 企业标准

72. 根据《关于清理规范工程建设领域保证金的通知》，工程建设项目中可以设立的保证金有（　　）。
A. 投标保证金
B. 履约保证金
C. 工程质量保证金
D. 农民工工资保证金
E. 信用保证金

73. 根据《绿色施工导则》，关于施工节水与水资源利用的说法，正确的有（　　）。
A. 大型工程的不同单项工程、不同标段、不同分包生活区，应当分别计量用水量
B. 优先采用雨水搅拌、雨水养护，有条件的地区和工程应当收集雨水养护
C. 施工现场喷洒路面、绿化浇灌不宜使用市政自来水
D. 要力争施工中非传统水源和循环水的再利用量大于 20%
E. 现场机具、设备冲洗用水必须设立循环用水装置

74. 下列事故中，属于较大生产安全事故的有（　　）。
A. 造成 6 人死亡的事故
B. 造成 15 人重伤的事故
C. 造成 1230 万元直接经济损失的事故
D. 造成 800 万元直接经济损失和 1050 万元间接经济损失的事故
E. 造成 9 人重伤的事故

75. 关于建筑市场信用评价内容的说法，正确的有（　　）。
A. 省级住房城乡建设主管部门制定本区域内的建筑市场信用评价标准
B. 不得设置歧视外地建筑市场各方主体的评价指标
C. 建筑市场信用评价是指对不良信用信息的评价
D. 不得对外地建筑市场各方主体设置信用壁垒
E. 建设单位应当对承包单位的履约行为设置评价指标

76. 根据《建筑市场信用管理暂行办法》，建筑市场各方主体存在的下列情形中，应当被列入建筑市场主体"黑名单"的有（　　）。
A. 利用虚假材料取得企业资质的
B. 出借资质，受到行政处罚的

11

C. 发生工程质量安全事故的

D. 因转包受到行政处罚的

E. 经人民法院判决认定为拖欠工程款，且拒不履行生效法律文书确定的义务的

77. 下列纠纷中，属于建设工程民事纠纷的有（   ）。

A. 施工企业与建设单位之间因工程质量产生的纠纷

B. 总承包单位与分包单位之间因分包工程款产生的纠纷

C. 施工企业在施工中未采取相应防范措施造成第三方损害产生的纠纷

D. 施工企业与住房城乡建设行政部门因罚款产生的纠纷

E. 施工企业未经许可使用他人的专利产生的纠纷

78. 根据《劳动合同法》，用人单位提前 30 日以书面形式通知劳动者本人或者额外支付劳动者 1 个月工资后，可以解除合同的有（   ）。

A. 劳动者非因工负伤，在规定的医疗期满后不能从事原工作，也不能从事由用人单位另行安排的工作的

B. 劳动合同订立时所依据的客观情况发生重大变化的

C. 劳动者被依法追究刑事责任的

D. 劳动者违反用人单位的规章制度的

E. 劳动者不能胜任工作，经过培训或者调整工作岗位，仍不能胜任工作的

79. 关于建筑业企业资质标准中净资产的说法，正确的有（   ）。

A. 企业净资产是指企业的资产总额减去负债以后的净额

B. 净资产是属于企业所有并由股东自由支配的资产

C. 净资产即所有者权益

D. 净资产应当大于注册资本

E. 企业申请资质时，净资产以前一年度或者当期合法的财务报表中净资产指标为准

80. 申请领取施工许可证，应当具备的条件有（   ）。

A. 已经办理该建筑工程用地批准手续

B. 需要征收房屋的，其进度符合施工要求

C. 已经确定建筑施工企业

D. 已经委托监理

E. 有保证工程质量和安全的具体措施

81. 根据《关于加强保障性住房质量常见问题防治的通知》，各地明确本地保障性住房工程质量常见问题防治的底线要求时，应当参照的内容有（   ）。

A. 室内空气健康　　　　　　　　B. 室外背水面防水

C. 固定家具安装牢固美观　　　　D. 室外隔声防噪

E. 室外建筑面层平整无开裂

82. 下列情形中，属于违法发包的有（   ）。

A. 建设单位将工程发包给个人的

B. 建设单位将工程发包给不具有相应资质的单位的

12

C. 依法应当招标未招标的

D. 建设单位将一个单位工程的施工分解成若干部分发包给不同的专业承包单位的

E. 建设单位将建筑工程的设计、采购、施工一并发包给一个工程总承包单位

83. 根据《招标投标法实施条例》，下列情形中，评标委员会应当否决投标的有（   ）。

A. 投标文件未经投标单位盖章和单位负责人签字的

B. 投标联合体没有提交共同投标协议的

C. 投标文件有明显的计算错误的

D. 投标报价低于成本的

E. 投标文件有含义不明确的内容的

84. 根据《建设工程质量管理条例》，监理工程师对建设工程项目现场实施监理，采取的主要监理形式有（   ）。

A. 书面审查
B. 旁站
C. 巡视
D. 平行检验
E. 见证取样、送检

85. 根据《建筑施工特种作业人员管理规定》，下列人员中，属于建筑施工特种作业人员的有（   ）。

A. 建筑电工
B. 建筑钢筋工
C. 建筑架子工
D. 建筑木工
E. 建筑起重机械司机

86. 关于合同解除的说法，正确的有（   ）。

A. 以持续履行的债务为内容的不定期合同，当事人可以随时解除合同，但是应当在合理期限之前通知对方

B. 当事人一方迟延履行主要债务，对方可以解除合同

C. 对方对解除合同有异议的，主张解除的当事人无权请求人民法院或者仲裁机构确认解除行为的效力

D. 当事人一方依法主张解除合同，并通知对方的，合同自通知到达对方时解除

E. 当事人一方未通知对方，直接以提起诉讼方式主张解除合同并被人民法院确认的，合同自起诉状副本送达对方时解除

87. 关于一级建造师注册的说法，正确的有（   ）。

A. 取得一级建造师资格证书的人员，可以自行提出注册申请

B. 取得一级建造师资格证书的人员可以受聘于招标代理机构，提出注册申请

C. 自一级建造师资格证书签发之日起超过3年的，不得申请注册

D. 注册建造师的聘用单位可以根据工程施工需要扣押建造师的注册证书

E. 未取得注册证书的，不得以注册建造师的名义从事相关活动

88. 关于合同分类的说法，正确的有（   ）。

A. 建筑材料买卖合同是单务合同

B. 建筑起重机械租赁合同是实践合同

C. 建设工程合同是典型合同

D. 监理合同是要式合同

E. 建设工程工法咨询服务合同是无偿合同

89. 关于法人分类的说法，正确的有（　　）。

A. 某基层群众性自治组织属于非营利法人

B. 法人分为营利法人、非营利法人和特别法人

C. 某基金会属于非营利法人

D. 某县人民政府属于机关法人

E. 某设计院有限责任公司属于事业单位法人

90. 根据《建设工程安全生产管理条例》，下列"危大工程"中，施工企业应当组织专家对专项施工方案进行论证、审查的有（　　）。

A. 地下暗挖工程　　　　　　　　B. 砌筑工程

C. 高大模板工程　　　　　　　　D. 起重吊装工程

E. 爆破工程

91. 关于安装工程一切险的说法，正确的有（　　）。

A. 保险人对因意外事故造成的损失和费用负责赔偿

B. 安装工程一切险的保险期内，一般应当包括一个试车考核期

C. 安装工程一切险应当加保第三者责任险

D. 安装工程一切险对考核期的保险责任超过3个月的，应当另行加收保险费

E. 保险责任自施工作业人员进场之时起

92. 关于建筑意外伤害保险的说法，正确的有（　　）。

A. 施工企业应当为施工现场所有人员办理意外伤害保险

B. 意外伤害保险期限应当涵盖工程项目开工之日到工程竣工验收合格日

C. 施工企业应当在工程项目开工前，以实名制的方式办理完成全部投保手续

D. 施工企业应当将投保有关信息以布告形式张贴于施工现场，告知被保险人

E. 施工企业在投保时可以与保险人商定提供建筑安全生产管理、事故防范等服务内容

93. 承揽合同中，承揽人的义务包括（　　）。

A. 按照合同约定完成承揽工作

B. 对定作人提供的材料及时进行检验

C. 发现定作人的技术要求不合理的，及时通知定作人

D. 验收工作成果

E. 接受定作人必要的监督检查

94. 关于意思表示生效的说法，正确的有（　　）。

A. 以对话方式作出的意思表示，到达相对人时生效

B. 无相对人的意思表示，表示完成时生效

C. 以公告方式作出的意思表示，公告发布时生效

D. 以非对话方式作出的意思表示，相对人知道其内容时生效

E. 以非对话方式做出的，采用数据电文形式的意思表示，相对人未指定特定系统的，该数据电文进入其系统时生效

95. 根据《安全生产法》，生产经营单位主要负责人对本单位安全生产负有的职责有（　　）。

A. 建立健全并落实本单位全员安全生产责任制，加强安全生产标准化建设
B. 组织开展危险源辨识和评估，督促落实本单位重大危险源的安全管理措施
C. 组织制定并实施本单位安全生产规章制度和操作规程
D. 组织制定并实施本单位的生产安全事故应急救援预案
E. 组织或者参与本单位应急救援演练

96. 关于民事诉讼管辖权异议的说法，正确的有（　　）。

A. 当事人对管辖权有异议的，应当在提交答辩状期间提出
B. 对人民法院作出的管辖权异议裁定，当事人不得上诉
C. 当事人对级别管辖权不得提出异议
D. 当事人对地域管辖权可以提出异议
E. 当事人未提出管辖权异议并应诉答辩的，视为受诉人民法院有管辖权

97. 下列知识产权的客体中，属于《著作权法》保护对象的有（　　）。

A. 注册商标权　　　　　　B. 外观设计专利
C. 建筑作品　　　　　　　D. 工程设计图
E. 计算机软件

98. 关于建筑工程总承包单位为房屋建筑的地基与基础、主体结构提供工程服务缴纳增值税的说法，正确的有（　　）。

A. 适用一般计税方法计税的项目预征率为3%
B. 建设单位自行采购全部或部分钢材的，适用简易计税方法计税
C. 适用简易计税方法计税的项目预征率为2%
D. 提供建筑服务取得预收款，应在收到预收款时，以取得的预收款扣除支付的分包款后的余额预缴增值税
E. 按照现行规定无需在建筑服务发生地预缴增值税的项目，收到预收款时在机构所在地预缴增值税

99. 在中华人民共和国境内，受国家保护的文物有（　　）。

A. 与著名人物有关的现代重要史迹
B. 历史上各时代珍贵的艺术品
C. 反映历史上各时代、各民族社会制度的代表性实物
D. 近代代表性建筑
E. 古墓葬和古建筑

100. 下列行为中，构成无因管理的有（　　）。

A. 甲接受他人委托为其保养施工机具
B. 丁发现门前道路污水井盖被盗，恐致路人跌伤，遂插树枝以警示

15

C. 乙见他人仓库失火遂召集人员参加救火
D. 总承包单位超额支付分包工程款，分包单位明知该情况但未告知总承包单位
E. 材料供应商丙将施工现场因中暑昏倒的建筑工人送往医院救治

2023 年度真题参考答案及解析

一、单项选择题

1. C；　　2. A；　　3. C；　　4. B；　　5. B；
6. A；　　7. A；　　8. B；　　9. C；　　10. B；
11. C；　　12. B；　　13. C；　　14. D；　　15. C；
16. D；　　17. C；　　18. A；　　19. A；　　20. A；
21. B；　　22. C；　　23. B；　　24. D；　　25. C；
26. C；　　27. B；　　28. D；　　29. A；　　30. C；
31. D；　　32. A；　　33. C；　　34. A；　　35. C；
36. D；　　37. A；　　38. A；　　39. A；　　40. C；
41. D；　　42. A；　　43. B；　　44. B；　　45. B；
46. D；　　47. D；　　48. B；　　49. C；　　50. A；
51. A；　　52. A；　　53. D；　　54. A；　　55. B；
56. B；　　57. A；　　58. C；　　59. B；　　60. D；
61. D；　　62. C；　　63. B；　　64. B；　　65. A；
66. A；　　67. C；　　68. B；　　69. B；　　70. D。

【解析】

1. C。本题考核的是法的形式。在我国，习惯法、宗教法、判例不是法的形式。我国法的形式包括宪法，法律，行政法规，地方性法规、自治条例和单行条例，部门规章，地方政府规章和国际条约。

2. A。本题考核的是法的效力层级。行政法规的法律地位和法律效力仅次于宪法和法律，高于地方性法规和部门规章，故 A 选项正确。地方性法规的效力，高于本级和下级地方政府规章，故 B 选项错误。省、自治区人民政府制定的规章的效力，高于本行政区域内的设区的市、自治州人民政府制定的规章，故 C 选项错误。部门规章之间、部门规章与地方政府规章之间具有同等效力，在各自的权限范围内施行，故 D 选项错误。

3. C。本题考核的是民事法律行为委托代理。民事法律行为的委托代理，可以用书面形式，也可以用口头形式，故 A 选项错误。委托书授权不明的，被代理人应当向第三人承担民事责任，代理人负连带责任，故 B 选项错误。代理人知道或者应当知道代理事项违法仍然实施代理行为，或者被代理人知道或者应当知道代理人的代理行为违法未作反对表示的，被代理人和代理人应当承担连带责任，故 D 选项错误。

4. B。本题考核的是代理的法律特征。代理行为必须是具有法律意义的行为，如果仅

17

是代为传达当事人的意思表示或接受意思表示，而没有任何独立决定意思表示的权利，则不是代理，只能视为传达意思表示的使者，故 A 选项错误，B 选项正确。代理人实施代理活动的直接依据是代理权，代理分为委托代理和法定代理，法定代理人代理权的依据是法律规定，故 C 选项错误。D 选项的正确表述应为：被代理人对代理人的代理行为承担民事责任。

5. B。本题考核的是建设用地使用权。建设用地使用权人有权将建设用地使用权转让、互换、出资、赠与或者抵押，故 A 选项错误。使用期限由当事人约定，但不得超过建设用地使用权的剩余期限，故 C 选项错误。建设用地使用权流转时，附着于该土地上的建筑物、构筑物及其附属设施一并处分，故 D 选项错误。

6. A。本题考核的是物权的设立、变更、转让、消灭和保护。地役权自地役权合同生效时设立。

7. A。本题考核的是行政复议范围和行政诉讼受案范围。下列事项应按规定的纠纷处理方式解决，不能提起行政复议：（1）不服行政机关作出的行政处分或者其他人事处理决定的，应当依照有关法律、行政法规的规定提起申诉；（2）不服行政机关对民事纠纷作出的调解或者其他处理，应当依法申请仲裁或者向法院提起诉讼。

8. B。本题考核的是证据的应用。证据应当在法庭上出示，由当事人质证，故 A 选项错误。对涉及国家秘密的证据应当保密，需要在法庭出示的，不得在公开开庭时出示，故 C 选项错误。对书证、物证、视听资料进行质证时，当事人应当出示证据的原件或者原物，但有两种例外情形，故 D 选项错误。

9. C。本题考核的是《专利法》保护对象。我国《专利法》保护的是发明创造专利权，并规定发明创造就是指发明、实用新型和外观设计。A、B、D 选项为著作权保护对象。

10. B。本题考核的是工程建设国家标准。《标准化法》规定，法律、行政法规和国务院决定对强制性标准的制定另有规定的，从其规定。

11. C。本题考核的是建设工程竣工验收的主体。《建设工程质量管理条例》规定，建设单位收到建设工程竣工报告后，应当组织设计、施工、工程监理等有关单位进行竣工验收。

12. B。本题考核的是合同的要约。在建设工程招标投标活动中，招标文件是要约邀请，对招标人不具有法律约束力；投标文件是要约，应受自己作出的与他人订立合同的意思表示的约束。

13. C。本题考核的是应当认定为工伤的情形。工伤认定职工有下列情形之一的，应当认定为工伤：（1）在工作时间和工作场所内，因工作原因受到事故伤害的；（2）工作时间前后在工作场所内，从事与工作有关的预备性或者收尾性工作受到事故伤害的；（3）在工作时间和工作场所内，因履行工作职责受到暴力等意外伤害的；（4）患职业病的；（5）因工外出期间，由于工作原因受到伤害或者发生事故下落不明的；（6）在上下班途中，受到非本人主要责任的交通事故或者城市轨道交通、客运轮渡、火车事故伤害的；（7）法律、行政法规规定应当认定为工伤的其他情形。

14. D。本题考核的是劳动合同无效或部分无效的情形。劳动合同无效或部分无效：（1）以欺诈、胁迫的手段或者乘人之危，使对方在违背真实意思的情况下订立或者变更劳动合同的；（2）用人单位免除自己的法定责任、排除劳动者权利的；（3）违反法律、行政法规强制性规定的。

15. C。本题考核的是无因管理。《民法典》规定，管理人没有法定的或者约定的义务，为避免他人利益受损失而管理他人事务的，可以请求受益人偿还因管理事务而支出的必要费用；管理人因管理事务受到损失的，可以请求受益人给予适当补偿。

16. D。本题考核的是建筑市场施工单位不良行为记录认定标准。A、B、C 选项属于工程安全不良行为。

17. C。本题考核的是禁止限制、排斥投标人的规定。招标人有下列行为之一的，属于以不合理条件限制、排斥潜在投标人或者投标人：（1）就同一招标项目向潜在投标人或者投标人提供有差别的项目信息；（2）设定的资格、技术、商务条件与招标项目的具体特点和实际需要不相适应或者与合同履行无关；（3）依法必须进行招标的项目以特定行政区域或者特定行业的业绩、奖项作为加分条件或者中标条件；（4）对潜在投标人或者投标人采取不同的资格审查或者评标标准；（5）限定或者指定特定的专利、商标、品牌、原产地或者供应商；（6）依法必须进行招标的项目非法限定潜在投标人或者投标人的所有制形式或者组织形式；（7）以其他不合理条件限制、排斥潜在投标人或者投标人。

18. A。本题考核的是建设工程竣工消防验收。国务院住房和城乡建设主管部门规定应当申请消防验收的建设工程竣工，建设单位应当向住房和城乡建设主管部门申请消防验收。上述规定以外的其他建设工程，建设单位在验收后应当报住房和城乡建设主管部门备案，住房和城乡建设主管部门应当进行抽查。依法应当进行消防验收的建设工程，未经消防验收或者消防验收不合格的，禁止投入使用；其他建设工程经依法抽查不合格的，应当停止使用。

19. A。本题考核的是投标人、投标文件的法定要求和投标保证金。单位负责人为同一人或者存在控股、管理关系的不同单位，不得参加同一标段投标或者未划分标段的同一招标项目投标。

20. A。本题考核的是联合体投标的规定。由同一专业的单位组成的联合体，按照资质等级较低的单位确定资质等级，故 A 选项正确。招标人不得强制投标人组成联合体共同投标，不得限制投标人之间的竞争，故 B 选项错误。联合体中标的，联合体各方应当共同与招标人签订合同，就中标项目向招标人承担连带责任，故 C 选项错误。联合体各方在同一招标项目中以自己名义单独投标或者参加其他联合体投标的，相关投标均无效，故 D 选项错误。

21. B。本题考核的是施工现场消防安全职责和应采取的消防安全措施。公共建筑在营业、使用期间不得进行外保温材料施工作业，故 A 选项错误。施工现场的办公、生活区与作业区应当分开设置，并保持安全距离，故 B 选项正确。居住建筑进行节能改造作业期间应撤离居住人员，故 C 选项错误。需要进行明火作业的，动火部门和人员应当按照用火管理制度办理审批手续，故D选项错误。

22. C。本题考核的是建筑市场诚信行为的公布。依法限制招标投标当事人资质（资格）等方面的行政处理决定，所认定的限制期限长于6个月的，公告期限从其决定，故A选项错误。国务院有关行政主管部门和省级人民政府有关行政主管部门应自招标投标违法行为行政处理决定作出之日起20个工作日内对外进行记录公告，故B选项错误。被公告的招标投标当事人认为公告记录与行政处理决定的相关内容不符的，可向公告部门提出书面更正申请，并提供相关证据，故D选项错误。

23. B。本题考核的是建设工程的返修。返修作为施工单位的法定义务，其返修包括施工过程中出现质量问题的建设工程和竣工验收不合格的建设工程两种情形，故A选项错误。对于非施工单位原因造成的质量问题，施工单位也应当负责返修，但是因此而造成的损失及返修费用由责任方负责，故C、D选项错误。

24. D。本题考核的是应急救援队伍与应急值班制度。A选项的正确表述应为："定期组织训练"。应急救援人员经培训合格后，方可参加应急救援工作，故B选项错误。微型企业等规模较小的生产经营单位，可以不建立应急救援队伍，但应当指定兼职的应急救援人员，并且可以与邻近的应急救援队伍签订应急救援协议，故C选项错误，D选项正确。

25. C。本题考核的是无效施工合同的工程款结算。建设工程施工合同无效，且建设工程经竣工验收不合格的，按照以下情形分别处理：

（1）修复后的建设工程经验收合格的，发包人可以请求承包人承担修复费用；（2）修复后的建设工程经验收不合格的，承包人无权请求参照合同关于工程价款的约定折价补偿。故C选项正确。

26. C。本题考核的是施工起重机械安装、拆卸单位的安全责任。安装、拆卸施工起重机械和整体提升脚手架模板等自升式架设设施，应当编制拆装方案，制定安全施工措施，并由专业技术人员现场监督，故A选项错误。组织安全施工技术交底并签字确认应由安装单位进行，故B选项错误。D选项中的表述应为：告知工程所在地县级以上地方人民政府建设主管部门。

27. B。本题考核的是仲裁裁决的执行。申请仲裁裁决强制执行的期间为2年，故A选项错误。当事人申请执行仲裁裁决案件，由被执行人所在地或者被执行财产所在地的中级人民法院管辖，故C选项错误。根据《仲裁法》的规定，被人民法院裁定不予执行的，当事人就该纠纷可以根据双方重新达成的仲裁协议申请仲裁，也可以向人民法院起诉，故D选项错误。

28. D。本题考核的是施工生产安全事故应急救援预案的编制。综合应急预案应当规定应急组织机构及职责、应急预案体系、事故风险描述、预警及信息报告、应急响应、保障措施、应急预案管理等内容。专项应急预案应当规定应急指挥机构与职责、处置程序和措施等内容。现场处置方案应当规定应急工作职责、应急处置措施和注意事项等内容。生产经营单位应当在编制应急预案的基础上，针对工作场所、岗位的特点，编制简明、实用、有效的应急处置卡。

29. A。本题考核的是工程建设项目审批事项的行政许可。对通过事中事后监管或者市场机制能够解决以及行政许可法和国务院规定不得设立行政许可的事项，一律不得设立行政许可，故 A 选项正确。严禁以年检、年报的形式设定或者实施行政许可，故 B 选项错误。对相关管理事项尚未制定法律、行政法规的，地方可以依法就该事项设定行政许可，故 C 选项错误。对已取消的行政许可，行政机关不得继续实施或者变相实施，不得转由行业协会商会或者其他组织实施，故 D 选项错误。

30. C。本题考核的是建筑业企业资质证书的变更。由省、市级住房城乡建设主管部门颁发的企业资质，变更结果应当在资质证书变更后 15 日内，报国务院住房城乡建设主管部门备案，故 A 选项错误。建筑业企业资质证书遗失补办，由申请人告知资质许可机关，由资质许可机关在官网发布信息，故 B 选项错误。企业在建筑业资质证书有效期内名称、地址、注册资本、法定代表人等发生变更的，应当在工商部门办理变更手续后 1 个月内办理资质证书变更手续，故 C 选项正确。企业发生合并、分立、重组以及改制等事项，需承继原建筑业企业资质的，应当申请重新核定建筑业企业资质等级，故 D 选项错误。

31. D。本题考核的是建设工程赔偿损失的规定。赔偿损失，是指合同违约方因不履行或不完全履行合同义务而给对方造成的损失，依法或依据合同约定赔偿对方所蒙受损失的一种违约责任形式，故 A 选项错误。承担赔偿损失责任的构成要件是：（1）具有违约行为；（2）造成损失后果；（3）违约行为与财产等损失之间有因果关系；（4）违约人有过错，或者虽无过错，但法律规定应当赔偿，故 B 选项错误。当事人一方不履行合同义务或者履行合同义务不符合约定，造成对方损失的，损失赔偿额应当相当于因违约所造成的损失，包括合同履行后可以获得的利益，故 C 选项错误。赔偿损失具有补偿性，是强制违约方给非违约方所受损失的一种补偿，故 D 选项正确。

32. A。本题考核的是建设工程工期。《最高人民法院关于审理建设工程施工合同纠纷案件适用法律问题的解释（一）》规定，当事人对建设工程实际竣工日期有争议的，人民法院应当分别按照以下情形予以认定：（1）建设工程经竣工验收合格的，以竣工验收合格之日为竣工日期；（2）承包人已经提交竣工验收报告，发包人拖延验收的，以承包人提交验收报告之日为竣工日期；（3）建设工程未经竣工验收，发包人擅自使用的，以转移占有建设工程之日为竣工日期。

33. C。本题考核的是工程垫资的处理。当事人对垫资没有约定的，按照工程欠款处理，故 A、B 选项错误。当事人对垫资和垫资利息有约定，承包人请求按照约定返还垫资及其利息的，人民法院应予支持，但是约定的利息计算标准高于垫资时的同类贷款利率或者同期贷款市场报价利率的部分除外，故 D 选项错误。

34. A。本题考核的是建设单位相关的质量责任和义务。建设单位必须向有关的勘察、设计、施工、工程监理等单位提供与建设工程有关的原始资料。原始资料必须真实、准确、齐全。

35. C。本题考核的是借款合同当事人的权利义务。订立借款合同，贷款人可以要求借款人提供担保，故 A 选项错误。借款人未按照约定的借款用途使用借款的，贷款人可以停止发放借款、提前收回借款或者解除合同，故 B 选项错误。出借人请求借款人按照合同约定利率支付利息的，人民法院应予支持，但是双方约定的利率超过合同成立时1年期贷款市场报价利率4倍的除外，故D选项错误。

36. D。本题考核的是施工项目负责人施工现场带班制度。A选项属于企业主要负责人的安全生产责任。因其他事务需离开施工现场时，应向工程项目的建设单位请假，经批准后方可离开，故B选项错误。施工单位项目经理是危大工程安全管控第一责任人，必须在危大工程施工期间现场带班，超过一定规模的危大工程施工时，施工单位负责人应当带班检查，故C选项错误。

37. B。本题考核的是承揽合同的法律规定。承揽人须以自己的设备、技术和劳力完成所承揽的工作，故A选项错误。承揽人工作具有独立性，故C选项错误。D选项的正确表述应为：定作人拥有法定任意解除权。

38. A。本题考核的是施工单位的安全生产管理职责。生产经营单位的主要负责人是本单位安全生产第一责任人，对本单位的安全生产工作全面负责，故A选项正确。生产经营单位可以设置专职安全生产分管负责人，协助本单位主要负责人履行安全生产管理职责，故B选项错误。主要负责人应当与项目负责人签订安全生产责任书，确定项目安全生产考核目标、奖惩措施，以及企业为项目提供的安全管理和技术保障措施，故C选项错误。工程项目实行总承包的，总承包企业应当与分包企业签订安全生产协议，明确双方安全生产责任。

39. A。本题考核的是施工单位安全费用的使用管理。企业提取的安全费用应当专户核算，按规定范围安排使用，不得挤占、挪用，故A选项正确。施工企业应当严格执行安全费用提取标准，不得降低提取标准，但是可以提高提取标准，加强安全生产管理，故B选项错误。投标文件中的工程安全防护、文明施工措施的费用应当与环境保护、临时设施的费用不得合并报价，故C选项错误。年度结余资金结转下年度使用，当年计提安全生产费用不足的，超出部分按正常成本费用渠道列支，D选项错误。

40. C。本题考核的是民事诉讼的简易程序。简易程序是基层人民法院和它的派出法庭审理事实清楚、权利义务关系明确、争议不大的简单民事案件适用的程序，故A选项错误。小额诉讼程序是简易程序的一种，实行一审终审，故B选项错误。适用简易程序审理的案件，应当在立案之日起3个月内审结，故D选项错误。

41. D。本题考核的是建筑节能材料、设备的使用。不符合强制性节能标准的项目，建设单位不得开工建设；已经建成的，不得投入生产、使用，故A选项错误，B选项错在：全部。国家限制进口或者禁止进口能源消耗高的技术、材料和设备，故C选项错误。

42. A。本题考核的是专职安全生产管理人员的配备要求。B选项应不少于1人。C选项应不少于2人。D选项应不少于2人。

43. B。本题考核的是可以邀请招标的情形。国有资金占控股或者主导地位的依法必须进行招标的项目，应当公开招标；但有下列情形之一的，可以邀请招标：（1）技术复杂、有特殊要求或者受自然环境限制，只有少量潜在投标人可供选择；（2）采用公开招标方式的费用占项目合同金额的比例过大。

44．B。本题考核的是仲裁协议的规定。仲裁事项可以是当事人之间合同履行过程中的或与合同有关的一切争议，也可以是合同中某一特定问题的争议；既可以是事实问题的争议，也可以是法律问题的争议，故 A 选项错误。仲裁协议独立存在，合同的无效不影响仲裁协议的效力，故 C 选项错误。仲裁协议应当采用书面形式，口头方式达成的仲裁意思表示无效，故 D 选项错误。

45．B。本题考核的是行政诉讼管辖。A 选项正确表述应为：由被告所在地或者原告所在地人民法院管辖。经复议的案件，复议机关改变原行政行为的，也可以由复议机关所在地人民法院管辖，故 B 选项正确。基层人民法院管辖第一审行政案件。中级人民法院管辖下列第一审行政案件：（1）对国务院部门或者县级以上地方人民政府所作的行政行为提起诉讼的案件；（2）海关处理的案件；（3）本辖区内重大、复杂的案件；（4）其他法律规定由中级人民法院管辖的案件，故 C 选项错误。因不动产提起的行政诉讼，由不动产所在地人民法院管辖，故 D 选项错误。

46．D。本题考核的是生产安全事故隐患排查治理制度。建筑施工企业是房屋市政工程生产安全重大隐患排查治理的责任主体。

47．D。本题考核的是注册商标。转让注册商标的，转让人和受让人应当共同向商标局提出申请，故 A 选项错误。商标专用权人可以将商标连同企业或者商誉同时转让，也可以将商标单独转让，故 B 选项错误。注册商标的使用许可是指商标注册人通过签订商标使用许可合同，许可他人使用其注册商标的法律行为，故 C 选项错误。

48．C。本题考核的是个人所得税。A 选项应缴纳个人所得税。B 选项属于减征的情形。D 选项纳税人应当依法办理纳税申报。

49．C。本题考核的是建设单位的安全责任。建设单位不能片面为了早日发挥建设项目的效益，迫使施工单位大量增加人力、物力投入，或者是简化施工程序，随意压缩合同约定的工期。

50．A。本题考核的是建设项目水污染的防治。禁止在饮用水水源准保护区内新建、扩建对水体污染严重的建设项目。

51．A。本题考核的是见证取样和送检。B 选项中的正确表述应为：用于承重结构的混凝土中使用的掺加剂必须实施见证取样和送检。见证人员应由建设单位或该工程的监理单位中具备施工试验知识的专业技术人员担任，故 C 选项错误。D 选项的情形必须实施见证取样和送检。

52．A。本题考核的是施工现场噪声污染的防治。施工单位应当按照规定制定噪声污染防治实施方案，故 B 选项错误。建设单位应当监督施工单位落实噪声污染防治实施方案，故 C 选项错误。建设单位应当按照规定将噪声污染防治费用列入工程造价，在施工合同中明确施工单位的噪声污染防治责任，故 A 选项正确，D 选项错误。

53．D。本题考核的是违法分包的情形。存在下列情形之一的，属于违法分包：（1）承包单位将其承包的工程分包给个人的；（2）施工总承包单位或专业承包单位将工程分包给不具备相应资质单位的；（3）施工总承包单位将施工总承包合同范围内工程主体结构的施工分包给其他单位的，钢结构工程除外；（4）专业分包单位将其承包的专业工程中非劳务

23

作业部分再分包的；（5）专业作业承包人将其承包的劳务再分包的；（6）专业作业承包人除计取劳务作业费用外，还计取主要建筑材料款和大中型施工机械设备、主要周转材料费用的。

  54. A。本题考核的是建设工程质量保修期。保修期由当事人约定，法律规定的是最低保修期限，故 B 选项错误。《建设工程质量管理条例》规定的是在正常使用条件下，建设工程的最低保修期限，故 C 选项错误。供热系统的最低保修期限为 2 个采暖期，故 D 选项错误。

  55. B。本题考核的是施工现场大气污染的防治。施工现场的主要道路及材料加工区地面应进行硬化处理，故 A 选项错误。建筑物内施工垃圾的清运，应采用器具或管道运输，严禁随意抛掷，故 B 选项正确。裸露的场地和堆放的土方应采取覆盖、固化或绿化等措施，故 C 选项错误。施工现场出入口应设置车辆冲洗设施，并对驶出车辆进行清洗，故 D 选项错误。

  56. B。本题考核的是行政许可。行政许可只能由行政机关作出，且只能依申请而发生，不能主动作出，故 A 选项错误。行政许可往往赋予申请人一定权利而产生收益，但是一般也附加一定的条件或义务，故 C 选项错误。直接关系人身健康、生命财产安全等的特定活动，可以设定行政许可，故 D 选项错误。

  57. A。本题考核的是质权。将有的应收账款可以出质，故 B 选项错误。以基金份额出质的，质权自办理出质登记时设立，故 C 选项错误。以商业承兑汇票出质的，质权自权利凭证交付质权人时设立，故 D 选项错误。

  58. C。本题考核的是保证的基本法律规定。保证合同可以是有偿合同，也可以是无偿合同，故 A 选项错误。保证合同的双方当事人是保证人与债权人，故 B 选项错误。保证合同的承担责任的方式有两种，分为一般保证和连带责任保证，故 D 选项错误。

  59. A。本题考核的是违约金与定金的适用。违约金与定金不得同时使用。本题可以选用违约金原则，但是定金是实际交付对方的实践合同（以交付的 30 万元为定金数额）。本题中，若选择定金赔付则可以获得 60 万元。选择 40 万元的违约金，并不影响原 30 万元定金的返还。即违约金+单倍定金返还＝40+30＝70 万元。

  60. D。本题考核的是货运合同。货运合同的收货人和托运人可以是同一人，但在大多数情况下不是同一人，故 A 选项错误。多式联运单据可以是可转让单据，也可以是不可转让单据，故 B 选项错误。货运合同的标的是运输的行为，故 C 选项错误。

  61. D。本题考核的是申请领取安全生产许可证的条件。A 选项的正确表述应为：设置安全生产管理机构，按照国家有关规定配备专职安全生产管理人员。B 选项属于取得施工企业资质的法定条件。C 选项的正确表述应为：特种作业人员经有关业务主管部门考核合格，取得特种作业操作资格证书。

  62. C。本题考核的是地域管辖。地域管辖是指按照各法院的辖区和民事案件的隶属关系，划分同级人民法院受理第一审民事案件的分工和权限。

  63. C。本题考核的是劳动合同的终止。《劳动合同法》规定，有下列情形之一的，劳动合同终止：（1）劳动合同期满的；（2）劳动者开始依法享受基本养老保险待遇的；（3）劳动者死亡，或者被人民法院宣告死亡或者宣告失踪的；（4）用人单位被依法宣告破产的；（5）用人单位被吊销营业执照、责令关闭、撤销或者用人单位决定提前解散的；（6）法律、行政法规规定的其他情形。

64. B。本题考核的是属于国家所有的文物范围。公民、法人和其他组织捐赠给国家的文物属于国家所有。属于国家所有的可移动文物的所有权不因其保管、收藏单位的终止或者变更而改变。

65. A。本题考核的是工程总承包项目的发包和承包。工程总承包单位不得是工程总承包项目的代建单位、项目管理单位、监理单位、造价咨询单位、招标代理单位。

66. A。本题考核的是危大工程安全专项施工方案的编制及实施。危大工程实行分包的，专项施工方案可以由相关专业分包单位组织编制，故 B 选项错误。专项施工方案应当由施工单位技术负责人审核签字、加盖单位公章，并由总监理工程师审查签字、加盖执业印章后方可实施，故 C 选项错误。专家论证前专项施工方案应当通过施工单位审核和总监理工程师审查，故 D 选项错误。

67. C。本题考核的是农民工工资支付的规定。农民工有按时足额获得工资的权利。用人单位拖欠农民工工资的，应当依法予以清偿，故 A 选项错误。用工单位使用个人、不具备合法经营资格的单位或者未依法取得劳务派遣许可证的单位派遣的农民工，拖欠农民工工资的，由用人单位清偿，故 B 选项错误。合伙企业、个人独资企业、个体经济组织等用人单位拖欠农民工工资的，应当依法予以清偿；不清偿的，由出资人依法清偿，故 C 选项正确。用人单位允许个人、不具备合法经营资格或者未取得相应资质的单位以用人单位的名义对外经营，导致拖欠所招用农民工工资的，由用人单位清偿，故 D 选项错误。

68. B。本题考核的是承包人的主要义务。承包人的主要义务：不得转包和违法分包工程；自行完成建设工程主体结构施工；接受发包人有关检查；交付竣工验收合格的建设工程；建设工程质量不符合约定的无偿修理。A、C、D 选项属于发包人的主要义务。

69. B。本题考核的是施工发现文物报告和保护的规定。确因建设工期紧迫或者有自然破坏危险，对古文化遗址、古墓葬急需进行抢救发掘的，由省、自治区、直辖市人民政府文物行政部门组织发掘，并同时补办审批手续，故 A 选项错误。造成文物灭失、损毁的，依法承担民事责任，故 C 选项错误。D 选项中，应当立即报告当地文物行政部门。

70. D。本题考核的是承包人工程价款的优先受偿权。发包人逾期不支付的，除根据建设工程的性质不宜折价、拍卖外，承包人可以与发包人协议将该工程折价，也可以请求人民法院将该工程依法拍卖。建设工程的价款就该工程折价或者拍卖的价款优先受偿，故 A 选项错误。承包人应当在合理期限内行使建设工程价款优先受偿权，但最长不得超过 18 个月，自发包人应当给付建设工程价款之日起算，故 B、C 选项错误。承包人就逾期支付建设工程价款的利息、违约金、损害赔偿金等主张优先受偿的，人民法院不予支持，故 D 选项正确。

二、多项选择题

71. A、C、D、E；	72. A、B、C、D；	73. C、E；
74. A、B、C；	75. A、B、D；	76. A、B、D、E；
77. A、B、C、E；	78. A、E；	79. A、C、E；
80. A、B、C、E；	81. A、C；	82. A、B、C、D；
83. A、B、D；	84. B、C、D；	85. A、C、E；
86. A、D、E；	87. B、E；	88. C、D；
89. B、C、D；	90. A、C；	91. A、B、D；
92. B、D、E；	93. A、B、C、E；	94. B、C；
95. A、C、D；	96. D、E；	97. C、D、E；
98. B、D、E；	99. A、B、C；	100. C、E。

【解析】

71. A、C、D、E。本题考核的是标准的分类。标准包括国家标准、行业标准、地方标准和团体标准、企业标准。

72. A、B、C、D。本题考核的是建设工程质量保证金。国务院办公厅《关于清理规范工程建设领域保证金的通知》（国办发〔2016〕49号）规定，对建筑业企业在工程建设中需缴纳的保证金，除依法依规设立的投标保证金、履约保证金、工程质量保证金、农民工工资保证金外，其他保证金一律取消。

73. C、E。本题考核的是节水与水资源利用。凡具备条件的应分别计量用水量，故A选项错误。优先采用中水搅拌、中水养护，有条件的地区和工程应收集雨水养护，故B选项错误。力争施工中非传统水源和循环水的再利用量大于30%，故D选项错误。

74. A、B、C。本题考核的是生产安全事故的等级划分标准。较大事故，是指造成3人以上10人以下死亡，或者10人以上50人以下重伤，或者1000万元以上5000万元以下直接经济损失的事故，故A、B、C选项正确。D、E选项属于一般事故。

75. A、B、D。本题考核的是信用评价的主要内容。省级住房城乡建设主管部门应当按照公开、公平、公正的原则，制定建筑市场信用评价标准，不得设置歧视外地建筑市场各方主体的评价指标，不得对外地建筑市场各方主体设置信用壁垒，故A、B、D选项正确。建筑市场信用评价主要包括企业综合实力、工程业绩、招标投标、合同履约、工程质量控制、安全生产、文明施工、建筑市场各方主体优良信用信息及不良信用信息等内容，故C选项错误。鼓励设置建设单位对承包单位履约行为的评价指标，故E选项错误。

76. A、B、D、E。本题考核的是应当被列入建筑市场主体"黑名单"的情形。《建筑市场信用管理暂行办法》规定，县级以上住房城乡建设主管部门按照"谁处罚、谁列入"的原则，将存在下列情形的建筑市场各方主体，列入建筑市场主体"黑名单"：（1）利用虚假材料、以欺骗手段取得企业资质的；（2）发生转包、出借资质，受到行政处罚的；（3）发生重大及以上工程质量安全事故，或1年内累计发生2次及以上较大工程质量安全事故，或发生性质恶劣、危害性严重、社会影响大的较大工程质量安全事故，受到行政处罚的；（4）经法院判决或仲裁机构裁决，认定为拖欠工程款，且拒不履行生效法律文书确定的义务的。

77. A、B、C、E。本题考核的是建设工程纠纷主要种类。民事纠纷是平等主体的自然人、法人和非法人组织之间的有关人身、财产权的纠纷；行政纠纷是行政机关之间或行政机关同公民、法人和其他组织之间由于行政行为包括行政协议而产生的纠纷。D选项属于行政纠纷。

78. A、E。本题考核的是用人单位可以单方解除劳动合同的规定。《劳动合同法》第40条规定，有下列情形之一的，用人单位提前30日以书面形式通知劳动者本人或者额外支付劳动者1个月工资后，可以解除劳动合同：（1）劳动者患病或者非因工负伤，在规定的医疗期满后不能从事原工作，也不能从事由用人单位另行安排的工作的；（2）劳动者不能胜任工作，经过培训或者调整工作岗位，仍不能胜任工作的；（3）劳动合同订立时所依据的客观情况发生重大变化，致使劳动合同无法履行，经用人单位与劳动者协商，未能就变更劳动合同内容达成协议的。C、D选项属于用人单位可以与劳动者立即解除劳动合同的情形。注意B选项中未给出"致使劳动合同无法履行，经用人单位与劳动者协商，未能就变更劳动合同内容达成协议的"，故B选项不选。

79. A、C、E。本题考核的是建筑业企业资质标准中的净资产。净资产是属于企业所有并可以自由支配的资产，即所有者权益。相对于注册资本而言，它能够更准确地体现企业的经济实力，故B选项错误，C选项正确。企业净资产是指企业的资产总额减去负债以后的净额，净资产可以大于注册资本，也可以小于注册资本，故D选项错误。

80. A、B、C、E。本题考核的是申请领取施工许可证，应当具备的条件。《建筑法》规定，申请领取施工许可证，应当具备下列条件：（1）已经办理该建筑工程用地批准手续；（2）依法应当办理建设工程规划许可证的，已经取得建设工程规划许可证；（3）需要拆迁的，其拆迁进度符合施工要求；（4）已经确定建筑施工企业；（5）有满足施工需要的资金安排、施工图纸及技术资料；（6）有保证工程质量和安全的具体措施。

81. A、C。本题考核的是保障性住房工程质量常见问题防治的底线要求应参照的内容。各地要结合实际和群众反映的突出问题，在执行工程建设标准规范基础上，参照以下内容明确本地保障性住房工程质量常见问题防治的底线要求，制定便于监督检查的技术要点：（1）室外迎水面防水；（2）室内房间不渗漏；（3）室内隔声防噪；（4）室内空气健康；（5）室内建筑面层平整无开裂；（6）固定家具安装牢固美观；（7）设备管线设置合理；（8）围护系统防坠落。

82. A、B、C、D。本题考核的是违法分包的情形。住房和城乡建设部《建筑工程施工发包与承包违法行为认定查处管理办法》（建市规〔2019〕1号）进一步规定，存在下列情形之一的，属于违法发包：（1）建设单位将工程发包给个人的；（2）建设单位将工程发包给不具有相应资质的单位的；（3）依法应当招标未招标或未按照法定招标程序发包的；（4）建设单位设置不合理的招标投标条件，限制、排斥潜在投标人或者投标人的；（5）建设单位将一个单位工程的施工分解成若干部分发包给不同的施工总承包或专业承包单位的。

83. A、B、D。本题考核的是评标委员会应当否决投标的情形。有下列情形之一的，评标委员会应当否决其投标：(1) 投标文件未经投标单位盖章和单位负责人签字；(2) 投标联合体没有提交共同投标协议；(3) 投标人不符合国家或者招标文件规定的资格条件；(4) 同一投标人提交两个以上不同的投标文件或者投标报价，但招标文件要求提交备选投标的除外；(5) 投标报价低于成本或者高于招标文件设定的最高投标限价；(6) 投标文件没有对招标文件的实质性要求和条件作出响应；(7) 投标人有串通投标、弄虚作假、行贿等违法行为。

84. B、C、D。本题考核的是工程监理的形式。监理工程师应当按照工程监理规范的要求，采取旁站、巡视和平行检验等形式，对建设工程实施监理。

85. A、C、E。本题考核的是建筑施工特种作业人员。《建筑施工特种作业人员管理规定》规定，建筑施工特种作业人员包括：(1) 建筑电工；(2) 建筑架子工；(3) 建筑起重信号司索工；(4) 建筑起重机械司机；(5) 建筑起重机械安装拆卸工；(6) 高处作业吊篮安装拆卸工；(7) 经省级以上人民政府建设主管部门认定的其他特种作业。

86. A、D、E。本题考核的是合同的终止。当事人一方延迟履行主要债务，经催告后在合理期限内仍未履行的，对方可以解除合同，故 B 选项错误。对方对解除合同有异议的，任何一方当事人均可以请求人民法院或者仲裁机构确认解除行为的效力，故 C 选项错误。

87. B、E。本题考核的是一级建造师的注册。取得一级建造师资格证书并受聘于一个建设工程勘察、设计、施工、监理、招标代理、造价咨询等单位的人员，应当通过聘用单位提出注册申请，故 A 选项错误。初始注册者，可自资格证书签发之日起 3 年内提出申请。逾期未申请者，须符合本专业继续教育的要求后方可申请初始注册，故 C 选项错误。注册建造师的聘用单位不得扣押建造师的注册证书，故 D 选项错误。

88. C、D。本题考核的是合同的分类。建筑材料买卖合同是双务合同，故 A 选项错误。建筑起重机械租赁合同是诺成合同，故 B 选项错误。建设工程合同属于有名合同（又称典型合同），故 C 选项正确。监理合同应当采用书面形式，即要式合同，故 D 选项正确。建设工程工法咨询服务合同是有偿合同，故 E 选项错误。

89. B、C、D。本题考核的是法人的分类。基层群众性自治组织法人为特别法人，故 A 选项错误。设计院有限责任公司属于营利法人，故 E 选项错误。

90. A、C。本题考核的是专项施工方案的论证。对下列达到一定规模的危险性较大的分部分项工程编制专项施工方案，并附具安全验算结果，经施工单位技术负责人、总监理工程师签字后实施，由专职安全生产管理人员进行现场监督：(1) 基坑支护与降水工程；(2) 土方开挖工程；(3) 模板工程；(4) 起重吊装工程；(5) 脚手架工程；(6) 拆除、爆破工程；(7) 国务院建设行政主管部门或者其他有关部门规定的其他危险性较大的工程。对以上所列工程中涉及深基坑、地下暗挖工程、高大模板工程的专项施工方案，施工单位还应当组织专家进行论证、审查。

91. A、B、D。本题考核的是安装工程一切险。安装工程一切险"往往"加保第三者责任险，属于非强制险，故 C 选项错误。安装工程一切险的保险责任自保险工程在工地动工或用于保险工程的材料、设备运抵工地之时起始，故 E 选项错误。

92. B、D、E。本题考核的是建筑意外伤害保险。鼓励企业为从事危险作业的职工办理意外伤害保险，支付保险费，故 A 选项错误。施工企业应在工程项目开工前，办理完投保手续。鉴于工程建设项目施工工艺流程中各工种调动频繁、用工流动性大，投保应实行不记名和不计人数的方式，故 C 选项错误。

93. A、B、C、E。本题考核的是承揽人的义务。承揽人的义务：按照合同约定完成承揽工作的义务；材料检验的义务；通知和保密的义务；接受监督检查和妥善保管工作成果的义务；交付符合质量要求工作成果的义务。

94. B、C。本题考核的是要约的法律效力。以对话方式作出的意思表示，相对人知道其内容时生效，故 A 选项错误。以非对话方式作出的意思表示，到达相对人时生效，故 D 选项错误。以非对话方式作出的采用数据电文形式的意思表示，相对人指定特定系统接收数据电文的，该数据电文进入该特定系统时生效；未指定特定系统的，相对人知道或者应当知道该数据电文进入其系统时生效，故 E 选项错误。

95. A、C、D。本题考核的是生产经营单位的主要负责人对本单位安全生产工作负有的职责。生产经营单位的主要负责人对本单位安全生产工作负有下列职责：（1）建立健全并落实本单位全员安全生产责任制，加强安全生产标准化建设；（2）组织制定并实施本单位安全生产规章制度和操作规程；（3）组织制定并实施本单位安全生产教育和培训计划；（4）保证本单位安全生产投入的有效实施；（5）组织建立并落实安全风险分级管控和隐患排查治理双重预防工作机制，督促、检查本单位的安全生产工作，及时消除生产安全事故隐患；（6）组织制定并实施本单位的生产安全事故应急救援预案；（7）及时、如实报告生产安全事故。

96. A、D、E。本题考核的是民事诉讼管辖权异议。对人民法院作出的管辖异议裁定，当事人不服的可以向上一级法院提起上诉，故 B 选项错误。管辖异议包括了地域管辖异议和级别管辖异议，因此可以就地域管辖、级别管辖提出异议，故 C 选项错误。

97. C、D、E。本题考核的是著作权法的保护对象。计算机软件也是工程建设中经常使用的，计算机软件属于著作权保护的客体。A 选项属于商标权，B 选项属于专利权。

98. B、D、E。本题考核的是企业增值税应纳税额的计算。适用一般计税方法计税的项目预征率为 2%，故 A 选项错误。适用简易计税方法计税的项目预征率为 3%，故 C 选项错误。

99. A、B、C。本题考核的是国家保护文物的范围。在中华人民共和国境内，下列文物受国家保护：（1）具有历史、艺术、科学价值的古文化遗址、古墓葬、古建筑、石窟寺和石刻、壁画；（2）与重大历史事件、革命运动或者著名人物有关的以及具有重要纪念意义、教育意义或者史料价值的近代现代重要史迹、实物、代表性建筑；（3）历史上各时代珍贵的艺术品、工艺美术品；（4）历史上各时代重要的文献资料以及具有历史、艺术、科学价值的手稿和图书资料等；（5）反映历史上各时代、各民族社会制度、社会生产、社会生活的代表性实物。

100. C、E。本题考核的是无因管理。无因管理是指未受他人委托，也无法律上的义务，为避免他人利益受损失而自愿为他人管理事务或提供服务的事实行为。A 选项属于合同之债；B 选项不发生债务关系；D 选项属于不当得利之债。

2022年度全国一级建造师执业资格考试
《建设工程法规及相关知识》
真题及解析

2022年度《建设工程法规及相关知识》真题

一、单项选择题（共70题，每题1分。每题的备选项中，只有1个最符合题意）

1. 从法的形式来看，《必须招标的工程项目规定》属于（　　）。
   A. 法律　　　　　　　　　　　　B. 行政法规
   C. 部门规章　　　　　　　　　　D. 地方政府规章

2. 关于部门规章与地方政府规章效力的说法，正确的是（　　）。
   A. 没有部门规章的依据，地方政府规章不得设定减损法人权利的规范
   B. 地方政府规章的效力高于部门规章
   C. 两者具有同等效力，在各自权限范围内施行
   D. 两者调整对象不同，无效力冲突

3. 由甲施工企业设立的乙项目经理部订立采购合同，未能按时支付合同价款，应当承担违约责任的主体是（　　）。
   A. 乙　　　　　　　　　　　　　B. 甲
   C. 甲的法定代表人　　　　　　　D. 乙的项目经理

4. 乙施工企业委托员工王某与甲建设单位办理结算事宜。后王某离职，乙未及时将该情形告知甲。此后，王某又和甲签署了一份结算文件。关于该结算文件的说法，正确的是（　　）。
   A. 对乙无效　　　　　　　　　　B. 其后果由乙承担
   C. 其后果由王某承担　　　　　　D. 对甲无效

5. 关于委托合同解除的说法，正确的是（　　）。
   A. 委托人无权单方取消委托，受托人有权单方辞去委托
   B. 委托人有权单方取消委托，受托人无权单方辞去委托
   C. 委托人和受托人均有权随时解除委托合同，但要征得对方同意
   D. 委托人和受托人均有权随时解除委托合同，且不以对方同意为前提

6. 关于建设用地使用权设立的说法，正确的是（　　）。
   A. 建设用地使用权仅可以在土地的地表设立
   B. 设立建设用地使用权，可以采取出让或者转让等方式
   C. 工业用地应当采取协商的方式出让

D. 新设立的建设用地使用权，不得损害已经设立的用益物权

7. 下列物权中，自合同生效时设立的是（   ）。
   A. 地役权
   B. 建设用地使用权
   C. 留置权
   D. 机动车的所有权

8. 管理人没有法定的或者约定的义务，为避免他人利益受损失而管理他人事务的，可以请求受益人（   ）。
   A. 偿还因管理事务而支出的必要费用
   B. 支付报酬
   C. 赔偿因管理事务受到的直接和间接损失
   D. 共享避免的利益损失

9. 某施工企业为赶工期昼夜施工，严重影响相邻小区居民的休息，经劝阻无效后，小区居民联合要求其停止夜间施工并向每户居民赔偿损失2万元。关于小区居民与该施工企业之间关系的说法，正确的是（   ）。
   A. 构成不当得利之债
   B. 构成无因管理之债
   C. 构成侵权之债
   D. 不构成债的关系

10. 下列知识产权法保护对象中，属于专利法保护对象的是（   ）。
    A. 施工企业研发的新技术方案
    B. 设计单位绘制的工程设计图
    C. 施工企业编制的投标文件
    D. 项目经理完成的工作报告

11. 关于注册商标转让的说法，正确的是（   ）。
    A. 转让注册商标的，由转让人向商标局备案
    B. 注册商标的转让包括注册商标的使用许可
    C. 商标专用权人不得将注册商标与企业分离而单独转让
    D. 转让注册商标的，商标注册人对其在同一种商品上注册的近似的商标，应当一并转让

12. 关于保证担保的说法，正确的是（   ）。
    A. 第三人加入债务的，保证人不再承担保证责任
    B. 保证期间适用中止、中断和延长
    C. 连带责任保证的债务人未在保证期间请求保证人承担保证责任的，保证人承担补充责任
    D. 保证担保的范围包括主债权及利息、违约金、损害赔偿金和实现债权的费用

13. 关于抵押权的说法，正确的是（   ）。
    A. 抵押权的设立需要将抵押物转移至抵押权人占有
    B. 宅基地使用权可以设立抵押权
    C. 抵押权可以与债权分离而单独转让或者作为其他债权的担保
    D. 乡镇企业的建设用地使用权不得单独抵押

14. 关于人身保险的说法，正确的是（   ）。

A. 人身保险合同的受益人是指人身受保险合同保障，享有保险金请求权的人

B. 人身保险合同的投保人应当向保险人一次支付全部保险费

C. 保险人对人寿保险的保险费，不得用诉讼方式要求投保人支付

D. 人身保险合同的投保人不可以为受益人

15. 关于建筑工程一切险保险责任范围的说法，正确的是（　　）。

A. 保险人对自然事件造成的损失和费用不负责赔偿

B. 保险人仅对意外事故造成的损失和费用负责赔偿

C. 保险人对设计错误引起的损失和费用不负责赔偿

D. 保险人对非外力引起的机械或者电气装置的本身损失负责赔偿

16. 某建筑工程一切险在保险合同有效期内，保险标的的危险程度显著增加，被保险人按照合同约定及时通知了保险人，保险人（　　）。

A. 应当解除合同

B. 应当重新订立合同

C. 可以按照合同约定增加保险费或者解除合同

D. 不能增加保险费，也不能解除合同

17. 根据《个人所得税法》，关于个人所得税税率的说法，正确的是（　　）。

A. 综合所得，适用5%~35%的超额累进税率

B. 经营所得，适用3%~45%的超额累进税率

C. 财产租赁所得，适用20%的比例税率

D. 财产转让所得，享受税率减免优惠

18. 下列责任承担方式中，属于行政处罚的是（　　）。

A. 记大过　　　　　　　　　　　　B. 排除妨碍

C. 消除危险　　　　　　　　　　　D. 责令停止施工

19. 关于施工许可证申领条件中"已经确定施工企业"的说法，正确的是（　　）。

A. 已经与施工企业签署合作意向

B. 评标结果已经公示

C. 施工合同已经订立

D. 已经将施工合同向建设行政主管部门备案

20. 根据《建筑法》，在建的建筑工程因故中止施工的，建设单位应当自中止施工之日起（　　）内，向施工许可证的发证机关报告，并按照规定做好建筑工程的维护管理工作。

A. 15天　　　　　　　　　　　　　B. 1个月

C. 2个月　　　　　　　　　　　　　D. 3个月

21. 根据《建筑业企业资质管理规定》，关于建筑业企业资质的说法，正确的是（　　）。

A. 在资质证书有效期内，企业地址发生变更的，资质证书无需办理变更手续

B. 企业发生合并的，可以直接承继原企业资质等级

C. 在资质证书有效期内，企业法定代表人发生变更的，应当在办理资质证书变更手续后办理工商变更手续

D. 企业发生重组需承继原企业资质的，应当申请重新核定企业资质等级

22. 一级注册建造师李某担任某施工项目负责人，在该项目竣工验收手续办结前，李某

可以变更注册到另一施工企业的情形是（　　）。
　　A. 因不可抗力暂停施工的
　　B. 李某受聘企业同意更换项目负责人的
　　C. 建设单位与李某受聘企业发生了合同纠纷的
　　D. 建设单位与李某受聘企业已经解除施工合同的

23. 关于施工管理文件签章的说法，正确的是（　　）。
　　A. 分包工程的施工管理文件，应当由总承包单位的注册建造师签章
　　B. 分包单位签署质量合格的文件上，必须由担任总承包项目负责人的注册建造师签章
　　C. 修改注册建造师已经签章的施工管理文件，可以由其本人自行修改
　　D. 修改注册建造师已经签章的施工管理文件，注册建造师本人不能进行修改的，所在单位可以直接修改

24. 下列工程建设项目中，无须进行招标的是（　　）。
　　A. 民营企业开发的商品住宅项目
　　B. 公立医院建设项目
　　C. 使用世界银行援助资金的项目
　　D. 主要使用国有资金投资的项目

25. 关于评标的说法，正确的是（　　）。
　　A. 评标由招标人依法组建的评标委员会负责
　　B. 评标委员会完成评标后应当向投标人提出书面评标报告
　　C. 评标应当公开进行
　　D. 评标委员会可以对招标文件确定的评标标准和方法进行补充和完善

26. 关于中标和订立合同的说法，正确的是（　　）。
　　A. 招标人不得授权评标委员会直接确定中标人
　　B. 中标人应当自中标通知书送达之日起30日内与招标人订立合同
　　C. 中标人应当按照合同示范文本与招标人订立合同
　　D. 招标人和中标人订立书面合同后，不得再行订立背离合同实质性内容的其他协议

27. 关于投标保证金的说法，正确的是（　　）。
　　A. 招标人终止招标的，已经收取的投标保证金不予退还
　　B. 投标保证金有效期无须与投标有效期一致
　　C. 招标人分两阶段招标的，应当在第二阶段要求投标人提交投标保证金
　　D. 投标截止后投标人撤销投标文件的，招标人应当退还投标保证金

28. 国有资金占控股或者主导地位的依法必须进行招标的项目，关于确定中标人的说法，正确的是（　　）。
　　A. 排名第一的中标候选人放弃中标，招标人可以按照评标委员会提出的中标候选人名单自主确定其他中标候选人为中标人
　　B. 招标人应当确定排名第一的中标候选人为中标人
　　C. 排名第一的中标候选人放弃中标的，招标人应当重新评标
　　D. 排名第一的中标候选人放弃中标的，招标人应当重新招标

29. 关于工程总承包项目发承包的说法，正确的是（　　）。
　　A. 工程总承包单位为联合体的，联合体各方应当就合同履行过程中的过错承担按份

责任

B. 建设单位应当将建筑工程的勘察、设计、施工、设备采购一并发包给一个工程总承包单位

C. 设计单位可以在订立工程承包合同后与施工企业组成联合体

D. 政府投资项目的招标人公开已经完成的项目建议书、可行性研究报告的，其编制单位可以参与该工程总承包项目的投标

30. 根据《建筑工程施工发包与承包违法行为认定查处管理办法》，下列情形中，属于转包的是（　　）。

A. 有资质的施工企业相互借用资质承揽工程的

B. 施工总承包单位将合同范围内的建设工程主体结构施工分包给其他单位的

C. 母公司承接建筑工程后将所承接工程交由其子公司施工的

D. 没有资质的单位借用其他施工企业的资质承揽工程的

31. 根据《全国建筑市场各方主体不良行为记录认定标准》，下列情形中，属于施工企业承揽业务不良行为的是（　　）。

A. 利用向建设单位及其工作人员行贿、提供回扣等不正当手段承揽业务的

B. 以欺骗手段取得资质证书承揽工程的

C. 涂改、伪造、出借、转让《建筑业企业资质证书》的

D. 在施工中偷工减料，使用不合格建筑材料的

32. 根据《建筑市场信用管理暂行办法》，下列情形中，建筑市场各方主体应当被列入建筑市场"黑名单"的是（　　）。

A. 利用虚假材料、以欺骗手段取得企业资质的

B. 发生转包、出借资质，超过行政处罚追溯期限的

C. 2年内累计发生2次较大工程质量安全事故，受到行政处罚的

D. 经法院判决或者仲裁机构裁决，认定为拖欠工程款的

33. 施工企业根据材料供应商寄送的价目表用邮政快递发出建筑材料采购清单，后又发出电子邮件通知取消了该采购清单。如果施工企业后发出的取消通知先于采购清单到达材料供应商处，则该取消通知从法律上称为（　　）。

A. 要约撤回　　　　　　　　　B. 要约撤销

C. 承诺撤回　　　　　　　　　D. 承诺撤销

34. 关于合同形式的说法，正确的是（　　）。

A. 书面形式合同是指合同书

B. 根据当事人的行为推定合同成立的，称为口头合同

C. 以电子数据交换方式能够有形地表现所载内容的数据电文，视为口头形式

D. 未依法采用书面形式订立合同的，合同有可能成立

35. 施工合同当事人对付款时间没有约定或者约定不明，关于应付款时间确定的说法，正确的是（　　）。

A. 建设工程已经实际交付的，为提交竣工结算文件之日

B. 建设工程没有交付的，为当事人起诉之日

C. 建设工程未交付，工程价款也未结算的，为当事人起诉之日

D. 建设工程未交付，工程价款也未结算的，为提交竣工结算文件之日

36. 某施工企业的下列工作人员中，有权要求与企业订立无固定期限劳动合同的是（　　）。

A. 在该企业连续工作满 8 年的张某

B. 在该企业工作 2 年，并被董事会任命为总经理的王某

C. 在该企业累计工作 10 年，但期间曾就职于其他企业的李某

D. 在该企业已经连续订立两次固定期限劳动合同，但因工负伤未丧失劳动能力的赵某

37. 关于劳动仲裁的说法，正确的是（　　）。

A. 劳动者应当与用人单位先行调解，调解不成的，方可向劳动争议仲裁委员会申请仲裁

B. 劳动争议仲裁委员会由劳动行政部门代表、同级工会代表、用人单位方面的代表组成

C. 劳动争议申请仲裁的时效期间为 6 个月

D. 劳动争议申请仲裁的时效期间不适用中止和中断

38. 关于承揽合同特征的说法，正确的是（　　）。

A. 当事人可以约定承揽人使用定作人的技术完成主要工作

B. 定作人同意承揽人将承揽的主要工作交由第三人完成的，承揽人无需就第三人的工作成果向定作人负责

C. 承揽人在完成工作过程中，不受定作人的监督检验

D. 承揽人不得将其承揽的辅助工作交由第三人完成

39. 标的物在订立买卖合同之前已经为买受人占有，合同生效即视为完成交付，这种交付方式是（　　）。

A. 拟制交付　　　　　　　　B. 简易交付

C. 占有改定　　　　　　　　D. 特别交付

40. 关于仓储合同保管人的权利义务的说法，正确的是（　　）。

A. 保管人仅负责保管，不负责对入库仓储物进行验收

B. 保管期间，保管人有权拒绝仓单持有人检查仓储物的要求

C. 因仓储物超过有效储存期造成仓储物变质、损坏的，保管人不承担赔偿责任

D. 仓单持有人不得转让提取仓储物的权利

41. 根据《建筑施工场界环境噪声排放标准》，建筑施工过程中场界环境噪声排放限值是（　　）。

A. 昼间 60dB（A），夜间 50dB（A）

B. 昼间 65dB（A），夜间 50dB（A）

C. 昼间 70dB（A），夜间 55dB（A）

D. 昼间 75dB（A），夜间 60dB（A）

42. 下列行为中，属于排水户危及城镇排水设施安全的是（　　）。

A. 擅自排放污水

B. 擅自拆卸、移动和穿凿城镇排水设施

C. 向城镇排水设施内排放非易堵塞物

D. 向城镇排水设施内排放低毒废水

43. 根据《绿色施工导则》，"四节一环保"是指（　　）。

A. 节能、节地、节水、节材和环境保护
B. 节能、节地、节水、节材和资源保护
C. 节能、节电、节水、节材和环境保护
D. 节能、节电、节水、节材和资源保护

44. 关于文物保护单位和文物分级的说法，正确的是（   ）。

A. 古墓葬、古建筑等不可移动文物均可以确定为全国重点文物保护单位
B. 石窟寺、壁画等不可移动文物确定为省级文物保护单位
C. 珍贵文物分为一级文物、二级文物、三级文物
D. 历史上各时代重要实物、艺术品等可移动文物，均为珍贵文物

45. 建筑施工企业破产、倒闭、撤销的，其安全生产许可证应当予以（   ）。

A. 撤销   B. 注销
C. 延期   D. 补办

46. 下列安全生产许可证违法行为中，罚款额度上限最低的是（   ）。

A. 未取得安全生产许可证擅自从事施工活动
B. 转让安全生产许可证
C. 安全生产许可证有效期满未办理延期手续继续从事施工活动
D. 冒用安全生产许可证

47. 某施工现场除施工总承包单位外，还有四家分包单位同时施工，关于该施工现场安全生产责任承担的说法，正确的是（   ）。

A. 仅由施工总承包单位向建设单位承担全部责任
B. 仅由各分包单位向建设单位承担全部责任
C. 各分包单位就所有分包工程和施工总承包单位向建设单位承担连带责任
D. 各分包单位就各自分包工程和施工总承包单位向建设单位承担连带责任

48. 工伤保险费应当由（   ）缴纳。

A. 当地政府   B. 用人单位
C. 职工个人   D. 工伤保险基金

49. 根据《最高人民法院关于审理工伤保险行政案件若干问题的规定》，劳务派遣单位派遣的职工在用工单位工作期间因工伤亡的，承担工伤保险责任的主体是（   ）。

A. 劳务派遣单位   B. 用工单位
C. 职工   D. 社会保险行政部门

50. 生产安全事故发生后，负责组织事故调查组的主体是（   ）。

A. 人民政府或者其授权、委托的有关部门
B. 事故发生单位
C. 事故发生地人民检察院
D. 事故发生地相关行业协会

51. 施工起重机械和整体提升脚手架、模板等自升式架设设施安装完毕后，应当自检并出具自检合格证明的单位是（   ）。

A. 建设单位   B. 施工企业
C. 租赁单位   D. 安装单位

52. 关于工程建设强制性国家标准的说法，正确的是（   ）。

A. 强制性标准文本可以收费
B. 应当由国务院标准化行政主管部门批准发布
C. 国务院标准化行政主管部门根据国务院授权作出的强制性国家标准的解释与标准具有同等效力
D. 对各有关行业起引领作用的技术要求应当制定强制性国家标准

53. 根据《标准化法》，行业标准的制定主体是（ ）。
A. 行业协会 B. 社会团体
C. 企事业单位 D. 国务院有关行政主管部门

54. 根据《建筑工程五方责任主体项目负责人质量终身责任追究暂行办法》，由于施工原因造成尚在设计使用年限内的建筑工程不能正常使用，造成重大质量事故。关于追究施工企业项目经理质量责任的说法，正确的是（ ）。
A. 项目经理为相关注册执业人员的，吊销执业资格证书，终身不予注册
B. 项目经理为相关注册执业人员的，吊销执业资格证书，5年内不予注册
C. 施工企业宣告破产的，不再追究项目经理的责任
D. 项目经理已经退休的，不再追究其质量责任

55. 根据《房屋建筑工程和市政基础设施工程实行见证取样和送检的规定》，必须实施见证取样和送检的试块、试件和材料是（ ）。
A. 用于非承重墙体的砌筑砂浆试块
B. 用于抹灰的水泥砂浆
C. 用于拌制混凝土和砌筑砂浆的水泥
D. 外墙装饰材料

56. 根据《建设工程质量管理条例》，下列建设工程中，必须实行监理的是（ ）。
A. 地方重点建设工程
B. 大型公用事业工程
C. 利用外国组织援助资金的工程
D. 成片开发的商业写字楼

57. 某施工企业在施工过程中，因未对建设工程施工可能造成损害的毗邻建筑物和地下管线采取专项防护措施，造成了3人死亡，直接经济损失600余万元。根据《生产安全事故报告和调查处理条例》，该事故等级为（ ）。
A. 特别重大事故 B. 重大事故
C. 一般事故 D. 较大事故

58. 根据《建筑工程施工质量验收统一标准》，主持节能工程的检验批验收和隐蔽工程验收的主体是（ ）。
A. 项目经理 B. 质量工程师
C. 监理工程师 D. 总监理工程师

59. 建设工程质量保修期的起算日是（ ）。
A. 工程完工之日
B. 工程开始使用之日
C. 发包人签收竣工验收申请文件之日
D. 工程竣工验收合格之日

60. 关于建设工程在超过合理使用年限后需要继续使用进行鉴定的说法，正确的是（　　）。
   A. 应当委托具有相应资质的施工企业鉴定
   B. 委托人应当为建设单位
   C. 根据鉴定结果，采取加固、维修等措施后，重新界定使用期
   D. 加固费用较高的，应当报废或者拆除

61. 根据《建设工程质量保证金管理办法》，由于发包人原因导致工程无法按规定期限进行竣工验收的，在承包人提交竣工验收报告90天后，工程自动进入（　　）。
   A. 保修期　　　　　　　　　　B. 索赔期
   C. 质量责任期　　　　　　　　D. 缺陷责任期

62. 施工企业在施工过程中未采取相应防范措施，对第三方造成损害而产生的纠纷属于（　　）。
   A. 权属纠纷　　　　　　　　　B. 侵权纠纷
   C. 合同纠纷　　　　　　　　　D. 知识产权纠纷

63. 关于行政复议基本特点的说法，正确的是（　　）。
   A. 公民、法人和其他组织可以对各类具体行政行为提出行政复议
   B. 公民、法人和其他组织可以在具体行政行为内部审批过程中提出行政复议
   C. 公民、法人和其他组织可以向作出具体行政行为的行政机关的各级上级机关申请行政复议
   D. 行政复议原则上采用书面审查办法

64. 关于民事诉讼证据认证的说法，正确的是（　　）。
   A. 当事人的陈述可以单独作为认定案件事实的依据
   B. 与一方当事人有利害关系的证人陈述的证言可以作为认定案件事实的依据
   C. 由当事人提交或者保管的于己不利的电子数据，人民法院不得确认其真实性
   D. 一方当事人控制证据无正当理由拒不提交，对待证事实负有举证责任的当事人主张该证据的内容不利于控制人的，人民法院不得认定该主张成立

65. 关于当事人申请执行人民法院作出的生效判决、裁定等的说法，正确的是（　　）。
   A. 申请执行的期间为3年
   B. 人民法院自收到申请执行书之日起超过6个月未执行的，申请执行人可以向上一级人民法院申请执行
   C. 法律文书规定分期履行的，申请执行的期间从规定的最后一次履行期间的最后1日起计算
   D. 对法律文书确定的行为义务的执行，执行法院自收到申请执行书之日起超过6个月未依法采取相应执行措施的，上一级人民法院应当决定由本院执行

66. 关于仲裁协议效力确认的说法，正确的是（　　）。
   A. 当事人对仲裁协议效力有异议的，应当在举证期限内提出
   B. 仲裁委员会对仲裁协议效力的确认，应当采用裁定的方式作出
   C. 当事人对仲裁协议效力有异议，一方向仲裁委员会提出，另一方向人民法院提出的，由人民法院裁定

D. 当事人向人民法院申请确认仲裁协议效力的案件，由仲裁协议约定的仲裁机构所在地、仲裁协议签订地、申请人住所地或者被申请人住所地的高级人民法院管辖

67. 关于仲裁程序中财产保全的说法，正确的是（　　）。
    A. 当事人提起财产保全的申请，应当在仲裁程序开始前
    B. 当事人要求采取财产保全的，应当向仲裁委员会提出书面申请，由仲裁委员会将当事人的申请转交仲裁委员会所在地人民法院作出裁定
    C. 仲裁程序中，当事人可以直接向有管辖权的人民法院提出保全申请
    D. 申请人在人民法院采取保全措施后15日内不依法申请仲裁的，人民法院应当解除保全

68. 关于民事纠纷和解的说法，正确的是（　　）。
    A. 民事案件执行阶段不得和解
    B. 民事诉讼中当事人和解的，应当撤回起诉
    C. 当事人在民事诉讼中达成的和解协议具有强制执行力
    D. 民事仲裁中当事人和解的，可以请求仲裁庭根据和解协议作出裁决书

69. 关于行政机关对申请人提出的行政许可申请的处理，正确的是（　　）。
    A. 申请事项依法不需要取得行政许可的，应当即时告知申请人不受理
    B. 申请事项依法不属于本行政机关职权范围的，应当即时作出驳回申请的决定
    C. 申请材料存在可以更正的错误的，应当要求申请人当场更正
    D. 申请材料不齐全的，应当当场或者在7日内一次告知申请人需要补正的全部内容

70. 关于城镇土地使用税的说法，正确的是（　　）。
    A. 以纳税人实际占用的土地面积为计税依据，依照规定税额计算征收
    B. 经济发达地区的适用税额标准可以适当提高，但需报经国家税务总局批准
    C. 城镇土地使用税按月计算，一次性缴纳
    D. 市政街道、广场、绿化地带等公共用地的城镇土地使用税减半缴纳

二、多项选择题（共30题，每题2分。每题的备选项中，有2个或2个以上符合题意，至少有1个错项。错选，本题不得分；少选，所选的每个选项得0.5分）

71. 下列权利中，属于用益物权的有（　　）。
    A. 土地承包经营权　　　　　　B. 建设用地使用权
    C. 租赁权　　　　　　　　　　D. 地役权
    E. 居住权

72. 下列情形中，能够产生侵权之债的有（　　）。
    A. 建设单位拖欠工程进度款的
    B. 施工企业逾期完工的
    C. 建筑物的悬挂物坠落致小区居民的车辆毁损
    D. 施工企业的运输车辆在公共道路上遗撒建筑垃圾砸伤路人
    E. 采购的建筑材料不合格的

73. 在工程担保中，下列单位可以作为保证人的有（　　）。
    A. 以公益为目的的某非法人组织　　B. 某建筑大学
    C. 某商业银行　　　　　　　　　　D. 某市人民政府
    E. 某担保公司

74. 根据《企业所得税法》，企业的下列收入中，应当缴纳企业所得税的有（　　）。

A. 租金收入
B. 接受捐赠收入
C. 股息、红利等权益性投资收益
D. 财政拨款
E. 特许权使用费收入

75. 根据《契税法》，下列转移土地、房屋权属的行为中，应当缴纳契税的有（　　）。
A. 土地使用权出让
B. 土地使用权转让
C. 房屋买卖、赠与、互换
D. 土地承包经营权和土地经营权的转移
E. 以作价投资（入股）、偿还债务等方式转移土地、房屋权属

76. 根据《建筑工程施工许可管理办法》，申请领取施工许可证应当具备的条件有（　　）。
A. 已经在工程所在地设立分支机构
B. 建设资金已经到位
C. 施工图设计文件已经按规定审查合格
D. 有保证工程质量和安全的具体措施
E. 在城市、镇规划区的建筑工程，已经取得建设工程规划许可证

77. 根据《外商投资法》，关于外商投资建筑业企业的说法，正确的有（　　）。
A. 对外商投资建筑业企业的准入，应当按照与内资一致的条件和程序，审核外国投资者的许可申请，法律、行政法规另有规定的除外
B. 外商投资建筑业企业的组织形式、组织机构等，不适用《公司法》
C. 外商投资建筑业企业应当依法经营，并接受相关主管部门依法实施的监督检查
D. 外国投资者并购中国境内企业或者以其他方式参与经营者集中的，应当依照《反垄断法》的规定接受经营者集中审查
E. 外国投资者或者外商投资建筑业企业应当通过企业登记系统以及企业信用信息公示系统向商务主管部门报送投资信息

78. 关于招标方式的说法，正确的有（　　）。
A. 邀请招标是指招标人以招标公告的方式邀请特定的法人或者其他组织投标
B. 邀请招标是指招标人以投标邀请书的方式邀请不特定的法人或者其他组织投标
C. 国有资金占控股或者主导地位的依法必须进行招标的项目，应当公开招标
D. 国务院发展改革部门确定的国家重点项目和省、自治区、直辖市人民政府确定的地方重点项目不适宜公开招标的，经批准可以进行邀请招标
E. 招标方式包括公开招标、邀请招标和议标

79. 下列情形中，视为投标人相互串通投标的有（　　）。
A. 不同投标人的投标文件由同一单位或者个人编制
B. 不同投标人的投标文件载明的项目管理成员为同一人
C. 属于同一集团的投标人按照该组织要求协同投标
D. 不同投标人的投标保证金从同一金融机构转出
E. 不同投标人的投标文件异常一致或者投标报价呈规律性差异

80. 关于招标投标投诉及其处理的说法，正确的有（　　）。
A. 投诉人就同一事项向两个以上有权受理的行政监督部门投诉的，由收到的部门组成

11

调查组负责处理

B. 行政监督部门应当自收到投诉之日起3个工作日内决定是否受理投诉，并自受理投诉之日起30个工作日内作出书面处理决定

C. 行政监督部门在调查过程中需要检验、检测、鉴定、专家评审的，所需时间不计算在投诉处理期限内

D. 为了保证招标投标活动的秩序，调查期间行政监督部门不得要求暂停招标投标活动

E. 行政监督部门的工作人员对监督检查过程中知悉的国家秘密、商业秘密，应当依法予以保密

81. 关于承包人工程价款优先受偿权的说法，正确的有（　　）。

A. 未竣工的建设工程质量合格，承包人无权请求其承建工程的价款就其承建工程部分折价或者拍卖的价款优先受偿

B. 承包人建设工程价款优先受偿的范围包括发包人逾期支付建设工程价款的违约金

C. 承包人行使建设工程价款优先受偿权的期限自发包人应当给付建设工程价款之日起算

D. 承包人与发包人之间放弃或者限制建设工程价款优先受偿权的约定无效

E. 建设工程质量合格，承包人有权请求其承建工程的价款就该工程折价或者拍卖的价款优先受偿

82. 下列情形中，导致施工合同无效的有（　　）。

A. 承包人对工程内容有重大误解订立的

B. 承包人胁迫发包人订立的

C. 未取得相应施工企业资质的承包人订立的

D. 施工项目必须进行招标而未招标订立的

E. 要求施工企业垫资施工的

83. 在劳动合同履行过程中，劳动者不需事先告知用人单位，可以立即与用人单位解除劳动合同的情形有（　　）。

A. 在试用期内的

B. 用人单位被宣告破产的

C. 用人单位未依法缴纳社会保险费的

D. 用人单位违章指挥、强令冒险作业危及劳动者人身安全的

E. 用人单位以暴力、威胁的手段强迫劳动者劳动的

84. 关于买卖合同解除的说法，正确的有（　　）。

A. 因标的物的主物不符合约定而解除合同的，解除合同的效力及于从物

B. 标的物为数物，其中一物不符合约定的，买受人可以就该物解除

C. 出卖人分批交付标的物的，其中一批标的物交付不符合约定，致使之后其他各批标的物的交付不能实现合同目的的，买受人可以就所有批次标的物解除

D. 出卖人分批交付标的物的，其中一批标的物交付不符合约定，买受人可以就该批标的物解除，如果该批标的物与其他各批标的物相互依存的，可以就已经交付和未交付的各批标的物解除

E. 分期付款的买受人未支付到期价款的数额达到全部价款的十分之一，经催告后在合理期限内仍未支付到期价款的，出卖人可以请求买受人支付全部价款或者解除合同

85. 根据《循环经济促进法》，关于节材与材料资源利用的说法，正确的有（　　）。

A. 国家鼓励利用无毒无害的固体废物生产建筑材料

B. 推广使用预拌混凝土

C. 禁止使用散装水泥

D. 推广使用预拌砂浆

E. 鼓励生产、销售和使用黏土砖

86. 建筑施工企业取得安全生产许可证应当具备的安全生产条件有（　　）。

A. 特种作业人员经有关业务主管部门考核良好，取得特种作业操作资格证书

B. 管理人员和作业人员每半年至少进行一次安全生产教育培训并考核合格

C. 施工现场的办公、生活区及作业场所和安全防护用具、机械设备、施工机具及配件符合有关安全生产法律、法规、标准和规程的要求

D. 有职业危害防治措施，并为管理人员配备符合国家标准或者行业标准的安全防护用具和安全防护服装

E. 有对危险性较大的分部分项工程及施工现场易发生重大事故的部位、环节的预防、监控措施和应急预案

87. 根据《安全生产法》，下列单位中，应当设置安全生产管理机构或者配备专职安全生产管理人员的有（　　）。

A. 矿山单位　　　　　　　　B. 金属冶炼单位

C. 建筑施工企业　　　　　　D. 道路运输单位

E. 仓储单位

88. 根据《建设工程安全生产管理条例》，关于对达到一定规模、危险性较大的分部分项工程编制的专项施工方案的说法，正确的有（　　）。

A. 应当附具安全验算结果

B. 应当经施工企业技术负责人签字

C. 应当经总监理工程师签字

D. 应当经建设单位负责人签字

E. 由专职安全生产管理人员进行现场监督

89. 根据《生产安全事故报告和调查处理条例》，生产安全事故调查组应当履行的职责有（　　）。

A. 查明事故发生的经过、原因、人员伤亡情况及直接经济损失

B. 认定事故的性质和事故责任

C. 提出对事故责任者的处理建议

D. 总结事故教训，采取防范和整改措施

E. 批复事故调查报告

90. 根据《建设工程安全生产管理条例》，出租单位出租机械设备和施工机具及配件，应当提供的证明有（　　）。

A. 生产（制造）许可证　　　　B. 产品合格证

C. 安全性能检测合格证明　　　D. 租赁合同

E. 备案证明

91. 根据《工程建设国家标准管理办法》，下列标准中，属于强制性标准的有（　　）。

A. 工程建设通用的试验、检验和评定方法等标准

13

B. 工程建设通用的有关安全、卫生和环境保护的标准
C. 工程建设通用的信息技术标准
D. 工程建设行业专用的术语、符号、代号、量与单位和制图方法标准
E. 工程建设勘察、规划、设计、施工（包括安装）及验收等通用的综合标准和重要的通用的质量标准

92. 根据《建设工程质量管理条例》，隐蔽工程在隐蔽前，施工企业应当及时通知的单位有（   ）。
   A. 勘察单位
   B. 设计单位
   C. 建设单位
   D. 建设工程质量监督机构
   E. 建设工程安全生产监督机构

93. 根据《建设工程质量管理条例》，属于建设单位质量责任和义务的有（   ）。
   A. 不得任意压缩合理工期
   B. 设计文件应当符合国家规定的设计深度要求，注明工程合理使用年限
   C. 应当就审查合格的施工图设计文件向施工企业作出详细说明
   D. 不得明示施工企业使用不合格的建筑材料
   E. 不得暗示施工企业使用不合格的建筑构配件

94. 根据《建设工程质量管理条例》，下列项目中，属于法定最低保修期限为设计文件规定的合理使用年限的有（   ）。
   A. 设备安装和装修工程
   B. 基础设施工程
   C. 房屋建筑的主体结构工程
   D. 屋面防水工程
   E. 供热与供冷系统

95. 根据《关于清理规范工程建设领域保证金的通知》，下列保证金中，可以要求建筑业企业在工程建设中缴纳的有（   ）。
   A. 投标保证金
   B. 开工保证金
   C. 履约保证金
   D. 工程质量保证金
   E. 农民工工资保证金

96. 关于仲裁基本特点的说法，正确的有（   ）。
   A. 仲裁以当事人的自愿为前提
   B. 仲裁委员会隶属于行政机关
   C. 仲裁以公开审理为原则
   D. 仲裁实行一裁终局制度
   E. 仲裁裁决可以在《承认和执行外国仲裁裁决公约》的缔约国得到承认和执行

97. 关于民事诉讼第二审程序的说法，正确的有（   ）。
   A. 第二审人民法院审理对裁定的上诉案件，审限为3个月
   B. 当事人提起上诉的，上诉状应当直接向第二审人民法院提出
   C. 第二审人民法院对上诉案件，可以由审判员独任审理
   D. 第二审人民法院作出的具有给付内容的判决，具有强制执行力
   E. 原审法院对发回重审的案件作出判决后，当事人提起上诉的，第二审人民法院不得再次发回重审

98. 关于仲裁裁决不予执行和撤销的说法，正确的有（   ）。

A. 当事人向仲裁机构隐瞒了足以影响公正裁决的证据的，经人民法院由审判员独任或者组成合议庭审查核实，裁定不予执行

B. 仲裁裁决被人民法院依法裁定不予执行的，当事人就该纠纷应当向法院提起诉讼

C. 当事人申请撤销裁决的，应当在收到裁决书之日起1年内提出

D. 当事人向人民法院申请不予执行被驳回后，又以相同事由申请撤销仲裁裁决的，人民法院不予支持

E. 案外人有证据证明仲裁案件当事人虚假仲裁，损害其合法权益的，可以根据法律相关程序的要求，申请不予执行仲裁裁决

99. 根据《民事诉讼法》，关于法院调解的说法，正确的有（   ）。

A. 人民法院进行调解，应当由合议庭主持

B. 法院调解书一经作出，即具有法律效力

C. 调解未达成协议，人民法院可以中止庭审程序

D. 能够即时履行的案件，经调解达成协议的，人民法院可以不制作调解书

E. 调解书的法律效力与判决书相同

100. 行政强制执行方式包括（   ）。

A. 加处罚款或者滞纳金
B. 冻结存款、汇款
C. 排除妨碍、恢复原状
D. 扣押财物
E. 限制公民人身自由

2022年度真题参考答案及解析

一、单项选择题

1. C;	2. C;	3. B;	4. B;	5. D;
6. D;	7. A;	8. A;	9. C;	10. A;
11. D;	12. D;	13. D;	14. C;	15. C;
16. C;	17. C;	18. B;	19. C;	20. B;
21. D;	22. D;	23. B;	24. A;	25. A;
26. D;	27. C;	28. B;	29. D;	30. C;
31. A;	32. A;	33. A;	34. B;	35. C;
36. D;	37. B;	38. D;	39. B;	40. C;
41. C;	42. B;	43. A;	44. C;	45. B;
46. C;	47. D;	48. B;	49. A;	50. A;
51. D;	52. C;	53. C;	54. C;	55. C;
56. B;	57. D;	58. C;	59. D;	60. C;
61. D;	62. B;	63. C;	64. D;	65. B;
66. C;	67. C;	68. D;	69. A;	70. A。

【解析】

1. C。本题考核的是法的形式。国家发展和改革委员会发布的《招标公告发布暂行办法》《必须招标的工程项目规定》等均属于部门规章。

2. C。本题考核的是法的形式和效力层级。A选项错在"没有部门规章的依据"，正确表述应为"没有法律、行政法规、地方性法规的依据"。部门规章与地方政府规章之间具有同等效力，在各自的权限范围内施行，故B选项错误，C选项正确。部门规章与地方政府规章之间对同一事项的规定不一致时，由国务院裁决，故D选项错误。

3. B。本题考核的是企业法人与项目经理部的法律关系。项目经理部行为的法律后果由企业法人承担。

4. B。本题考核的是表见代理。《民法典》规定，行为人没有代理权、超越代理权或者代理权终止后，仍然实施代理行为，相对人有理由相信行为人有代理权的，代理行为有效。本题中，甲公司有理由相信王某有代理权，则该代理行为有效，故应由被代理人乙公司承担法律后果。

5. D。本题考核的是委托合同。《民法典》规定，委托人或者受托人可以随时解除委托合同。据此，委托人或者受托人均可以单方解除委托，故A、B选项错误。委托人或者受托人单方解除委托合同均不以通知对方或对方同意为前提，故C选项错误，D选项正确。

6. D。本题考核的是建设用地使用权。建设用地使用权可以在土地的地表、地上或者地下分别设立，故A选项错误。B选项的正确表述应为"可以采取出让或者划拨等方式"。C选项中，工业用地应当采取招标、拍卖等公开竞价的方式出让。

16

7. A。本题考核的是地役权的生效。地役权自地役权合同生效时设立。

8. A。本题考核的是无因管理。管理人没有法定的或者约定的义务，为避免他人利益受损失而管理他人事务的，可以请求受益人偿还因管理事务而支出的必要费用。

9. C。本题考核的是债的产生根据。侵权行为产生的债被称为侵权之债。在建设工程活动中，施工现场的施工噪声有可能产生侵权之债。

10. A。本题考核的是专利权保护的对象。专利权保护的最主要对象，应当具备以下条件：（1）必须是一种能够解决特定技术问题作出的创造性构思；（2）必须是具体的技术方案；（3）必须是利用自然规律的结果。

11. D。本题考核的是商标的转让。转让注册商标的商标注册人对其在同一种商品上注册的近似的商标，或者在类似商品上注册的相同或者近似的商标，应当一并转让。

12. D。本题考核的是保证担保。第三人加入债务的，保证人的保证责任不受影响，故A选项错误。保证期间不适用中止、中断和延长，故B选项错误。C选项中的正确表述应为"保证人不再承担责任"。

13. D。本题考核的是抵押权。抵押权不转移财产的占有，故A选项错误。宅基地不得抵押，故B选项错误。C选项错在"可以"，正确表述应为"不得"。

14. C。本题考核的是人身保险。受益人是指人身保险合同中由被保险人或者投保人指定的享有保险金请求权的人，故A选项错误。可以一次支付全部保险费，也可以按约定分期支付保险费，故B选项错误。投保人可以为受益人，故D选项错误。

15. C。本题考核的是建筑工程一切险的保险责任范围与除外责任。保险人对自然事件和意外事故造成的损失和费用，负责赔偿，故A、B选项错误。设计错误引起的损失和费用与非外力引起的机械或者电气装置的本身损失属于建筑工程一切险的除外责任，故C选项正确，D选项错误。

16. C。本题考核的是财产保险合同。在保险标的的危险程度显著增加的，保险人可以按照合同约定增加保险费或者解除合同，是选择性的，C选项正确。

17. C。本题考核的是个人所得税的税率。A选项的正确表述应为：3%~45%。B选项的正确表述应为：5%~35%。财产租赁所得，财产转让所得和偶然所得，适用比例税率，税率为20%，故C选项正确，D选项错误。

18. D。本题考核的是行政处罚。A选项属于行政处分。B、C选项通常为民事责任的承担方式。备选项中只有责令停止施工属于行政处罚的方式。

19. C。本题考核的是施工许可证的法定批准条件。在建设工程开工前，建设单位必须依法通过招标或直接发包的方式确定承包该建设工程的施工企业，并签订建设工程承包合同，明确双方的责任、权利和义务。

20. B。本题考核的是核验施工许可证的规定。《建筑法》规定，在建的建筑工程因故中止施工的，建设单位应当自中止施工之日起1个月内，向发证机关报告。

21. D。本题考核的是建筑业企业资质。企业发生合并、分立、重组以及改制等事项，需承继原建筑业企业资质的，应当申请重新核定建筑业企业资质等级，故D选项正确，B选项错误。企业在建筑业企业资质证书有效期内名称、地址、注册资本、法定代表人等发生变更的，应当在工商部门办理变更手续后1个月内办理资质证书变更手续，故A、C选项错误。

22. D。本题考核的是注册建造师的更换。注册建造师担任施工项目负责人期间原则上

17

不得更换。如发生下列情形之一的，应当办理书面交接手续后更换施工项目负责人：(1)发包方与注册建造师受聘企业已解除承包合同的；(2)发包方同意更换项目负责人的；(3)因不可抗力等特殊情况必须更换项目负责人的。

23. B。本题考核的是施工管理文件签章。分包工程施工管理文件应当由分包企业注册建造师签章，故A选项错误。C选项缺少"应当征得所在企业同意后"的条件。D选项的情形，应当由企业指定同等资格条件的注册建造师修改。

24. A。本题考核的是建设工程必须招标的范围。必须进行招标的建设工程项目：(1)大型基础设施、公用事业等关系社会公共利益、公众安全的项目；(2)全部或者部分使用国有资金投资或者国家融资的项目；(3)使用国际组织或者外国政府贷款、援助资金的项目。

25. A。本题考核的是评标。B选项错在"向投标人提出"，正确表述应为"向招标人提出"。评标在严格保密的情况下进行，故C选项错误。评标委员会应当按照招标文件确定的评标标准和方法，对投标文件进行评审和比较，故D选项错误。

26. D。本题考核的是中标和签订合同。招标人根据评标委员会提出的书面评标报告和推荐的中标候选人确定中标人。招标人也可以授权评标委员会直接确定中标人，故A选项错误。B选项的正确表述应为发出之日起。招标人和中标人不得再行订立背离合同实质性内容的其他协议，故D选项正确。应按照招标文件和中标人的投标文件订立书面合同，故C选项错误。

27. C。本题考核的是投标保证金。招标人终止招标，已经收取投标保证金的，招标人应当及时退还所收取的投标保证金及银行同期存款利息，故A选项错误。D选项属于可以不退还投标保证金的情形。B选项的正确表述应为"应当与投标有效期一致"。

28. B。本题考核的是确定中标人。招标人应当确定排名第一的中标候选人为中标人，故B选项正确。排名第一的中标候选人放弃中标，招标人可以按照评标委员会提出的中标候选人名单排序依次确定其他中标候选人为中标人，也可以重新招标。

29. D。本题考核的是工程总承包项目发承包。A选项错在"按份责任"，正确表述应为"连带责任"。B选项错在"应当"，正确表述应为"可以"。联合体应在订立合同前组成，故C选项错误。

30. C。本题考核的是转包。依据《建筑工程施工发包与承包违法行为认定查处管理办法》，承包单位将其承包的全部工程转给其他单位（包括母公司承接建筑工程后将所承接工程交由具有独立法人资格的子公司施工的情形）或个人施工的应当认定为转包，但有证据证明属于挂靠或者其他违法行为的除外。A、D选项属于挂靠的情形。B选项属于违法分包的情形。

31. A。本题考核的是施工单位不良行为记录的认定标准。B、C选项属于承揽资质不良行为的认定标准。D选项属于工程质量不良行为的认定标准。

32. A。本题考核的是应列入建筑市场主体"黑名单"的情形。B选项错在"超过行政处罚追溯期限的"，正确表述应为"受到行政处罚的"。C选项错在"2年内"，正确表述应为"1年内"。D选项缺少了"且拒不履行生效法律文书确定的义务的"的条件。

33. A。本题考核的是要约的撤回。施工企业通过邮政快递寄出采购清单属于要约，要约可以撤回。依据《民法典》，行为人可以撤回意思表示。撤回意思表示的通知应当在意思表示到达相对人前或者与意思表示同时到达相对人。

34. D。本题考核的是合同形式。书面形式是合同书、信件、电报、电传、传真等可以有形地表现所载内容的形式，故 A 选项错误。C 选项应视为书面形式。《民法典》规定，当事人订立合同，可以采用书面形式、口头形式或者其他形式，故 D 选项正确。其他形式合同，可以根据当事人的行为或者特定情形推定合同的成立，也可以称之为默示合同，故 B 选项错误。

35. C。本题考核的是欠付工程款的支付时间。D 选项的情形应为当事人起诉之日。B 选项的情形应为提交竣工结算文件之日。建设工程已实际交付的，为交付之日，故 A 选项错误。

36. D。本题考核的是应当订立无固定期限劳动合同的情形。有下列情形之一，劳动者提出或者同意续订、订立劳动合同的，除劳动者提出订立固定期限劳动合同外，应当订立无固定期限劳动合同：（1）劳动者在该用人单位连续工作满 10 年的；（2）用人单位初次实行劳动合同制度或者国有企业改制重新订立劳动合同时，劳动者在该用人单位连续工作满 10 年且距法定退休年龄不足 10 年的；（3）连续订立两次固定期限劳动合同，且劳动者没有《劳动合同法》第 39 条和第 40 条第 1 项、第 2 项规定的情形，续订劳动合同的。

37. B。本题考核的是劳动仲裁。劳动争议发生后，当事人可以向本单位劳动争议调解委员会申请调解，故 A 选项错误。C 选项错在"6 个月"，正确表述应为"1 年"。劳动争议申请仲裁的时效期间适用中止和中断，故 D 选项错误。

38. A。本题考核的是承揽合同。除当事人另有约定的外，承揽人应当以自己的设备、技术和劳力完成主要工作，A 选项正确。B 选项中，即便经过定作人同意的情况下，承揽人也应就第三人完成的工作成果向定作人负责。承揽人在工作期间，不受定作人的指挥管理，但应当接受定作人必要的监督检验，故 C 选项错误。承揽人有权将其承揽的辅助工作交由第三人完成，故 D 选项错误。

39. B。本题考核的是简易交付。标的物在订立合同之前已为买受人占有，合同生效即视为完成交付的形式称为简易交付。

40. C。本题考核的是仓储合同。保管人应当对入库仓储物进行验收，故 A 选项错误。B 选项中保管人应当同意仓单持有人检查仓储物的要求。仓单持有人在仓单上背书并经保管人签名或者盖章的，可以转让提取仓储物的权利，故 D 选项错误。

41. C。本题考核的是施工厂界环境噪声。《建筑施工场界环境噪声排放标准》GB 12523—2011 规定，建筑施工过程中场界环境噪声不得超过规定的排放限值建筑施工场界环境噪声排放值，昼间 70dB（A），夜间 55dB（A）。

42. B。本题考核的是排水户不得有的危及城镇排水设施安全的行为。排水户不得擅自拆卸、移动和穿凿城镇排水设施，故 B 选项属于排水危及城镇排水设施安全。若 D 选项中，排放的是剧毒，则符合题意。若 C 选项中，排放的是易堵塞物，则符合题意。若 A 选项的表述为：擅自向城镇排水设施加压排放污水，则符合题意。

43. A。本题考核的是"四节一环保"。"四节一环保"是指节能、节地、节水、节材和环境保护。

44. C。本题考核的是文物保护单位和文物的分级。古文化遗址、古墓葬、石窟寺属于国家所有，古墓葬、古建筑、石窟寺等不可移动文物，根据它们的历史、艺术、科学价值，可以分别确定为全国重点文物保护单位，省级文物保护单位，市、县级文物保护单位，故 A、B 选项错误。历史上各时代重要实物、艺术品、文献、手稿、图书资料、代表性实物等

19

可移动文物，分为珍贵文物和一般文物；珍贵文物分为一级文物、二级文物、三级文物，故 C 选项正确，D 选项错误。

45. B。本题考核的是安全生产许可证的注销。建筑施工企业发生破产、倒闭、撤销的情形，应当将安全生产许可证交回原安全生产许可证颁发管理机关予以注销。

46. C。本题考核的是安全生产许可证违法行为应承担的法律责任。根据《建筑施工企业安全生产许可证管理规定》，A、B、D 选项对应的罚款额度为：10 万元以上 50 万元以下。C 选项对应的罚款额度为：5 万元以上 10 万元以下。

47. D。本题考核的是总承包单位应当承担的法定安全生产责任。总承包单位和分包单位对分包工程的安全生产承担连带责任。

48. B。本题考核的是工伤保险。职工应当参加工伤保险，由用人单位缴纳工伤保险费，职工不缴纳工伤保险费，故 B 选项正确。

49. A。本题考核的是劳务派遣。被派遣劳动者在用工单位因工作遭受事故伤害的，劳务派遣单位承担工伤保险责任，但可以与用工单位约定补偿办法。

50. A。本题考核的是事故调查的管辖。特别重大事故由国务院或者国务院授权有关部门组织事故调查组进行调查。重大事故、较大事故、一般事故分别由事故发生地省级人民政府、设区的市级人民政府、县级人民政府负责调查。省级人民政府、设区的市级人民政府、县级人民政府可以直接组织事故调查组进行调查，也可以授权或者委托有关部门组织事故调查组进行调查。综上 A 选项为正确答案。

51. D。本题考核的是出具自检合格证明的主体。施工起重机械和整体提升脚手架、模板等自升式架设设施安装完毕后，安装单位应当自检，出具自检合格证明。

52. C。本题考核的是工程建设国家标准。强制性标准文本应当免费向社会公开，故 A 选项错误。强制性国家标准由国务院批准发布或者授权批准发布，故 B 选项错误。对各有关行业起引领作用等需要的技术要求，可以制定推荐性国家标准，故 D 选项错误。

53. D。本题考核的是工程建设行业标准。行业标准由国务院有关行政主管部门制定，并应报国务院标准化行政主管部门备案。

54. B。本题考核的是项目经理违法行为应承担的法律责任。项目经理为相关注册执业人员的，责令停止执业 1 年；造成重大质量事故的，吊销执业资格证书，5 年以内不予注册；情节特别恶劣的，终身不予注册。

55. C。本题考核的是必须实施见证取样和送检试块、试件和材料。下列试块、试件和材料必须实施见证取样和送检：（1）用于承重结构的混凝土试块；（2）用于承重墙体的砌筑砂浆试块；（3）用于承重结构的钢筋及连接接头试件；（4）用于承重墙的砖和混凝土小型砌块；（5）用于拌制混凝土和砌筑砂浆的水泥；（6）用于承重结构的混凝土中使用的掺加剂；（7）地下、屋面、厕浴间使用的防水材料；（8）国家规定必须实行见证取样和送检的其他试块、试件和材料。故 C 选项正确。

56. B。本题考核的是必须实行监理的建设工程。依据《建设工程质量管理条例》，除 B 选项外，必须实行监理的建设工程还包括：（1）国家重点建设工程；（2）中型公用事业工程；（3）成片开发建设的住宅小区工程；（4）利用外国政府或者国际组织贷款、援助资金的工程；（5）国家规定必须实行监理的其他工程。

57. D。本题考核的是生产安全事故的等级划分标准。较大事故，是指造成 3 人以上 10 人以下死亡，或者 10 人以上 50 人以下重伤，或者 1000 万元以上 5000 万元以下直接经济损失的事故。注意：此处所称的以上包括本数，故造成3人死亡的事故应为较大事故。

58. C。本题考核的是建筑节能分部工程验收的组织。节能工程的检验批验收和隐蔽工程验收应由监理工程师主持，施工单位相关专业的质量检查员与施工员参加。若为节能分部工程验收，则应由总监理工程师（建设单位项目负责人）主持。

59. D。本题考核的是建设工程质量保修期的起始日。建设工程质量保修期的起始日是竣工验收合格之日。

60. C。本题考核的是建设工程超过合理使用年限后需要继续使用的规定。产权所有人应当委托具有相应资质等级的勘察、设计单位鉴定，并根据鉴定结果采取加固、维修等措施，重新界定使用期，故C选项正确。

61. D。本题考核的是缺陷责任期的确定。由于发包人原因导致工程无法按规定期限进行竣工验收的，在承包人提交竣工验收报告90天后，工程自动进入缺陷责任期。

62. B。本题考核的是建设工程民事纠纷。在建设工程领域，施工单位在施工中未采取相应防范措施造成第三方损害而产生的纠纷属于侵权纠纷，故B选项正确。

63. D。本题考核的是行政复议的基本特点。必须是在行政机关已经作出具体行政行为之后，否则不存在复议问题，故B选项错误。有权提出行政复议的主体，必须是认为行政机关的具体行政行为侵犯其合法权益的公民、法人和其他组织，故A选项错误。只能按照法律规定向有行政复议权的行政机关申请复议，故C选项错误。

64. B。本题考核的是民事诉讼证据的认证。A选项错在"可以"，正确表述应为"不得"。由当事人提交或者保管的于己不利的电子数据，有足以反驳的相反证据的除外，人民法院可以确认其真实性，故C选项错误。D选项的正确表述应为"人民法院可以认定该主张成立"。

65. B。本题考核的是执行程序。申请执行的期间为2年，故A选项错误。C选项错在"从规定的最后一次履行期间"，正确表述应为"从规定的每次履行期间"。D选项错在"上一级人民法院应当决定由本院执行"，正确表述应为"上一级人民法院可以根据申请执行人的申请，责令执行法院限期执行或者变更执行法院"。

66. C。本题考核的是仲裁协议效力的确认。异议应当在仲裁庭首次开庭前提出，故A选项错误。D选项错在"高级人民法院"，正确表述应为"中级人民法院或者专门人民法院"。B选项的正确表述应为"决定"。

67. C。本题考核的是财产保全。当事人提起财产保全的申请，可以在仲裁程序开始前，也可以在仲裁程序进行中，故A选项错误。当事人要求采取财产保全的，应向仲裁委员会提出书面申请，由仲裁委员会将当事人的申请转交被申请人住所地或其财产所在地及/或证据所在地有管辖权的人民法院作出裁定，故B选项错误。D选项中的正确时限应为：30日内。

68. D。本题考核的是和解。和解可以在民事纠纷的任何阶段进行，故A选项错误。诉讼阶段的和解没有法律效力，故C选项错误。当事人和解后，可以请求法院调解，制作调解书，经当事人签名盖章产生法律效力，从而结束全部或部分诉讼程序，故B选项错误。

69. A。本题考核的是行政机关对申请人提出的行政许可申请的处理。B选项中的情形，正确表述应为"应当即时作出不予受理的决定，并告知申请人向有关行政机关申请"。C选项的正确表述应为"申请材料存在可以当场更正的错误的，应当允许申请人当场更正"。D选项的正确表述应为"5日内"。

70. A。本题考核的是城镇土地使用税。B选项中的正确表述应为：但须报经财政部批准。C选项的正确表述应为：土地使用税按年计算、分期缴纳。D选项的情形正确表述应为：免缴土地使用税。

二、多项选择题

71. A、B、D、E；	72. C、D；	73. C、E；
74. A、B、C、E；	75. A、B、C、E；	76. C、D、E；
77. A、C、D、E；	78. C、D；	79. A、B、E；
80. B、C、E；	81. C、E；	82. C、D；
83. D、E；	84. A、B；	85. A、B、D；
86. C、E；	87. A、B、C、D；	88. A、B、C、E；
89. A、B、C；	90. A、B、C；	91. B、E；
92. C、D；	93. A、D、E；	94. B、C；
95. A、C、D、E；	96. A、D、E；	97. D、E；
98. D、E；	99. D、E；	100. A、C。

【解析】

71. A、B、D、E。本题考核的是用益物权。用益物权包括土地承包经营权、建设用地使用权、居住权、宅基地使用权和地役权。

72. C、D。本题考核的是侵权之债。侵权行为产生的债被称为侵权之债。《民法典》规定，因所有人、管理人、使用人或者第三人的原因，建筑物、构筑物或者其他设施倒塌、塌陷造成他人损害的，由所有人、管理人、使用人或者第三人承担侵权责任。

73. C、E。本题考核的是保证人的资格。建设工程活动中，保证人通常是银行，也有信用较高的其他担保人，如担保公司。机关法人不得为保证人。以公益为目的的非营利法人、非法人组织不得为保证人。

74. A、B、C、E。本题考核的是企业所得税的应纳税所得额。企业每一纳税年度的收入总额，减除不征税收入、免税收入、各项扣除以及允许弥补的以前年度亏损后的余额，为应纳税所得额。财政拨款属于不征税收入。企业以货币形式和非货币形式从各种来源取得的收入，为收入总额，除包括A、B、C、E选项外，还包括：（1）销售货物收入；（2）提供劳务收入；（3）转让财产收入；（4）利息收入；（5）其他收入。

75. A、B、C、E。本题考核的是契税。土地使用权转让，不包括土地承包经营权和土地经营权的转移，故D选项错误。

76. C、D、E。本题考核的是申请领取施工许可证应当具备的条件。《建筑工程施工许可管理办法》规定，建设单位申请领取施工许可证，应当具备下列条件，并提交相应的证明文件：（1）依法应当办理用地批准手续的，已经办理该建筑工程用地批准手续；（2）依法应当办理建设工程规划许可证的，已经取得建设工程规划许可证；（3）施工场地已经基本具备施工条件，需要征收房屋的，其进度符合施工要求；（4）已经确定施工企业；（5）有满足施工需要的资金安排、施工图纸及技术资料，建设单位应当提供建设资金已经落实承诺书，施工图设计文件已按规定审查合格；（6）有保证工程质量和安全的具体措施。

77. A、C、D、E。本题考核的是外商投资建筑业企业的规定。B选项是做的相反表述，其正确表述应为：外商投资企业的组织形式、组织机构及其活动准则，均应适用《中华人民共和国公司法》《中华人民共和国合伙企业法》等法律的规定。

78. C、D。本题考核的是招标方式。A选项错在"招标公告"，正确表述应为"投标邀请书"。B选项错在"不特定"，正确表述应为"特定"。E选项不应包括议标。

79. A、B、E。本题考核的是视为投标人相互串通投标的情形。C选项是属于投标人相互串通投标，区别于视为投标人相互串通投标的情形。视为投标人相互串通投标的情形除上述A、B、E选项外，还包括：（1）不同投标人委托同一单位或者个人办理投标事宜；（2）不同投标人的投标文件相互混装；（3）不同投标人的投标保证金以同一单位或者个人账户转出。

80. B、C、E。本题考核的是招标投标投诉处理的规定。A选项的情形应由最先收到投诉的行政监督部门负责处理。必要时，行政监督部门可以责令暂停招标投标活动，故D选项错误。

81. C、E。本题考核的是承包人工程价款的优先受偿权。未竣工的建设工程质量合格，承包人请求其承建工程的价款就其承建工程部分折价或者拍卖的价款优先受偿的，人民法院应予支持，故A选项错误。承包人就逾期支付建设工程价款的违约金主张优先受偿的，人民法院不予支持，故B选项错误。发包人与承包人约定放弃或者限制建设工程价款优先受偿权，损害建筑工人利益，发包人根据该约定主张承包人不享有建设工程价款优先受偿权的，人民法院不予支持，故D选项表述过于绝对。

82. C、D。本题考核的是建设工程无效施工合同的主要情形。建设工程施工合同具有下列情形之一的，应当依据《民法典》第153条第1款的规定，认定无效：（1）承包人未取得建筑业企业资质或者超越资质等级的；（2）没有资质的实际施工人借用有资质的建筑施工企业名义的；（3）建设工程必须进行招标而未招标或者中标无效的。

83. D、E。本题考核的是劳动合同的解除。《劳动合同法》38条规定，用人单位有下列情形之一的，劳动者可以解除劳动合同：（1）未按照劳动合同约定提供劳动保护或者劳动条件的；（2）未及时足额支付劳动报酬的；（3）未依法为劳动者缴纳社会保险费的；（4）用人单位的规章制度违反法律、法规的规定，损害劳动者权益的；（5）因《劳动合同法》26条第1款规定的情形致使劳动合同无效的；（6）法律、行政法规规定劳动者可以解除劳动合同的其他情形。用人单位以暴力威胁或者非法限制人身自由的手段强迫劳动者劳动的，或者用人单位违章指挥、强令冒险作业危及劳动者人身安全的，劳动者可以立即解除劳动合同，不需事先告知用人单位。

84. A、B。本题考核的是买卖合同的解除。C选项错在"买受人可以就所有批次标的物解除"，正确表述应为"买受人可以就该批以及之后其他各批标的物解除"。D选项中缺少"致使之后其他各批标的物的交付不能实现合同目的的"条件。E选项错在"十分之一"，正确表述应为"五分之一"。

85. A、B、D。本题考核的是节材与材料资源利用。C选项的正确表述应为：鼓励使用散装水泥。在国务院或者省、自治区、直辖市人民政府规定的期限和区域内，禁止生产、销售和使用黏土砖，故E选项错误。

86. C、E。本题考核的是建筑施工企业取得安全生产许可证应当具备的安全生产条件。A选项错在"考核良好"，正确表述应为"考核合格"。B选项错在"每半年"，正确表述应为"每年"。D项错在"为管理人员配备"，正确表述应为"为作业人员配备"。

87. A、B、C、D。本题考核的是设置安全生产管理机构或者配备专职安全生产管理人员。《安全生产法》规定，矿山、金属冶炼、建筑施工、运输单位和危险物品的生产、经

23

营、储存、装卸单位，应当设置安全生产管理机构或者配备专职安全生产管理人员。

88. A、B、C、E。本题考核的是危险性较大的分部分项工程编制专项施工方案。对达到一定规模的危险性较大的分部分项工程编制专项施工方案，并附具安全验算结果，经施工单位技术负责人、总监理工程师签字后实施，由专职安全生产管理人员进行现场监督。

89. A、B、C。本题考核的是事故调查组的职责。事故调查组应履行的职责，除 A、B、C 选项外还包括总结事故教训，提出防范和整改措施；提交事故调查报告。

90. A、B、C。本题考核的是出租机械设备和施工机具及配件单位的安全责任。《建设工程安全生产管理条例》规定，出租的机械设备和施工机具及配件，应当具有生产（制造）许可证、产品合格证。出租单位应当对出租的机械设备和施工机具及配件的安全性能进行检测，在签订租赁协议时，应当出具检测合格证明。

91. B、E。本题考核的是强制性标准。C 选项错在"工程建设通用的"，正确表述应为"工程建设重要的通用的"。D 选项错在"工程建设行业专用的"，正确表述应为"工程建设重要的通用的"。A 选项错在"工程建设通用的"，正确表述应为"工程建设重要的通用的"。

92. C、D。本题考核的是施工质量检验制度。根据《建设工程质量管理条例》，隐蔽工程在隐蔽前，施工单位应当通知建设单位和建设工程质量监督机构。

93. A、D、E。本题考核的是建设单位及设计单位的质量责任和义务。B、C 选项属于设计单位的质量责任和义务。

94. B、C。本题考核的是建设工程质量的最低保修期限。A 选项的最低保修期限为 2 年。供热与供冷系统的最低保修期限为 2 个采暖期供冷期。基础设施工程、房屋建筑的地基基础工程和主体结构工程，为设计文件规定的该工程的合理使用年限，故 B、C 选项正确。屋面防水为 5 年。

95. A、C、D、E。本题考核的是投标保证金。对建筑业企业在工程建设中需缴纳的保证金，除依法依规设立的投标保证金、履约保证金、工程质量保证金、农民工工资保证金外，其他保证金一律取消。

96. A、D、E。本题考核的是仲裁的基本特点。A 选项体现的是仲裁自愿性的特点。仲裁具有独立性的特点，仲裁委员会独立于行政机关，与行政机关没有隶属关系，故 B 选项错误。D 选项体现的是仲裁快捷性的特点。C 选项的正确表述应为：仲裁以不公开审理为原则。E 选项体现的是仲裁的域外执行力的特点。

97. D、E。本题考核的是民事诉讼的二审程序。对裁定的上诉案件，审限为 30 日，故 A 选项错误。上诉状应当通过原审法院提出，故 B 选项错误。C 选项错在"审判员独任审理"，正确表述应为"应当组成合议庭，开庭审理"。

98. D、E。本题考核的是仲裁裁决不予执行和撤销。A 选项的情形，应经人民法院组成合议庭审查核实后，裁定不予执行，故 A 选项错误。当事人就该纠纷可以重新达成仲裁协议，并依据该仲裁协议申请仲裁，也可以向法院提起诉讼，并非"应当向法院提起诉讼"，故 B 选项错误。C 选项的正确表述应为：6 个月内提出。

99. D、E。本题考核的是法院调解。可以由审判员一人主持，也可以由合议庭主持，故 A 选项错误。B 选项错在"一经作出"，正确表述应为"经双方当事人签收后"。C 选项错在"可以中止庭审程序"，正确表述应为"应当及时判决"。

100. A、C。本题考核的是行政强制措施的种类和行政强制执行的方式。A、C 选项属于行政强制执行的方式。B、D、E 则属于行政强制措施的种类。

2021年度全国一级建造师执业资格考试
《建设工程法规及相关知识》
真题及解析

2021年度《建设工程法规及相关知识》真题

一、单项选择题（共70题，每题1分。每题的备选项中，只有1个最符合题意）

1. 根据授权制定的法规与法律规定不一致，不能确定如何适用时，由（　　）裁决。
   A. 全国人民代表大会
   B. 全国人民代表大会常务委员会
   C. 国务院
   D. 国务院相关部门

2. 关于施工企业项目经理部的说法，正确的是（　　）。
   A. 项目经理部不具有独立法人资格
   B. 项目经理部是施工企业的下属子公司
   C. 项目经理部是常设机构
   D. 项目经理部能够独立承担民事责任

3. 民事诉讼的三大诉讼阶段是（　　）。
   A. 一审程序、二审程序和再审程序
   B. 一审程序、再审程序和审判监督程序
   C. 一审程序、审判监督程序和抗诉程序
   D. 一审程序、二审程序和执行程序

4. 从法的形式来看，《招标投标法实施条例》属于（　　）。
   A. 法律　　　　　　　　　　　B. 行政法规
   C. 地方性法规　　　　　　　　D. 地方政府规章

5. 关于货运合同法律特征的说法，正确的是（　　）。
   A. 货运合同是单务、有偿合同
   B. 货运合同的标的是货物
   C. 货运合同以托运人交付货物为合同成立的要件
   D. 货运合同的收货人可以不是订立合同的当事人

6. 关于计算机软件著作权的说法，正确的是（　　）。
   A. 自然人的软件著作权保护期为自然人终生

B. 如无相反证据证明，在软件上署名的自然人、法人或者其他组织为开发者

C. 接受他人委托开发的软件，其著作权由委托人享有

D. 法人的软件著作权，保护期为30年

7. 关于建设用地使用权流转的说法，正确的是（   ）。

A. 建设用地使用权的流转方式包括转让和互换，不包括出资、赠与或者抵押

B. 建设用地使用权流转应当采取书面形式订立合同

C. 当事人不得约定流转后的建设用地使用权期限

D. 建设用地使用权流转时，附着于该土地上的建筑物、构筑物及其附属设施不随之处分

8. 关于投标的说法，正确的是（   ）。

A. 投标人不再具备资格预审文件、招标文件规定的资格条件的，其投标无效

B. 单位负责人为同一人的不同单位，可以参加同一标段的投标

C. 存在控股关系的不同单位，可以参加未划分标段的同一招标项目的投标

D. 投标人发生合并、分立的，其投标无效

9. 建设工程未经竣工验收，发包人擅自使用后，在建设工程的合理使用寿命内对地基基础工程和主体结构质量承担民事责任的主体是（   ）。

A. 发包人 B. 承包人
C. 监理单位 D. 实际施工人

10. 根据《民法典》，下列财产可以抵押的是（   ）。

A. 学校的教学楼 B. 生产设备
C. 依法被查封的建筑物 D. 土地所有权

11. 关于租赁合同的说法，正确的是（   ）。

A. 租赁合同的最长租赁期限，法律没有限制

B. 当事人未依照法律、行政法规的规定办理租赁合同登记备案手续的，不影响合同的效力

C. 租赁合同应当采用书面形式

D. 定期租赁合同期限届满，承租人继续使用租赁物，出租人没有提出异议的，原租赁合同继续有效，租赁期限为原租赁合同的期限

12. 根据《注册建造师管理规定》，一级建造师申请初始注册应当具备的条件是（   ）。

A. 聘用单位3年内未发生重大质量和安全事故

B. 未受过刑事处罚

C. 年龄不超过65周岁

D. 承诺参加继续教育

13. 关于对招标文件异议的说法，正确的是（   ）。

A. 招标人作出答复前，应当暂停招标投标活动

B. 应当在投标截止时间15日前提出

C. 招标人应当自收到异议之日起5日内作出答复

D. 应当直接向有关行政监督部门投诉

14. 关于安装工程一切险保险期限的说法，正确的是（   ）。
A. 安装工程一切险对旧机器设备仅负有考核期的保险责任，不承担维修期的保险责任
B. 安装工程一切险的保险期内，一般应当包括两个试车考核期
C. 安装工程一切险的保险责任自保险工程在工地动工或者用于保险工程的材料、设备运抵工地之时起始
D. 安装工程一切险对考核期的保险责任一般不超过 1 个月

15. 关于建设工程分包的说法，正确的是（   ）。
A. 专业承包单位可以将其承包工程中的劳务作业发包给劳务分包单位
B. 总承包单位应当接受建设单位推荐的分包单位
C. 总承包单位可以将工程分包给符合条件的个人
D. 总承包单位将其承包的工程分包给他人时，应当提前 3 日通知建设单位

16. 根据《关于做好工程建设领域专业技术人员职业资格"挂证"等违法违规行为专项整治工作的补充通知》，下列实际工作单位与注册单位一致，但社会保险缴纳单位与注册单位不一致的人员，应当认定为"挂证"的是（   ）。
A. 在某造价咨询公司注册并实际工作，但由某商贸公司缴纳社会保险的军队转业人员
B. 达到法定退休年龄正式退休和依法提前退休的人员
C. 某大学所属监理单位聘用的该校在职教师，社会保险由该大学缴纳的
D. 因企业改制、征地拆迁等买断社会保险的

17. 关于工程建设企业标准的说法，正确的是（   ）。
A. 企业标准应当通过标准信息公共服务平台向社会公开
B. 企业标准的技术要求应当高于推荐性标准的相关技术要求
C. 企业可以制定企业标准限制行业竞争
D. 国家实行企业标准自我声明公开和监督制度

18. 根据《建设工程质量管理条例》，对于成片开发建设的住宅小区工程，建设单位拨付工程款、进行竣工验收，应当经（   ）签字。
A. 建设单位技术负责人　　　　　　B. 施工企业法定代表人
C. 总监理工程师　　　　　　　　　D. 专业监理工程师

19. 关于商标的说法，正确的是（   ）。
A. 商标专用权的内容包括财产权和商标设计者的人身权
B. 商标专用权的保护对象包括未经核准注册的商标
C. 注册商标的有效期自提出申请之日起计算
D. 商标专用权包括使用权和禁止权两个方面

20. 下列被监理工程的单位中，可以与监理单位存在隶属关系的是（   ）。
A. 施工企业　　　　　　　　　　　B. 建设单位
C. 建筑材料供应单位　　　　　　　D. 建筑构配件供应单位

21. 下列法律责任中，属于刑罚主刑的是（   ）。
A. 拘留　　　　　　　　　　　　　B. 剥夺政治权利

C. 拘役 D. 驱逐出境

22. 根据《建设工程价款结算暂行办法》，单项工程竣工后，承包人应当在提交竣工验收报告的同时，向发包人递交竣工结算报告及完整的结算资料。关于发包人应当进行核对（审查）并提出审查意见的时限的说法，正确的是（   ）。
A. 工程竣工结算报告金额 500 万元以下的，从接到竣工结算报告和完整的竣工结算资料之日起 20 天
B. 工程竣工结算报告金额 500 万元~2000 万元的，从接到竣工结算报告和完整的竣工结算资料之日起 28 天
C. 工程竣工结算报告金额 2000 万元~5000 万元的，从接到竣工结算报告和完整的竣工结算资料之日起 30 天
D. 工程竣工结算报告金额 5000 万元以上的，从接到竣工结算报告和完整的竣工结算资料之日起 45 天

23. 关于建筑市场各方主体信用信息公开期限的说法，正确的是（   ）。
A. 建筑市场各方主体的基本信息永久公开
B. 建筑市场各方主体的优良信用信息公布期限一般为 6 个月
C. 招标投标违法行为记录公告期限为 1 年
D. 不良信用信息公开期限一般为 6 个月至 3 年，并不得低于相关行政处罚期限

24. 根据《建设工程安全生产管理条例》，建设单位应当在拆除工程施工 15 日前，报送建设行政主管部门或者其他部门备案的资料是（   ）。
A. 拟拆除建筑物、构筑物及可能危及毗邻建筑的说明
B. 设计单位资质等级证明
C. 拆除设计方案
D. 拆除工程施工合同

25. 安全生产许可证颁发管理机关发现建筑施工企业不再具备安全生产条件且情节严重的，应当对已经颁发的安全生产许可证予以（   ）。
A. 暂扣 B. 撤销
C. 吊销 D. 变更

26. 关于建设工程债的说法，说法正确的是（   ）。
A. 设计合同债的双方主体是建设单位和设计单位
B. 在材料设备买卖合同中，取得材料设备的债权人只能是施工企业
C. 在施工合同中，对于完成施工任务，施工企业是债权人，建设单位是债务人
D. 在施工合同中，对于支付工程价款，建设单位是债权人，施工单位是债务人

27. 关于民事纠纷和解的说法，正确的是（   ）。
A. 和解是当事人在法院主持下解决争议的一种方式
B. 已经进入诉讼程序的，双方当事人达成的和解协议具有强制执行力
C. 和解可以在民事纠纷的任何阶段进行
D. 已经进入诉讼程序的，和解的结果是撤回起诉

28. 下列情形中，属于建筑市场施工企业资质不良行为的是（   ）。

A. 未在规定期限内办理资质变更手续的

B. 个人借用其他施工企业资质投标的

C. 将承包的工程分包给不具有相应资质的单位的

D. 转让安全生产许可证的

29. 根据《民法典》，关于定金的说法，正确的是（　　）。

A. 定金合同自订立之日起生效

B. 当事人既约定违约金，又约定定金的，非违约方只能选择适用定金条款

C. 实际交付的定金数额多于或者少于约定数额的，视为未约定定金

D. 约定的定金数额超过主合同标的额20%的，超过部分不产生定金的效力

30. 根据《劳动合同法》，下列情形中，用人单位不得解除劳动合同的是（　　）。

A. 劳动者在试用期间被证明不符合录用条件的

B. 劳动者严重违反用人单位规章制度的

C. 劳动者患病或者非因工负伤，在规定的医疗期内的

D. 劳动者被依法追究刑事责任的

31. 根据《关于清理规范工程建设领域保证金的通知》，关于工程建设领域保证金的说法，正确的是（　　）。

A. 建设单位可以要求施工企业缴纳工期保证金

B. 农民工工资保证金已经被取消

C. 未按规定返还保证金，无需承担违约责任

D. 在工程项目竣工前，已经缴纳履约保证金的，建设单位不得同时预留工程质量保证金

32. 关于合同分类的说法，正确的是（　　）。

A. 建设工程合同属于非典型合同

B. 施工企业与商业银行的借款合同属于单务合同

C. 建筑材料的买卖合同属于实践合同

D. 建筑机械设备的租赁合同属于诺成合同

33. 根据《建设工程质量管理条例》，下列建设工程质量保修期限的约定中，符合规定的是（　　）。

A. 供冷系统质量保修期为1个供冷期

B. 屋面防水工程质量保修期为3年

C. 给排水管道工程质量保修期为3年

D. 装修工程质量保修期为1年

34. 关于委托合同终止的说法，正确的是（　　）。

A. 委托人可以随时解除合同，但受托人解除合同应当经委托人同意

B. 有偿委托合同的一方当事人行使随时解除权造成对方损失的，除不可归责于该当事人的事由外，赔偿对方损失的范围为直接损失

C. 因委托人被宣告破产、解散，致使委托合同终止将损害委托人利益的，在委托人的清算人承受委托事务之前，受托人应当继续处理委托事务

D. 委托人丧失民事行为能力的，委托合同一律终止

35. 关于城市维护建设税的说法正确的是（　　）。

　　A. 城市维护建设税分别与增值税、消费税同时缴纳

　　B. 缴纳增值税、所得税的单位和个人，为城市维护建设税的纳税人

　　C. 城市维护建设税以纳税人实际缴纳的增值税、所得税税额为计税依据

　　D. 城市维护建设税实行单一税率

36. 根据《房屋建筑和市政基础设施工程施工现场新冠肺炎疫情常态化防控工作指南》，作为工程项目疫情常态化防控总牵头单位，负责施工现场疫情常态化防控工作指挥、协调和保障的是（　　）。

　　A. 施工企业　　　　　　　　　B. 监理单位

　　C. 建设单位　　　　　　　　　D. 项目管理单位

37. 关于受国家保护的文物范围的说法，正确的是（　　）。

　　A. 古人类化石属于受国家保护的文物

　　B. 石刻、壁画受国家保护

　　C. 具有科学价值的古脊椎动物化石同文物一样受国家保护

　　D. 反映历史上某时代社会生产的艺术品受国家保护

38. 对下列债权请求权提出诉讼时效抗辩，人民法院应当予以支持的是（　　）。

　　A. 支付存款本金及利息请求权

　　B. 向不特定对象发行的企业债券本息请求权

　　C. 已转让债权的本息请求权

　　D. 基于投资关系产生的缴付出资请求权

39. 代理人知道或者应当知道代理事项违法，仍然实施代理行为，关于违法代理责任承担的说法，正确的是（　　）。

　　A. 仅由被代理人承担责任

　　B. 仅由代理人承担责任

　　C. 由被代理人和代理人按过错承担按份责任

　　D. 由被代理人和代理人承担连带责任

40. 某施工企业施工过程中发生生产安全事故，造成1人死亡，直接经济损失320万元。根据《生产安全事故报告和调查处理条例》，该事故等级为（　　）。

　　A. 特别重大事故　　　　　　　B. 一般事故

　　C. 重大事故　　　　　　　　　D. 较大事故

41. 某建筑物倒塌造成他人损害，由建设单位与施工企业承担连带责任。该种债的产生根据是（　　）。

　　A. 合同　　　　　　　　　　　B. 无因管理

　　C. 不当得利　　　　　　　　　D. 侵权

42. 根据《关于进一步做好建筑业工伤保险工作的意见》，关于建筑行业工伤保险的说法，正确的是（　　）。

　　A. 建筑施工企业职工应当按项目参加工伤保险

B. 建筑施工企业应当以职工基本工资为基数缴纳工伤保险费
C. 建设单位在工程概算中将工伤保险费单独列支，参与竞标
D. 建设工程开工前由施工总承包单位一次性代缴工伤保险费

43. 关于实际施工人利益受到侵害时，其以发包人为被告主张权利的说法，正确的是（　　）。
A. 实际施工人只能以发包人为被告主张权利
B. 发包人应当在欠付建设工程价款范围内对实际施工人承担责任
C. 人民法院应当追加转包人或者违法分包人为共同被告
D. 发包人应当对实际施工人承担全部责任

44. 根据《仲裁法》，关于仲裁庭组成的说法，正确的是（　　）。
A. 首席仲裁员可以由双方当事人共同选定
B. 仲裁庭应当由3名仲裁员组成
C. 仲裁庭的组成情况不向当事人公开
D. 仲裁庭一经组成，成员不得更换

45. 根据《文物保护法》，对保存文物特别丰富并且具有重大历史价值或者革命纪念意义的城市，有权核定公布其为历史文化名城的单位是（　　）。
A. 国务院
B. 国务院文物行政主管部门
C. 国务院住房城乡建设行政主管部门
D. 该市所在地省级人民政府

46. 根据《建筑施工场界环境噪声排放标准》，建筑施工场界环境夜间噪声的"夜间"是指（　　）。
A. 21:00至次日6:00　　　　　　　B. 22:00至次日6:00
C. 22:00至次日8:00　　　　　　　D. 21:00至次日8:00

47. 关于行政复议申请的说法，正确的是（　　）。
A. 公民、法人或者其他组织认为具体行政行为侵犯其合法权益的，可以自知道该具体行政行为之日起90日内提出行政复议申请
B. 对县级以上地方各级人民政府工作部门的具体行政行为不服的，应当向上一级主管部门申请行政复议
C. 公民、法人或者其他组织向人民法院提起行政诉讼，人民法院已经受理的，仍可以申请行政复议
D. 申请人可以口头提出行政复议申请

48. 关于施工现场固体废物污染环境防治的说法，正确的是（　　）。
A. 特殊单位可以向江河、湖泊、运河、渠道、水库及其最高水位线以下的滩地和岸坡以及法律法规规定的其他地点倾倒、堆放、贮存固体废物
B. 施工企业可以将建筑垃圾交给从事建筑垃圾运输的个人运输
C. 转移固体废物出省、自治区、直辖市行政区域处置的，应当同时向固体废物移出地和接受地的省级人民政府生态环境主管部门提出申请

7

D. 处置建筑垃圾的单位在运输建筑垃圾时，应当随车携带建筑垃圾处置核准文件

49. 根据《建设工程质量管理条例》，下列文件中，未经审查批准，不得使用的是（　　）。

A. 技术档案文件
B. 施工图设计文件
C. 质量过程控制文件
D. 施工管理资料文件

50. 根据《建筑法》，关于施工许可证期限的说法，正确的是（　　）。

A. 应当自领取施工许可证之日起2个月内开工
B. 既不开工又不申请延期或者超过延期时限的，施工许可证自行废止
C. 可以延期，但只能延期一次
D. 延期以两次为限，每次不超过2个月

51. 生产经营单位与从业人员订立的免除或者减轻其对从业人员因生产安全事故伤亡责任的条款（　　）。

A. 有效
B. 可撤销
C. 效力待定
D. 无效

52. 甲施工企业与乙劳务派遣单位订立劳务派遣协议，由乙向甲派遣员工王某，关于该用工关系的说法，正确的是（　　）。

A. 王某工作时因工负伤，甲应当申请工伤认定
B. 在派遣期间，甲被宣告破产，可以将王某退回乙
C. 甲可以根据企业实际将王某再派遣到其他用工单位
D. 在派遣期间，王某被退回的，乙不再向其支付劳动报酬

53. 关于施工合同解除的说法，正确的是（　　）。

A. 合同约定的期限内承包人没有完工，发包人可以解除合同
B. 发包人未按约定支付工程价款，承包人可以解除合同
C. 承包人将承包的工程转包，发包人可以解除合同
D. 承包人已经完工的建设工程质量不合格，发包人可以解除合同

54. 根据《标准化法》，负责工程建设强制性国家标准的立项、编号和对外通报的单位是（　　）。

A. 省级人民政府标准化行政主管部门
B. 国务院住房城乡建设行政主管部门
C. 国家标准化管理委员会
D. 国务院标准化行政主管部门

55. 建筑施工企业的安全生产许可证由（　　）省级人民政府住房城乡建设行政主管部门颁发。

A. 施工行为地
B. 企业注册地
C. 建设工程合同履行地
D. 建设工程合同签订地

56. 关于人民调解的说法，正确的是（　　）。

A. 人民调解的组织形式是社区调解中心
B. 人民调解达成调节协议的，可以不制作书面调解协议

C. 人民调解达成调解协议后，如双方当事人认为必要，可以自调解协议生效之日起30日内向当事人一方住所地基层人民法院申请司法确认调解协议

D. 人民调解达成调解协议后，一方当事人拒绝履行的，对方当事人可以向人民法院申请强制执行

57. 建设工程总承包单位依法将建设工程分包给其他单位的，关于分包工程的质量责任承担的说法，正确的是（   ）。

  A. 分包工程质量责任仅由分包单位承担

  B. 分包工程质量责任由总承包单位和分包单位承担连带责任

  C. 分包工程质量责任仅由总承包单位承担

  D. 分包工程质量责任由总承包单位和分包单位按比例承担

58. 3月1日甲施工企业向乙钢材供应商发出钢材采购单，承诺期限为3月5日前。3月1日，乙收到甲的采购单。3月2日，乙收到甲取消本次采购的函。3月4日，乙发函至甲表示同意履行3月1日的采购单。关于甲、乙双方合同订立的说法，正确的是（   ）。

  A. 甲3月2日的行为属于要约邀请

  B. 甲乙之间买卖合同成立

  C. 乙3月4日的行为属于新要约

  D. 甲的要约已经撤销

59. 关于工程总承包责任承担的说法，正确的是（   ）。

  A. 分包单位应当向建设单位承担全部责任

  B. 工程总承包单位、工程总承包项目经理依法对建设工程质量承担终身责任

  C. 工程总承包单位可以与分包单位订立合同，将保修责任转移至分包单位

  D. 分包单位不服从工程总承包单位管理导致生产安全事故的，可以免除工程总承包单位的安全责任

60. 关于招标项目标底的说法，正确的是（   ）。

  A. 一个招标项目可以有多个标底

  B. 招标人可以自行决定是否编制标底

  C. 接受委托编制标底的中介机构可以为该项目的投标人提供咨询

  D. 标底是最低投标限价

61. 下列保险中，属于强制性保险的是（   ）。

  A. 工伤保险　　　　　　　　　　B. 意外伤害保险

  C. 建筑工程一切险　　　　　　　D. 勘察设计责任险

62. 根据《增值税暂行条例》，下列进项税额中，准予从销项税额中抵扣的是（   ）。

  A. 非正常损失的购进货物

  B. 用于集体福利的购进货物

  C. 从销售方取得的增值税专用发票上注明的增值税额

  D. 用于个人消费的购进不动产

63. 根据《仲裁法》，关于仲裁裁决强制执行的说法，正确的是（   ）。

A. 当事人申请执行仲裁裁决案件,应当由被执行人财产所在地基层人民法院管辖

B. 仲裁裁决书未规定履行期间的,申请仲裁裁决强制执行的期限,从仲裁裁决书生效之日起计算

C. 仲裁委员会根据需要可以设立仲裁裁决执行机构

D. 申请仲裁裁决强制执行的期间为1年

64. 关于联合体投标的说法,正确的是( )。

A. 联合体成员中至少有一方应当具备承担招标项目的相应能力

B. 由同一专业的单位组成的联合体,按照资质等级较高的单位确定资质等级

C. 联合体中标的,联合体各方应当共同与招标人订立合同,就中标项目向招标人承担按份责任

D. 两个以上法人或者其他组织可以组成一个联合体,以一个投标人的身份共同投标

65. 关于地役权的说法,正确的是( )。

A. 设立地役权的目的是利用他人的不动产,以提高自己的不动产的效益

B. 地役权按照行政主管部门的决定设立

C. 地役权自登记时设立

D. 地役权不得和宅基地使用权设立在同一土地上

66. 关于民事诉讼证据的调查收集和保全的说法,正确的是( )。

A. 当事人因客观原因不能自行收集的证据,可以申请人民法院调查收集,并应当在庭审辩论结束前提交书面申请

B. 当事人或者利害关系人申请采取查封的证据保全措施,人民法院应当责令申请人提供相应的担保

C. 对控制书证的当事人在诉讼中曾经引用过的书证,当事人可以申请人民法院责令对方当事人提交,控制书证的当事人可以拒绝提交

D. 当事人或者利害关系人可以申请证据保全并应当在第一审庭审结束前向人民法院提出

67. 根据《建筑工程施工许可管理办法》,关于未取得施工许可证擅自施工的法律责任的说法,正确的是( )。

A. 只能责令停止施工,限期改正

B. 可以对在建工程采取查封措施

C. 可以同时对建设单位和施工企业处以罚款

D. 应当依法追究刑事责任

68. 根据《节约能源法》,关于国家实行有利于节能和环境保护的产业政策的说法,正确的是( )。

A. 国家应当合理调整产业结构、企业结构、产品结构和能源消费结构

B. 国家推动企业降低总能耗

C. 国家平衡落后的生产能力,调整能源利用效率

D. 国家禁止发展高耗能、高污染行业,鼓励、支持发展节能环保型产业

69. 下列损失中,属于建筑工程一切险除外责任的是( )。

A. 火灾和爆炸造成的损失

B. 冰雹、地面下陷下沉造成的损失
C. 非外力引起的机械或者电气装置的本身损失
D. 地震、海啸、龙卷风造成的损失

70. 某施工企业规定项目经理有权订立 300 万元以下的采购合同，该施工企业项目经理与不了解该规定的混凝土供应商订立了 500 万元的混凝土采购合同，该合同的货款由（　　）。

　　A. 施工企业承担　　　　　　　　B. 项目经理承担
　　C. 项目经理部承担　　　　　　　D. 混凝土供应商承担

二、多项选择题（共 30 题，每题 2 分。每题的备选项中，有 2 个或 2 个以上符合题意，至少有 1 个错项。错选，本题不得分；少选，所选的每个选项得 0.5 分）

71. 债务人或者第三人有权处分的下列权利中，可以质押的有（　　）。
　　A. 建设用地使用权
　　B. 支票
　　C. 债券
　　D. 可以转让的专利权中的财产权
　　E. 现有的以及将有的应收账款

72. 根据《建筑业企业资质管理规定》，建筑业企业资质序列包括（　　）。
　　A. 施工总承包资质　　　　　　　B. 专业承包资质
　　C. 工程总承包资质　　　　　　　D. 专业分包资质
　　E. 施工劳务资质

73. 根据《个人所得税法》，下列个人所得中，应当缴纳个人所得税的有（　　）。
　　A. 保险赔款
　　B. 稿酬所得
　　C. 国债和国家发行的金融债券利息
　　D. 特许权使用费所得
　　E. 财产转让所得

74. 根据《标准施工招标文件》"通用合同条款"，关于争议评审机制的说法，正确的有（　　）。

　　A. 采用争议评审的，发包人和承包人应当在开工日后的 28 天内或争议发生后，协商成立争议评审组
　　B. 合同双方的争议，应当首先由申请人向争议评审组提交一份详细的评审申请报告，由评审委员会将副本转交被申请人
　　C. 被申请人在收到评审申请报告副本后的 14 天内，向争议评审组提交答辩报告，并附证明材料
　　D. 发包人和承包人接受评审意见的，由争议评审组根据评审意见拟定执行协议，经争议双方签字后作为合同的补充文件，并遵照执行
　　E. 除专用合同条款另有约定外，在调查会结束后的 14 天内，争议评审组应当在不受任何干扰的情况下进行独立、公正的评审，作出书面评审意见，并说明理由

75. 根据《建筑起重机械安全监督管理规定》，下列建筑起重机械中，不得出租、使用的有（   ）。

   A. 经检验达不到安全技术标准规定的建筑起重机械

   B. 属国家明令限制使用的建筑起重机械

   C. 没有完整安全技术档案的建筑起重机械

   D. 超过制造厂家推荐的使用年限的建筑起重机械

   E. 没有齐全有效的安全保护装置的建筑起重机械

76. 建设工程价款优先受偿权行使中，可以优先受偿的工程价款包括（   ）。

   A. 承包人工作人员的报酬

   B. 承包人实际支付的建筑构配件价款

   C. 发包人欠付工程价款的利息

   D. 承包人因发包人违约产生的损失

   E. 承包人垫资的融资成本

77. 公民、法人或者其他组织提起的下列诉讼中，属于行政诉讼受案范围的有（   ）。

   A. 认为行政机关滥用行政权力排除或者限制竞争的

   B. 认为行政机关不依法履行政府特许经营协议的

   C. 对行政机关的行政指导行为不服的

   D. 申请行政机关履行保护人身权的法定职责，行政机关拒绝履行的

   E. 对行政机关针对信访事项作出的复核意见不服的

78. 根据《民法典》，得利人没有法律根据取得不当利益，受损失的人不得请求得利人返还取得的利益的情形有（   ）。

   A. 得利人已经将取得的利益无偿转让给第三人的

   B. 得利人不知道且不应当知道取得的利益没有法律根据，取得的利益尚存在的

   C. 为履行道德义务进行的给付

   D. 债务到期之前的清偿

   E. 明知无给付义务而进行的债务清偿

79. 关于工程质量检测单位检测的说法，正确的有（   ）。

   A. 检测报告加盖检测机构公章即可生效

   B. 检测机构应当单独建立检测结果不合格项目台账

   C. 检测人员不得同时受聘于两个或者两个以上的检测机构

   D. 检测报告经建设单位或者工程监理单位确认后，由工程监理单位归档

   E. 检测机构可以推荐质量合格的建筑材料

80. 根据《生产安全事故应急条例》，生产安全事故应急救援预案制定单位应当及时修订相关预案的情形有（   ）。

   A. 制定预案所参照的法律、法规、规章、标准发生重大变化的

   B. 应急指挥机构及其职责发生调整的

   C. 重要应急资源发生重大变化的

   D. 安全生产面临的风险发生变化的

E. 在预案演练或者应急救援中发现需要修订预案的重大问题的

81. 当事人对建设工程开工日期有争议的，关于人民法院对开工日期认定的说法，正确的有（   ）。
A. 开工日期为发包人或者监理人发出的开工通知载明的开工日期
B. 因承包人原因导致开工时间推迟的，以开工条件具备的时间为开工日期
C. 开工通知发出后，尚不具备开工条件的，以开工条件具备的时间为开工日期
D. 开工通知发出前，承包人经发包人同意已经实际进场施工的，以实际进场施工时间为开工日期
E. 发包人或者监理人未发出开工通知，亦无相关证据证明实际开工日期的，以施工许可证载明的时间为开工日期

82. 提供产品和服务的企业执行自行制定的企业标准，应当公开的内容有（   ）。
A. 产品的功能指标
B. 服务的功能指标
C. 服务的性能指标
D. 产品的性能指标
E. 产品的经济指标

83. 根据《建设工程质量管理条例》，属于建设工程竣工验收应当具备的条件有（   ）。
A. 完成建设工程设计和合同约定的各项内容
B. 有健全的财务管理档案
C. 有完整的技术档案和施工管理资料
D. 有监理单位出具的竣工验收报告
E. 有施工企业签署的工程保修书

84. 当事人之间订立有关设立、变更、转让和消灭不动产物权的合同，除法律另有规定或者合同另有约定外，关于该合同效力的说法，正确的有（   ）。
A. 自合同成立时生效
B. 自办理物权登记时生效
C. 未办理物权登记的，不影响合同效力
D. 未办理物权登记的，合同效力待定
E. 合同生效，并且当然发生物权效力

85. 关于民事诉讼案件受理的说法，正确的有（   ）。
A. 人民法院对于符合起诉条件的，应当在14日内立案，并通知当事人
B. 被告应当在收到起诉状副本之日起15日内提出答辩状
C. 诉讼文书必须采取直接送达的方式进行送达
D. 专属管辖案件，当事人未提出管辖异议并应诉答辩的，视为受诉人民法院有管辖权
E. 普通程序的审判组织应当采用合议制

86. 关于节水与水资源利用的说法，正确的有（   ）。
A. 为提高用水效率，在施工中采用先进的节水施工工艺
B. 在非传统水源利用中，施工中非传统水源和循环水的再利用量的下限为60%
C. 为提高用水效率，施工现场喷洒路面、绿化浇灌不宜使用市政自来水

D. 在非传统水源利用中，优先采用中水搅拌、中水养护

E. 在非传统水源利用中，有条件的地区和工程应当收集雨水

87. 根据《建筑施工企业主要负责人、项目负责人和专职安全生产管理人员安全生产管理规定》，关于"安管人员"安全生产考核的说法，正确的有（   ）。

A. "安管人员"应当自行申请安全生产考核

B. "安管人员"的安全生产考核由国务院住房和城乡建设行政主管部门统一颁发合格证书

C. 安全生产考核证书的有效期无限制

D. 安全生产考核应当向省级人民政府住房和城乡建设主管部门申请

E. 安全生产考核证书在全国范围内有效

88. 在某施工合同履行中，施工企业未及时履行保修义务，建设单位使用不当，双方有同等责任。建筑物毁损的损失为100万元，关于责任承担的说法，正确的有（   ）。

A. 应当由施工企业和建设单位各自承担相应责任

B. 由施工企业负责维修，建设单位支付50万元

C. 应当由施工企业承担全部责任

D. 由施工企业负责维修，建设单位支付100万元

E. 建设单位另行组织维修的，费用全部由施工企业承担

89. 根据《建筑工程施工许可管理办法》，下列需要办理施工许可证的建设工程有（   ）。

A. 工程投资额为20万元的建筑工程

B. 按照国务院规定的权限和程序批准开工报告的建筑工程

C. 建筑面积为 $500m^2$ 的建筑工程

D. 抢险救灾及其他临时性房屋建筑

E. 依法通过竞争性谈判确定供应商的建筑面积为 $1000m^2$ 的政府采购工程建设项目

90. 根据《建筑施工企业安全生产许可证管理规定》，建筑施工企业取得安全生产许可证应当具备的安全生产条件有（   ）。

A. 主要负责人、项目负责人、专职安全生产管理人员经安全生产监督管理部门考核合格

B. 建立、健全安全生产责任制，制定完备的安全生产规章制度和操作规程

C. 保证本单位安全生产条件所需资金的投入

D. 参加工伤保险，为施工现场人员办理意外伤害保险

E. 设置安全生产管理机构，按照国家有关规定配备专职安全生产管理人员

91. 关于融资租赁合同当事人的权利义务的说法，正确的有（   ）。

A. 出租人根据承租人对出卖人、租赁物的选择订立的买卖合同，未经承租人同意，出租人可以直接变更与承租人有关的合同内容

B. 承租人经催告后在合理期限内仍不支付租金的，出租人只能请求支付全部租金，不能解除合同

C. 出租人、出卖人、承租人可以约定，出卖人不履行买卖合同义务的，由承租人行使

索赔的权利

D. 出卖人未按照约定交付标的物，经承租人或者出租人催告后在合理期限内仍未交付的，承租人可以拒绝受领出卖人向其交付的标的物

E. 融资租赁合同因租赁物交付承租人后意外毁损、灭失等不可归责于当事人的原因解除的，出租人无权请求承租人给予补偿

92. 根据《建设工程质量管理条例》，监理工程师按照工程监理规范的要求，对建设工程实施监理的形式主要有（   ）。

A. 抽检
B. 联合验收
C. 旁站
D. 巡视
E. 平行检验

93. 有效仲裁协议必须同时具备的内容有（   ）。

A. 仲裁地点
B. 请求仲裁的意思表示
C. 仲裁事项
D. 选定的仲裁委员会
E. 仲裁庭组成

94. 关于工程重大安全事故罪的说法，正确的有（   ）。

A. 该犯罪是单位犯罪
B. 该犯罪的客观方面表现为违反国家规定，降低工程质量标准，造成重大安全事故
C. 该犯罪的犯罪主体包括勘察单位
D. 该犯罪的法定最高刑为20年
E. 该犯罪应当对直接责任人员并处罚金

95. 招标人与投标人串通投标的情形有（   ）。

A. 招标人在开标前开启投标文件并将有关信息泄露给其他投标人
B. 招标人直接或者间接向投标人泄露标底、评标委员会成员等信息
C. 招标人明示或者暗示投标人为特定投标人中标提供方便
D. 投标人在开标后撤销投标文件，与招标人协商退还投标保证金
E. 招标人分别组织投标人踏勘现场

96. 根据《房产税暂行条例》，关于房产税的说法，正确的有（   ）。

A. 房产税在城市、县城、建制镇和工矿区征收
B. 房产税由产权所有人缴纳
C. 房产税依照房产原值一次减除10%~30%后的余值计算缴纳
D. 个人所有非营业用的房产免纳房产税
E. 房产税依照房产租金收入计算缴纳的，税率为1.2%

97. 根据《关于印发起重机械、基坑工程等五项危险性较大的分部分项工程施工安全要点的通知》，关于基坑工程施工安全要点的说法，正确的有（   ）。

A. 基坑工程施工企业必须具有相应的资质和安全生产许可证
B. 基坑工程必须按照规定编制、审核专项施工方案，并组织专家论证
C. 基坑周边施工材料、设施或者车辆荷载严禁超过设计要求的地面荷载限值
D. 基坑周边应当按要求采取临边防护措施，设置作业人员上下专用通道

E. 基坑施工必须采取基坑内外地表水和地下水控制措施，防止出现积水和漏水漏沙

98. 关于投标文件的说法，正确的有（   ）。

A. 对未通过资格预审的申请人提交的投标文件，招标人应当签收保存，不得开启

B. 投标人在招标文件要求提交投标文件的截止时间前，可以补充、修改或者撤回已提交的投标文件，并书面通知招标人

C. 在招标文件要求提交投标文件的截止时间后送达的投标文件，招标人应当拒收

D. 投标人提交的投标文件中的投标报价可以低于工程成本

E. 投标文件应当对招标文件提出的实质性要求与条件作出响应

99. 下列终止劳动合同的情形中，属于用人单位应当向劳动者支付经济补偿的有（   ）。

A. 劳动者在试用期间被证明不符合录用条件，用人单位解除劳动合同的

B. 未依法为劳动者缴纳社会保险费，劳动者解除劳动合同的

C. 劳动者提前30日以书面形式通知用人单位，解除劳动合同的

D. 用人单位被依法宣告破产的

E. 劳动者不能胜任工作，经过培训或者调整工作岗位，仍不能胜任工作，用人单位解除劳动合同的

100. 除行政协议外，关于行政机关的行政行为特征的说法，正确的有（   ）。

A. 行政行为是执行法律的行为

B. 行政行为具有一定的裁量性

C. 行政行为不具有强制性

D. 行政机关在实施行政行为时具有单方意志性，不必与行政相对方协商或者征得其同意

E. 特定行政相对人分享了特殊公共利益时，行政行为可以是有偿的

2021年度真题参考答案及解析

一、单项选择题

1. B；	2. A；	3. D；	4. B；	5. D；
6. B；	7. B；	8. A；	9. B；	10. B；
11. B；	12. C；	13. A；	14. C；	15. A；
16. A；	17. D；	18. C；	19. D；	20. B；
21. C；	22. A；	23. D；	24. A；	25. C；
26. A；	27. C；	28. A；	29. D；	30. C；
31. D；	32. D；	33. C；	34. C；	35. A；
36. C；	37. C；	38. C；	39. D；	40. B；
41. D；	42. D；	43. B；	44. A；	45. B；
46. B；	47. D；	48. D；	49. B；	50. B；
51. D；	52. B；	53. C；	54. D；	55. B；
56. B；	57. B；	58. B；	59. B；	60. B；
61. A；	62. C；	63. B；	64. C；	65. A；
66. B；	67. C；	68. A；	69. C；	70. A。

【解析】

1. B。本题考核的是法的裁决适用。根据授权制定的法规与法律规定不一致，不能确定如何适用时，由全国人民代表大会常务委员会裁决。

2. A。本题考核的是施工企业项目经理部。项目经理部不具备法人资格，而是施工企业根据建设工程施工项目而组建的非常设的下属机构。项目经理部行为的法律后果由企业法人承担。

3. D。本题考核的是民事诉讼的诉讼阶段。民事诉讼主要分为一审程序、二审程序和执行程序三大诉讼阶段，但并非每个案件都要经过这三个阶段。

4. B。本题考核的是法的形式。现行的建设行政法规主要有《建设工程质量管理条例》《建设工程安全生产管理条例》《建设工程勘察设计管理条例》《城市房地产开发经营管理条例》《招标投标法实施条例》等。

5. D。本题考核的是运输合同的法律特征。货运合同是双务、有偿合同，故 A 选项错误。货运合同的标的是运输行为，故 B 选项错误。货运合同是诺成合同。货运合同一般以托运人提出运输货物的请求为要约，承运人同意运输为承诺，合同即告成立，故 C 选项错误。货运合同的收货人和托运人可以是同一人，但在大多数情况下不是同一人。在第三人为收货人的情况下，收货人虽不是订立合同的当事人，但却是合同的利害关系人，故 D 选项正确。

6. B。本题考核的是计算机软件著作权。自然人的软件著作权，保护期为自然人终生及其死亡后50年，截止于自然人死亡后第50年的12月31日，故A选项错误。接受他人委托开发的软件，其著作权的归属由委托人与受托人签订书面合同约定；无书面合同或者合同未作明确约定的，其著作权由受托人享有，故C选项错误。法人或者其他组织的软件著作权，保护期为50年，截止于软件首次发表后第50年的12月31日，故D选项错误。

7. B。本题考核的是建设用地使用权的流转。建设用地使用权人有权将建设用地使用权转让、互换、出资、赠与或者抵押，但法律另有规定的除外，故A选项错误。当事人应当采取书面形式订立相应的合同。使用期限由当事人约定，但不得超过建设用地使用权的剩余期限，故B选项正确、C选项错误。建设用地使用权流转时，附着于该土地上的建筑物、构筑物及其附属设施一并处分，故D选项错误。

8. A。本题考核的是投标人。投标人不再具备资格预审文件、招标文件规定的资格条件或者其投标影响招标公正性的，其投标无效，故A选项正确。单位负责人为同一人或者存在控股、管理关系的不同单位，不得参加同一标段投标或者未划分标段的同一招标项目投标，故B、C选项错误。投标人发生合并、分立、破产等重大变化的，应当及时书面告知招标人，故D选项错误。

9. B。本题考核的是未经竣工验收擅自使用的处理。建设工程未经竣工验收，发包人擅自使用后，又以使用部分质量不符合约定为由主张权利的，不予支持；但是承包人应当在建设工程的合理使用寿命内对地基基础工程和主体结构质量承担民事责任。

10. B。本题考核的是抵押物。债务人或者第三人有权处分的下列财产可以抵押：(1) 建筑物和其他土地附着物；(2) 建设用地使用权；(3) 海域使用权；(4) 生产设备、原材料、半成品、产品；(5) 正在建造的建筑物、船舶、航空器；(6) 交通运输工具；(7) 法律、行政法规未禁止抵押的其他财产。

11. B。本题考核的是租赁合同的类型。租赁合同可以约定租赁期限，但租赁期限不得超过20年。超过20年的，超过部分无效，故A选项错误。租赁期限6个月以上的，应当采用书面形式。当事人未采用书面形式，无法确定租赁期限的，视为不定期租赁，故C选项错误。定期租赁合同期限届满，承租人继续使用租赁物，出租人没有提出异议的，原租赁合同继续有效，但租赁期限为不定期，故D选项错误。

12. C。本题考核的是一级建造师申请初始注册的条件。申请初始注册时应当具备以下条件：(1) 经考核认定或考试合格取得资格证书；(2) 受聘于一个相关单位；(3) 达到继续教育要求；(4) 没有《注册建造师管理规定》中规定不予注册的情形。《注册建造师管理规定》中规定，申请人有下列情形之一的，不予注册：(1) 不具有完全民事行为能力的；(2) 申请在两个或者两个以上单位注册的；(3) 未达到注册建造师继续教育要求的；(4) 受到刑事处罚，刑事处罚尚未执行完毕的；(5) 因执业活动受到刑事处罚，自刑事处罚执行完毕之日起至申请注册之日止不满5年的；(6) 因前项规定以外的原因受到刑事处罚，自处罚决定之日起至申请注册之日止不满3年的；(7) 被吊销注册证书，自处罚决定之日起至申请注册之日止不满2年的；(8) 在申请注册之日前3年内担任项目经理期间，所负责项目发生过重大质量和安全事故的；(9) 申请人的聘用单位不符合注册单位要求的；(10) 年龄超过65周岁的；(11) 法律、法规规定不予注册的其他情形。

13. A。本题考核的是招标文件异议。潜在投标人或者其他利害关系人对招标文件有异议的，应当在投标截止时间10日前提出，故B选项错误。招标人应当自收到异议之日起3日内作出答复；作出答复前，应当暂停招标投标活动，故A选项正确，C选项错误。D选项干扰性不大。

14. C。本题考核的是安装工程一切险的保险期限。安装工程一切险对于旧机器设备不负考核期的保险责任，也不承担其维修期的保险责任，故A选项错误。安装工程一切险的保险责任自保险工程在工地动工或用于保险工程的材料、设备运抵工地之时起始，至工程所有人对部分或全部工程签发完工验收证书或验收合格，或工程所有人实际占有或使用接收该部分或全部工程之时终止，以先发生者为准，故C选项正确。安装工程一切险的保险期内，一般应包括一个试车考核期，故B选项错误。安装工程一切险对考核期的保险责任一般不超过3个月，若超过3个月，应另行加收保险费，故D选项错误。

15. A。本题考核的是建设工程分包。建设单位不得直接指定分包工程承包人。对于建设单位推荐的分包单位，总承包单位有权作出拒绝或者采用的选择，故B选项错误。严禁个人承揽分包工程业务，故C选项错误。建筑工程总承包单位可以将承包工程中的部分工程发包给具有相应资质条件的分包单位；但是，除总承包合同中约定的分包外，必须经建设单位认可，故D选项错误。

16. A。本题考核的是建造师的基本义务。住房和城乡建设部办公厅《关于做好工程建设领域专业技术人员职业资格"挂证"等违法违规行为专项整治工作的补充通知》规定，对实际工作单位与注册单位一致，但社会保险缴纳单位与注册单位不一致的人员，以下6类情形，原则上不认定为"挂证"行为：

（1）达到法定退休年龄正式退休和依法提前退休的；

（2）因事业单位改制等原因保留事业单位身份，实际工作单位为所在事业单位下属企业，社会保险由该事业单位缴纳的；

（3）属于大专院校所属勘察设计、工程监理、工程造价单位聘请的本校在职教师或科研人员，社会保险由所在院校缴纳的；

（4）属于军队自主择业人员的；

（5）因企业改制、征地拆迁等买断社会保险的；

（6）有法律法规、国家政策依据的其他情形。

17. D。本题考核的是工程建设企业标准。国家鼓励团体标准、企业标准通过标准信息公共服务平台向社会公开，故A选项错误。国家鼓励社会团体、企业制定高于推荐性标准相关技术要求的团体标准、企业标准，故B选项错误。禁止利用团体标准实施妨碍商品、服务自由流通等排除、限制市场竞争的行为，故C选项错误。

18. C。本题考核的是工程监理的职责和权限。未经总监理工程师签字，建设单位不拨付工程款，不进行竣工验收。

19. D。本题考核的是商标权。同其他知识产权不同，商标专用权的内容只包括财产权，商标设计者的人身权受《著作权法》保护，故A选项错误。商标专用权的保护对象是经过国家商标管理机关核准注册的商标，未经核准注册的商标不受商标法保护，故B选项错误。注册商标的有效期为10年，自核准注册之日起计算，故C选项错误。

19

20. B。本题考核的是对有隶属关系或其他利害关系的回避。工程监理单位与被监理工程的施工承包单位以及建筑材料、建筑构配件和设备供应单位有隶属关系或者其他利害关系的，不得承担该项建设工程的监理业务。

21. C。本题考核的是刑罚的种类。主刑的种类如下：（1）管制；（2）拘役；（3）有期徒刑；（4）无期徒刑；（5）死刑。附加刑的种类如下：（1）罚金；（2）剥夺政治权利；（3）没收财产；（4）驱逐出境。A选项拘留属于行政处罚。

22. A。本题考核的是竣工结算文件的审查期限。《建设工程价款结算暂行办法》规定，单项工程竣工后，承包人应在提交竣工验收报告的同时，向发包人递交竣工结算报告及完整的结算资料，发包人应按以下规定时限进行核对（审查）并提出审查意见：（1）500万元以下，从接到竣工结算报告和完整的竣工结算资料之日起20天；（2）500万元~2000万元，从接到竣工结算报告和完整的竣工结算资料之日起30天；（3）2000万元~5000万元，从接到竣工结算报告和完整的竣工结算资料之日起45天；（4）5000万元以上，从接到竣工结算报告和完整的竣工结算资料之日起60天。

23. D。本题考核的是建筑市场诚信行为的公布时限。A选项的正确表述应为"长期公开"。B选项的正确表述应为"3年"。C选项的正确表述应为"6个月"。

24. A。本题考核的是拆除工程的规定。建设单位应当在拆除工程施工15日前，将下列资料报送建设工程所在地的县级以上地方人民政府建设行政主管部门或者其他有关部门备案：（1）施工单位资质等级证明；（2）拟拆除建筑物、构筑物及可能危及毗邻建筑的说明；（3）拆除施工组织方案；（4）堆放、清除废弃物的措施。

25. C。本题考核的是暂扣安全生产许可证并限期整改的规定。建筑施工企业不再具备安全生产条件的，暂扣安全生产许可证并限期整改；情节严重的，吊销安全生产许可证。

26. A。本题考核的是建设工程债的常见种类。在材料设备买卖合同中，材料设备的买方有可能是建设单位，也可能是施工单位，故B选项错误。在施工合同中，对于完成施工任务，建设单位是债权人，施工单位是债务人。对于支付工程款，则相反，故C、D选项错误。

27. C。本题考核的是民事纠纷和解。和解是民事纠纷的当事人在自愿互谅的基础上，就已经发生的争议进行协商、妥协与让步并达成协议，自行（无第三方参与劝说）解决争议的一种方式，故A选项错误。当事人自行达成的和解协议不具有强制执行力，在性质上仍属于当事人之间的约定，故B选项错误。和解可以在民事纠纷的任何阶段进行，无论是否已经进入诉讼或仲裁程序，故C选项正确。诉讼当事人之间为处理和结束诉讼而达成了解决争议问题的妥协或协议，其结果是撤回起诉或中止诉讼而无需判决，故D选项表述过于绝对。

28. A。本题考核的是建筑市场施工单位不良行为记录认定标准。资质不良行为认定标准包括：（1）未取得资质证书承揽工程的，或超越本单位资质等级承揽工程的；（2）以欺骗手段取得资质证书承揽工程的；（3）允许其他单位或个人以本单位名义承揽工程的；（4）未在规定期限内办理资质变更手续的；（5）涂改、伪造、出借、转让《建筑业企业资质证书》的；（6）按照国家规定需要持证上岗的技术工种的作业人员未经培训、考核，未取得证书上岗，情节严重的。

29. D。本题考核的是定金。定金合同从实际交付定金之日起生效，故 A 选项错误。当事人既约定违约金，又约定定金的，对方可以选择适用违约金或者定金条款，故 B 选项错误。实际交付的定金数额多于或者少于约定数额的，视为变更约定的定金数额，故 C 选项错误。

30. C。本题考核的是用人单位不得解除劳动合同的情形。劳动者有下列情形之一的，用人单位不得依照《劳动合同法》第 40 条、第 41 条的规定解除劳动合同：

（1）从事接触职业病危害作业的劳动者未进行离岗前职业健康检查，或者疑似职业病病人在诊断或者医学观察期间的；

（2）在本单位患职业病或者因工负伤并被确认丧失或者部分丧失劳动能力的；

（3）患病或者非因工负伤，在规定的医疗期内的；

（4）女职工在孕期、产期、哺乳期的；

（5）在本单位连续工作满 15 年，且距法定退休年龄不足 5 年的；

（6）法律、行政法规规定的其他情形。

31. D。本题考核的是建设工程质量保证金。对建筑业企业在工程建设中需缴纳的保证金，除依法依规设立的投标保证金、履约保证金、工程质量保证金、农民工工资保证金外，其他保证金一律取消；严禁新设保证金项目，故 A、B 选项错误。未按规定或合同约定返还保证金的，保证金收取方应向建筑业企业支付逾期返还违约金，故 C 选项错误。

32. D。本题考核的是合同的分类。建设工程合同属于典型合同，故 A 选项错误。借款合同属于双务合同，故 B 选项错误。买卖合同属于诺成合同，故 C 选项错误。

33. C。本题考核的是建设工程质量的最低保修期限。《建设工程质量管理条例》规定，在正常使用条件下，建设工程的最低保修期限为：（1）基础设施工程、房屋建筑的地基基础工程和主体结构工程，为设计文件规定的该工程的合理使用年限；（2）屋面防水工程、有防水要求的卫生间、房间和外墙面的防渗漏，为 5 年；（3）供热与供冷系统，为 2 个供暖期、供冷期；（4）电气管线、给排水管道、设备安装和装修工程，为 2 年。其他项目的保修期限由发包方与承包方约定。

34. C。本题考核的是委托合同的终止。委托人或者受托人可以随时解除委托合同。因解除合同造成对方损失的，除不可归责于该当事人的事由外，无偿委托合同的解除方应当赔偿因解除时间不当造成的直接损失，有偿委托合同的解除方应当赔偿对方的直接损失和合同履行后可以获得的利益，故 A、B 选项错误。委托人死亡、终止或者受托人死亡、丧失民事行为能力、终止的，委托合同终止；但是，当事人另有约定或者根据委托事务的性质不宜终止的除外，故 D 选项错误。

35. A。本题考核的是城市维护建设税。城市维护建设税的纳税义务发生时间与增值税、消费税的纳税义务发生时间一致，分别与增值税、消费税同时缴纳，故 A 选项正确。在中华人民共和国境内缴纳增值税、消费税的单位和个人，为城市维护建设税的纳税人，应当依照本法规定缴纳城市维护建设税，故 B 选项错误。城市维护建设税以纳税人依法实际缴纳的增值税、消费税税额为计税依据，故 C 选项错误。

36. C。本题考核的是生物安全风险防控。住房和城乡建设部办公厅《房屋建筑和市政基础设施工程施工现场新冠肺炎疫情常态化防控工作指南》（建办质函〔2020〕489 号）规定，建设单位是工程项目疫情常态化防控总牵头单位，负责施工现场疫情常态化防控工作指挥、协调和保障等事项。

37．C。本题考核的是国家保护文物的范围。在中华人民共和国境内，下列文物受国家保护：（1）具有历史、艺术、科学价值的古文化遗址、古墓葬、古建筑、石窟寺和石刻、壁画；（2）与重大历史事件、革命运动或者著名人物有关的以及具有重要纪念意义、教育意义或者史料价值的近代现代重要史迹、实物、代表性建筑；（3）历史上各时代珍贵的艺术品、工艺美术品；（4）历史上各时代重要的文献资料以及具有历史、艺术、科学价值的手稿和图书资料等；（5）反映历史上各时代、各民族社会制度、社会生产、社会生活的代表性实物。具有科学价值的古脊椎动物化石和古人类化石同文物一样受国家保护。

38．C。本题考核的是不适用于诉讼时效的情形。当事人可以对债权请求权提出诉讼时效抗辩，但对下列债权请求权提出诉讼时效抗辩的，法院不予支持：（1）支付存款本金及利息请求权；（2）兑付国债、金融债券以及向不特定对象发行的企业债券本息请求权；（3）基于投资关系产生的缴付出资请求权；（4）其他依法不适用诉讼时效规定的债权请求权。

39．D。本题考核的是违法代理行为应承担的法律责任。代理人知道被委托代理的事项违法仍然进行代理活动的，或者被代理人知道代理人的代理行为违法不表示反对的，被代理人和代理人负连带责任。

40．B。本题考核的是生产安全事故的等级。一般事故，是指造成3人以下死亡，或者10人以下重伤，或者1000万元以下直接经济损失的事故。

41．D。本题考核的是侵权责任之债。《民法典》规定，建筑物、构筑物或者其他设施倒塌、塌陷造成他人损害的，由建设单位与施工单位承担连带责任，但是建设单位与施工单位能够证明不存在质量缺陷的除外。建设单位、施工单位赔偿后，有其他责任人的，有权向其他责任人追偿。因所有人、管理人、使用人或者第三人的原因，建筑物、构筑物或者其他设施倒塌、塌陷造成他人损害的，由所有人、管理人、使用人或者第三人承担侵权责任。

42．D。本题考核的是针对建筑行业特点的工伤保险制度。建筑施工企业对相对固定的职工，应按用人单位参加工伤保险，故A选项错误。按用人单位参保的建筑施工企业应以工资总额为基数依法缴纳工伤保险费，故B选项错误。建设单位要在工程概算中将工伤保险费用单独列支，作为不可竞争费，不参与竞标，并在项目开工前由施工总承包单位一次性代缴本项目工伤保险费，覆盖项目使用的所有职工，包括专业承包单位、劳务分包单位使用的农民工，故C选项错误，D选项正确。

43．B。本题考核的是禁止无资质承揽工程。实际施工人以转包人、违法分包人为被告起诉的，人民法院应当依法受理。实际施工人以发包人为被告主张权利的，人民法院应当追加转包人或者违法分包人为本案第三人，在查明发包人欠付转包人或者违法分包人建设工程价款的数额后，判决发包人在欠付建设工程价款范围内对实际施工人承担责任。

44．A。本题考核的是仲裁庭的组成。独任仲裁庭由1名仲裁员组成，故B选项错误。根据仲裁规则的规定或者当事人约定由三名仲裁员组成仲裁庭的，应当各自选定或者各自委托仲裁委员会主任指定一名仲裁员，第三名仲裁员由当事人共同选定或者共同委托仲裁委员会主任指定。第三名仲裁员是首席仲裁员。C、D选项错误较为明显。

45. A。本题考核的是历史文化名城名镇名村的保护。《文物保护法》规定，保存文物特别丰富并且具有重大历史价值或者革命纪念意义的城市，由国务院核定公布为历史文化名城。

46. B。本题考核的是《建筑施工场界环境噪声排放标准》。"昼间"是指06：00至22：00之间的时段；"夜间"是指22:00至次日06:00之间的时段。

47. D。本题考核的是行政复议申请。公民、法人或者其他组织认为具体行政行为侵犯其合法权益的，可以自知道该具体行政行为之日起60日内提出行政复议申请；但法律规定的申请期限超过60日的除外，故A选项错误。对于行政复议，应当按照《行政复议法》的规定向有权受理的行政机关申请，如"对县级以上地方各级人民政府工作部门的具体行政行为不服的，由申请人选择，可以向该部门的本级人民政府申请行政复议，也可以向上一级主管部门申请行政复议"。B选项表述过于绝对。公民、法人或者其他组织向人民法院提起行政诉讼，人民法院已经依法受理的，不得申请行政复议，故C选项错误。

48. D。本题考核的是施工现场固体废物污染环境防治的规定。禁止任何单位或者个人向江河、湖泊、运河、渠道、水库及其最高水位线以下的滩地和岸坡以及法律法规规定的其他地点倾倒、堆放、贮存固体废物，故A选项错误。施工单位不得将建筑垃圾交给个人或者未经核准从事建筑垃圾运输的单位运输，故B选项错误。转移固体废物出省、自治区、直辖市行政区域贮存、处置的，应当向固体废物移出地的省、自治区、直辖市人民政府生态环境主管部门提出申请，故C选项错误。

49. B。本题考核的是建设单位相关的质量责任和义务。《建设工程质量管理条例》规定，施工图设计文件未经审查批准的，不得使用。

50. B。本题考核的是申请延期的规定。《建筑法》规定，建设单位应当自领取施工许可证之日起3个月内开工。因故不能按期开工的，应当向发证机关申请延期；延期以两次为限，每次不超过3个月。既不开工又不申请延期或者超过延期时限的，施工许可证自行废止。

51. D。本题考核的是事故责任单位应承担的法律责任。《安全生产法》规定，生产经营单位与从业人员订立协议，免除或者减轻其对从业人员因生产安全事故伤亡依法应承担的责任的，该协议无效。

52. B。本题考核的是劳务派遣。被派遣劳动者在用工单位因工作遭受事故伤害的，劳动派遣单位应当依法申请工伤认定，用工单位应当协助工伤认定调查核实工作，故A选项错误。用工单位不得将被派遣劳动者再派遣到其他用工单位，故C选项错误。被派遣劳动者退回后在无工作期间，劳务派遣单位应当按照不低于所在地人民政府规定的最低工资标准，向其按月支付报酬，故D选项错误。

53. C。本题考核的是发包人解除施工合同。《民法典》规定，承包人将建设工程转包、违法分包的，发包人可以解除合同。

54. D。本题考核的是工程建设国家标准的制定。《标准化法》规定，国务院有关行政主管部门依据职责负责强制性国家标准的项目提出、组织起草、征求意见和技术审查。国务院标准化行政主管部门负责强制性国家标准的立项、编号和对外通报。

55. B。本题考核的是安全生产许可证的申请和颁发。《建筑施工企业安全生产许可证管理规定》规定，建筑施工企业从事建筑施工活动前，应当依照本规定向企业注册所在地省、自治区、直辖市人民政府住房城乡建设主管部门申请领取安全生产许可证。

56. B。本题考核的是人民调解。人民调解的组织是人民调解委员会，故 A 选项错误。经人民调解委员会调解达成调解协议后，双方当事人认为有必要的，可以按照《民事诉讼法》的规定，自调解协议生效之日起 30 日内共同向下列人民法院提出：（1）人民法院邀请调解组织开展先行调解的，向作出邀请的人民法院提出。（2）调解组织自行开展调解的，向当事人住所地、标的物所在地、调解组织所在地的基层人民法院提出；调解协议所涉纠纷应当由中级人民法院管辖的，向相应的中级人民法院提出，故 C 选项表述不准确。人民法院受理申请后，经审查，符合法律规定的，裁定调解协议有效，一方当事人拒绝履行或者未全部履行的，对方当事人可以向人民法院申请强制执行。注意申请强制执行是有前提条件的，故 D 选项错误。

57. B。本题考核的是总分包单位的质量责任。总分包连带质量责任。总承包单位与分包单位对分包工程的质量承担连带责任，即分包工程发生质量问题时，建设单位或其他受害人既可以向分包单位请求赔偿，也可以向总承包单位请求赔偿；进行赔偿的一方，有权依据分包合同的约定，对不属于自己责任的那部分赔偿向对方追偿。

58. B。本题考核的是要约的撤销。有下列情形之一的，要约不得撤销：（1）要约人以确定承诺期限或者其他形式明示要约不可撤销；（2）受要约人有理由认为要约是不可撤销的，并已经为履行合同作了准备工作。本题中，甲施工企业发出的钢材采购单确定了承诺期限，因此该要约属于不得撤销，故甲乙之间买卖合同成立。

59. B。本题考核的是工程总承包企业的责任。建筑工程总承包单位按照总承包合同的约定对建设单位负责；分包单位按照分包合同的约定对总承包单位负责。总承包单位和分包单位就分包工程对建设单位承担连带责任，故 A 选项错误。工程保修书由建设单位与工程总承包单位签署，保修期内工程总承包单位应当根据法律法规规定以及合同约定承担保修责任，工程总承包单位不得以其与分包单位之间保修责任划分而拒绝履行保修责任，故 C 选项错误。分包单位应当服从工程总承包单位的安全生产管理，分包单位不服从管理导致生产安全事故的，由分包单位承担主要责任，分包不免除工程总承包单位的安全责任，故 D 选项错误。

60. B。本题考核的是编制标底。招标人可以自行决定是否编制标底。一个招标项目只能有一个标底，故 A 选项错误，B 选项正确。接受委托编制标底的中介机构不得参加受托编制标底项目的投标，也不得为该项目的投标人编制投标文件或者提供咨询，故 C 选项错误。招标人不得规定最低投标限价，故 D 选项错误。

61. A。本题考核的是强制性保险。工伤保险是强制性保险。意外伤害保险则属于法定的鼓励性保险。

62. C。本题考核的是销项税额的抵扣。《增值税暂行条例》规定，下列进项税额准予从销项税额中抵扣：（1）从销售方取得的增值税专用发票上注明的增值税额。（2）从海关取得的海关进口增值税专用缴款书上注明的增值税额。（3）购进农产品，除取得增值税专用发票或者海关进口增值税专用缴款书外，按照农产品收购发票或者销售发票上注明的农产品买价和11%的扣除率计算的进项税额，国务院另有规定的除外。（4）自境外单位或者个人购进劳务、服务、无形资产或者境内的不动产，从税务机关或者扣缴义务人取得的代扣代缴税款的完税凭证上注明的增值税额。

63. B。本题考核的是仲裁裁决的执行。根据最高人民法院的相关司法解释，当事人申请执行仲裁裁决案件，由被执行人所在地或者被执行财产所在地的中级人民法院管辖，故A选项错误。仲裁裁决作出后，当事人应当履行裁决。一方当事人不履行的，另一方当事人可以依照《民事诉讼法》的规定，向人民法院申请执行。受申请的人民法院应当执行，故C选项错误。申请仲裁裁决强制执行的期间为二年，故D选项错误。

64. D。本题考核的是联合体投标。联合体各方均应当具备承担招标项目的相应能力，故A选项错误。由同一专业的单位组成的联合体，按照资质等级较低的单位确定资质等级，故B选项错误。联合体中标的，联合体各方应当共同与招标人签订合同，就中标项目向招标人承担连带责任，故C选项错误。

65. A。本题考核的是地役权。地役权是按照当事人的约定设立的用益物权，故B选项错误。地役权自地役权合同生效时设立，故C选项错误。土地上已设立土地承包经营权、建设用地使用权、宅基地使用权等权利的，未经用益物权人同意，土地所有权人不得设立地役权，故D选项错误。

66. B。本题考核的是证据的调查收集和保全。当事人应当在合理期限内完成举证，因客观原因不能自行收集的证据，可申请人民法院调查收集，并应当在举证期限届满前提交书面申请，故A选项错误。当事人或者利害关系人申请采取查封、扣押等限制保全标的物使用、流通等保全措施，或者保全可能对证据持有人造成损失的，人民法院应当责令申请人提供相应的担保，故B选项正确。当事人可以申请人民法院责令对方当事人提交书证。对控制书证的当事人在诉讼中曾经引用过的书证，控制书证的当事人应当提交书证，故C选项错误。当事人或者利害关系人可以依法申请证据保全并应当在举证期限届满前向人民法院提出，故D选项错误。

67. C。本题考核的是规避办理施工许可证应承担的法律责任。《建筑工程施工许可管理办法》规定，对于未取得施工许可证或者为规避办理施工许可证将工程项目分解后擅自施工的，由有管辖权的发证机关责令停止施工，限期改正，对建设单位处工程合同价款1%以上2%以下罚款；对施工单位处3万元以下罚款。

68. A。本题考核的是合理使用与节约能源的一般规定。国家推动企业降低单位产值能耗和单位产品能耗，故B选项错误。应淘汰落后的生产能力，故C选项错误。国家实行有利于节能和环境保护的产业政策，限制发展高耗能、高污染行业，发展节能环保型产业，故D选项错误。

69. C。本题考核的是建筑工程一切险的除外责任。保险人对下列各项原因造成的损失不负责赔偿：（1）设计错误引起的损失和费用；（2）自然磨损、内在或潜在缺陷、物质本身变化、自燃、自热、氧化、锈蚀、渗漏、鼠咬、虫蛀、大气（气候或气温）变化、正常水位变化或其他渐变原因造成的保险财产自身的损失和费用；（3）因原材料缺陷或工艺不善引起的保险财产本身的损失以及为换置、修理或矫正这些缺点错误所支付的费用；（4）非外力引起的机械或电气装置的本身损失，或施工用机具、设备、机械装置失灵造成的本身损失；（5）维修保养或正常检修的费用；（6）档案、文件、账簿、票据、现金、各种有价证券、图表资料及包装物料的损失；（7）盘点时发现的短缺；（8）领有公共运输行驶执照的，或已由其他保险予以保障的车辆、船舶和飞机的损失；（9）除非另有约定，在保险工程开始以前已经存在或形成的位于工地范围内或其周围的属于被保险人的财产的损失；（10）除非另有约定，在保险单保险期限终止以前，保险财产中已由工程所有人签发完工验收证书或验收合格或实际占有或使用或接收的部分。

70. A。本题考核的是表见代理。表见代理是指行为人虽无权代理，但由于行为人的某些行为，造成了足以使善意相对人相信其有代理权的表象，而与善意相对人进行的、由本人承担法律后果的代理行为。《民法典》规定，行为人没有代理权、超越代理权或者代理权终止后，仍然实施代理行为，相对人有理由相信行为人有代理权的，代理行为有效。故该合同构成表见代理，其法律后果由施工企业承担。

二、多项选择题

71. B、C、D、E；	72. A、B、E；	73. B、D、E；
74. A、E；	75. A、C、E；	76. A、B；
77. A、B、D；	78. C、D、E；	79. B、C；
80. B、C、E；	81. A、C、D；	82. A、B、D；
83. A、C、E；	84. A、C；	85. A、C、E；
86. A、C、D、E；	87. D、E；	88. A、B；
89. C、E；	90. C、E；	91. C、D；
92. C、D、E；	93. B、C、D；	94. A、B、E；
95. A、B、C；	96. A、B、C、D；	97. A、C、D、E；
98. B、C、E；	99. B、D、E；	100. A、B、D、E。

【解析】

71. B、C、D、E。本题考核的是可以出质的权利。可以出质的权利包括：（1）汇票、本票、支票；（2）债券、存款单；（3）仓单、提单；（4）可以转让的基金份额、股权；（5）可以转让的注册商标专用权、专利权、著作权等知识产权中的财产权；（6）现有的以及将有的应收账款；（7）法律、行政法规规定可以出质的其他财产权利。

72. A、B、E。本题考核的是建筑业企业资质序列。《建筑业企业资质管理规定》规定，建筑业企业资质分为施工总承包资质、专业承包资质、施工劳务资质三个序列。

73. B、D、E。本题考核的是个人所得的征税范围。下列各项个人所得，应当缴纳个人所得税：（1）工资、薪金所得；（2）劳务报酬所得；（3）稿酬所得；（4）特许权使用费所得；（5）经营所得；（6）利息、股息、红利所得；（7）财产租赁所得；（8）财产转让所得；（9）偶然所得。

74. A、E。本题考核的是争议评审机制的规定。合同双方的争议，应首先由申请人向争议评审组提交一份详细的评审申请报告，并附必要的文件、图纸和证明材料，申请人还应将上述报告的副本同时提交给被申请人和监理人，故 B 选项错误。被申请人在收到申请人评审申请报告副本后的28天内，向争议评审组提交答辩报告，并附证明材料，故C选项错误。发包人和承包人接受评审意见的，由监理人根据评审意见拟定执行协议，经争议双方签字后作为合同的补充文件，并遵照执行，故D选项错误。

75. A、C、E。本题考核的是建筑起重机械的出租、使用限制。有下列情形之一的建筑起重机械，不得出租、使用：（1）属国家明令淘汰或者禁止使用的；（2）超过安全技术标准或者制造厂家规定的使用年限的；（3）经检验达不到安全技术标准规定的；（4）没有完整安全技术档案的；（5）没有齐全有效的安全保护装置的。

76. A、B。本题考核的是承包人工程价款的优先受偿。承包人建设工程价款优先受偿的范围依照国务院有关行政主管部门关于建设工程价款范围的规定确定。承包人就逾期支付建设工程价款的利息、违约金、损害赔偿金等主张优先受偿的，人民法院不予支持，故C、D、E选项排除。

77. A、B、D。本题考核的是行政诉讼受案范围。《行政诉讼法》规定，人民法院受理公民、法人或者其他组织提起的下列诉讼：
（1）对行政拘留、暂扣或者吊销许可证和执照、责令停产停业、没收违法所得、没收非法财物、罚款、警告等行政处罚不服的；
（2）对限制人身自由或者对财产的查封、扣押、冻结等行政强制措施和行政强制执行不服的；
（3）申请行政许可，行政机关拒绝或者在法定期限内不予答复，或者对行政机关作出的有关行政许可的其他决定不服的；
（4）对行政机关作出的关于确认土地、矿藏、水流、森林、山岭、草原、荒地、滩涂、海域等自然资源的所有权或者使用权的决定不服的；
（5）对征收、征用决定及其补偿决定不服的；
（6）申请行政机关履行保护人身权、财产权等合法权益的法定职责，行政机关拒绝履行或者不予答复的；
（7）认为行政机关侵犯其经营自主权或者农村土地承包经营权、农村土地经营权的；
（8）认为行政机关滥用行政权力排除或者限制竞争的；
（9）认为行政机关违法集资、摊派费用或者违法要求履行其他义务的；
（10）认为行政机关没有依法支付抚恤金、最低生活保障待遇或者社会保险待遇的；
（11）认为行政机关不依法履行、未按照约定履行或者违法变更、解除政府特许经营协议、土地房屋征收补偿协议等协议的；
（12）认为行政机关侵犯其他人身权、财产权等合法权益的。除前述规定外，人民法院受理法律、法规规定可以提起诉讼的其他行政案件。

78. C、D、E。本题考核的是不当得利。《民法典》规定，得利人没有法律根据取得不当利益的，受损失的人可以请求得利人返还取得的利益，但是有下列情形之一的除外：（1）为履行道德义务进行的给付；（2）债务到期之前的清偿；（3）明知无给付义务而进行的债务清偿。

79. B、C。本题考核的是工程质量检测单位的资质和检测规定。检测报告经检测人员签字、检测机构法定代表人或者其授权的签字人签署，并加盖检测机构公章或者检测专用章后方可生效，故 A 选项错误。检测报告经建设单位或者工程监理单位确认后，由施工单位归档，故 D 选项错误。检测机构和检测人员不得推荐或者监制建筑材料、构配件和设备，故 E 选项错误。

80. B、C、E。本题考核的是修订生产安全事故应急救援预案的情形。《生产安全事故应急条例》规定，有下列情形之一的，生产安全事故应急救援预案制定单位应当及时修订相关预案：

（1）制定预案所依据的法律、法规、规章、标准发生重大变化；
（2）应急指挥机构及其职责发生调整；
（3）安全生产面临的风险发生重大变化；
（4）重要应急资源发生重大变化；
（5）在预案演练或者应急救援中发现需要修订预案的重大问题；
（6）其他应当修订的情形。

81. A、C、D。本题考核的是建设工程开工日期。因承包人原因导致开工时间推迟的，以开工通知载明的时间为开工日期，故 B 选项错误。发包人或者监理人未发出开工通知，亦无相关证据证明实际开工日期的，应当综合考虑开工报告、合同、施工许可证、竣工验收报告或者竣工验收备案表等载明的时间，并结合是否具备开工条件的事实，认定开工日期，故 E 选项错误。

82. A、B、D。本题考核的是工程建设企业标准。企业执行自行制定的企业标准的，还应当公开产品、服务的功能指标和产品的性能指标。

83. A、C、E。本题考核的是建设工程竣工验收应当具备的条件。《建设工程质量管理条例》进一步规定，建设工程竣工验收应当具备下列条件：

（1）完成建设工程设计和合同约定的各项内容；
（2）有完整的技术档案和施工管理资料；
（3）有工程使用的主要建筑材料、建筑构配件和设备的进场试验报告；
（4）有勘察、设计、施工、工程监理等单位分别签署的质量合格文件；
（5）有施工单位签署的工程保修书。建设工程经验收合格的，方可交付使用。

84. A、C。本题考核的是物权的设立、变更、转让、消灭和保护。当事人之间订立有关设立、变更、转让和消灭不动产物权的合同，除法律另有规定或者合同另有约定外，自合同成立时生效；未办理物权登记的，不影响合同效力。

85. B、E。本题考核的是民事诉讼案件的受理。符合起诉条件的，应当在 7 日内立案，并通知当事人，故 A 选项错误。诉讼文书送达方式包括直接送达；留置送达；经受送达人同意，法院可以对除判决书、裁定书、调解书以外的诉讼文书采用传真、电子邮件等能够确认其收悉的方式送达；委托送达、邮寄送达以及公告送达，故 C 选项错误。当事人未提出管辖权异议并应诉答辩的，视为受诉人民法院有管辖权，但违反级别管辖和专属管辖规定的除外，故 D 选项错误。

86. A、C、D、E。本题考核的是节水与水资源利用。非传统水源利用：
（1）优先采用中水搅拌、中水养护，有条件的地区和工程应收集雨水养护。
（2）处于基坑降水阶段的工地，宜优先采用地下水作为混凝土搅拌用水、养护用水、冲洗用水和部分生活用水。

（3）现场机具、设备、车辆冲洗、喷洒路面、绿化浇灌等用水，优先采用非传统水源，尽量不使用市政自来水。

（4）大型施工现场，尤其是雨量充沛地区的大型施工现场建立雨水收集利用系统，充分收集自然降水用于施工和生活中适宜的部位。

（5）力争施工中非传统水源和循环水的再利用量大于30%。故B选项排除。

87. D、E。本题考核的是"安管人员"的考核。"安管人员"应当通过其受聘企业，向企业工商注册地的省、自治区、直辖市人民政府住房城乡建设主管部门申请安全生产考核，并取得安全生产考核合格证书，故A、B选项错误，D选项正确。安全生产考核合格证书有效期为3年，证书在全国范围内有效，故C选项错误，E选项正确。

88. A、B。本题考核的是质量责任的损失赔偿。《最高人民法院关于审理建设工程施工合同纠纷案件适用法律问题的解释（一）》规定，因保修人未及时履行保修义务，导致建筑物损毁或者造成人身、财产损害的，保修人应当承担赔偿责任。保修人与建筑物所有人或者发包人对建筑物毁损均有过错的，各自承担相应的责任。如果是因建设单位或者用户使用不当或擅自改动结构、设备位置以及不当装修等造成质量问题的，施工单位不承担保修责任；由此而造成的质量受损或者其他用户损失，应当由责任人承担相应的责任。

89. C、E。本题考核的是施工许可证的办理。《建筑工程施工许可管理办法》规定，工程投资额在30万元以下或者建筑面积在300m^2以下的建筑工程，可以不申请办理施工许可证。故A选项可以不办理，C选项需要办理施工许可证。按照国务院规定的权限和程序批准开工报告的建筑工程，不再领取施工许可证，故B选项不需要办理施工许可证。抢险救灾及其他临时性房屋建筑和农民自建低层住宅的建筑活动，不适用《建筑法》，故D选项不需要办理。对依法通过竞争性谈判或单一来源方式确定供应商的政府采购工程建设项目，应严格执行《建筑法》《建筑工程施工许可管理办法》等规定，对符合申请条件的，应当颁发施工许可证，故E选项需要办理施工许可证。

90. B、C、E。本题考核的是申请领取安全生产许可证的条件。《建筑施工企业安全生产许可证管理规定》中规定，建筑施工企业取得安全生产许可证，应当具备下列安全生产条件：

（1）建立、健全安全生产责任制，制定完备的安全生产规章制度和操作规程；

（2）保证本单位安全生产条件所需资金的投入；

（3）设置安全生产管理机构，按照国家有关规定配备专职安全生产管理人员；

（4）主要负责人、项目负责人、专职安全生产管理人员经建设主管部门或者其他有关部门考核合格；

（5）特种作业人员经有关业务主管部门考核合格，取得特种作业操作资格证书；

（6）管理人员和作业人员每年至少进行1次安全生产教育培训并考核合格；

（7）依法参加工伤保险，依法为施工现场从事危险作业的人员办理意外伤害保险，为从业人员交纳保险费；

（8）施工现场的办公、生活区及作业场所和安全防护用具、机械设备、施工机具及配件符合有关安全生产法律、法规、标准和规程的要求；

（9）有职业危害防治措施，并为作业人员配备符合国家标准或者行业标准的安全防护用具和安全防护服装；

（10）有对危险性较大的分部分项工程及施工现场易发生重大事故的部位、环节的预防、监控措施和应急预案；

（11）有生产安全事故应急救援预案、应急救援组织或者应急救援人员，配备必要的应急救援器材、设备；

（12）法律、法规规定的其他条件。

91. C、D。本题考核的是融资租赁合同当事人的权利与义务。出租人根据承租人对出卖人、租赁物的选择订立的买卖合同，未经承租人同意，出租人不得变更与承租人有关的合同内容，故 A 选项错误。承租人经催告后在合理期限内仍不支付租金的，出租人可以请求支付全部租金；也可以解除合同，收回租赁物，故 B 选项错误。融资租赁合同因租赁物交付承租人后意外毁损、灭失等不可归责于当事人的原因解除的，出租人可以请求承租人按照租赁物折旧情况给予补偿，故 E 选项错误。

92. C、D、E。本题考核的是工程监理的形式。《建设工程质量管理条例》规定，监理工程师应当按照工程监理规范的要求，采取旁站、巡视和平行检验等形式，对建设工程实施监理。

93. B、C、D。本题考核的是仲裁协议应当具有的内容。仲裁协议应当具有下列内容：（1）请求仲裁的意思表示；（2）仲裁事项；（3）选定的仲裁委员会。这三项内容必须同时具备，仲裁协议才能有效。

94. A、B、E。本题考核的是工程重大安全事故罪。《刑法》第 137 条规定，建设单位、设计单位、施工单位、工程监理单位违反国家规定，降低工程质量标准，造成重大安全事故的，对直接责任人员处 5 年以下有期徒刑或者拘役，并处罚金；后果特别严重的，处 5 年以上 10 年以下有期徒刑，并处罚金。工程重大安全事故罪的犯罪主体包括建设单位、设计单位、施工单位、工程监理单位，不包括勘察单位，故 C 选项错误。D 选项的正确表述应为"10 年"。

95. A、B、C。本题考核的是招标人与投标人串通投标的情形。《招标投标法实施条例》规定，有下列情形之一的，属于招标人与投标人串通投标：

（1）招标人在开标前开启投标文件并将有关信息泄露给其他投标人；

（2）招标人直接或者间接向投标人泄露标底、评标委员会成员等信息；

（3）招标人明示或者暗示投标人压低或者抬高投标报价；

（4）招标人授意投标人撤换、修改投标文件；

（5）招标人明示或者暗示投标人为特定投标人中标提供方便；

（6）招标人与投标人为谋求特定投标人中标而采取的其他串通行为。

96. A、B、C、D。本题考核的是房产税。房产税的税率，依照房产余值计算缴纳的，税率为 1.2%；依照房产租金收入计算缴纳的，税率为 12%，故 E 选项错误。

97. A、C、D、E。本题考核的是基坑工程施工安全要点。基坑工程施工安全要点包括：

（1）基坑工程必须按照规定编制、审核专项施工方案，超过一定规模的深基坑工程要组织专家论证。基坑支护必须进行专项设计。

（2）基坑工程施工企业必须具有相应的资质和安全生产许可证，严禁无资质、超范围从事基坑工程施工。

（3）基坑施工前，应当向现场管理人员和作业人员进行安全技术交底。

（4）基坑施工要严格按照专项施工方案组织实施，相关管理人员必须在现场进行监督，发现不按照专项施工方案施工的，应当要求立即整改。

（5）基坑施工必须采取有效措施，保护基坑主要影响区范围内的建（构）筑物和地下管线安全。

（6）基坑周边施工材料、设施或车辆荷载严禁超过设计要求的地面荷载限值。

（7）基坑周边应按要求采取临边防护措施，设置作业人员上下专用通道。

（8）基坑施工必须采取基坑内外地表水和地下水控制措施，防止出现积水和漏水漏沙。汛期施工，应当对施工现场排水系统进行检查和维护，保证排水畅通。

（9）基坑施工必须做到先支护后开挖，严禁超挖，及时回填。采取支撑的支护结构未达到拆除条件时严禁拆除支撑。

（10）基坑工程必须按照规定实施施工监测和第三方监测，指定专人对基坑周边进行巡视，出现危险征兆时应当立即报警。

本题中 B 选项表述过于绝对，应予排除。

98. B、C、E。本题考核的是投标文件。投标报价不得低于工程成本，不得高于最高投标限价，故 D 选项错误。未通过资格预审的申请人提交的投标文件，以及逾期送达或者不按照招标文件要求密封的投标文件，招标人应当拒收，故 A 选项错误，C 选项正确。

99. B、D、E。本题考核的是终止劳动合同的经济补偿。《劳动合同法》规定，有下列情形之一的，用人单位应当向劳动者支付经济补偿：

（1）劳动者依照《劳动合同法》第 38 条规定解除劳动合同的；

（2）用人单位向劳动者提出解除劳动合同并与劳动者协商一致解除劳动合同的；

（3）用人单位依照《劳动合同法》40 条规定解除劳动合同的；

（4）用人单位依照《劳动合同法》第 41 条第 1 款规定解除劳动合同的；

（5）除用人单位维持或者提高劳动合同约定条件续订劳动合同，劳动者不同意续订的情形外，依照《劳动合同法》第 44 条第 1 项规定终止固定期限劳动合同的；

（6）依照《劳动合同法》第 44 条第 4 项、第 5 项规定终止劳动合同的；

（7）法律、行政法规规定的其他情形。B 选项属于《劳动合同法》第 38 条规定的情形。

D 选项属于《劳动合同法》第 44 条第 4 项规定的情形。E 选项属于《劳动合同法》第 40 条规定的情形。

100. A、B、D、E。本题考核的是行政行为的特征。除行政协议外，行政机关的行政行为具有以下特征：

（1）行政行为是执行法律的行为；

（2）行政行为具有一定的裁量性；

（3）行政机关在实施行政行为时具有单方意志性，不必与行政相对方协商或征得其同意，便可依法自主做出；

（4）行政行为是以国家强制力保障实施的，带有强制性；

（5）行政行为以无偿为原则，以有偿为例外。只有当特定行政相对人承担了特别公共负担，或者分享了特殊公共利益时，方可为有偿的。

2020 年度全国一级建造师执业资格考试

《建设工程法规及相关知识》

真题及解析

学习遇到问题？
扫码在线答疑

2020 年度《建设工程法规及相关知识》真题

一、单项选择题（共 70 题，每题 1 分。每题的备选项中，只有 1 个最符合题意）

1. 中国特色社会主义法律体系以宪法为统帅，以宪法相关法、民法商法等多个法律部门的法律为主干，由（　　）等多个层次的法律规范构成。

A. 宪法、法律、部门规章
B. 刑法、民法、经济法
C. 法律、行政法规、地方性法规
D. 宪法、刑法、民法

2. 根据《立法法》，地方性法规、规章之间不一致时，由有关机关依照规定的权限作出裁决，关于裁决权限的说法，正确的是（　　）。

A. 同一机关制定的新的一般规定与旧的特别规定不一致时，由制定机关的上级机关裁决
B. 地方性法规与部门规章之间对同一事项的规定不一致，不能确定如何适用时，应当提请全国人民代表大会常务委员会裁决
C. 部门规章与地方政府规章之间对同一事项的规定不一致时，由部门规章的制定机关进行裁决
D. 根据授权制定的法规与法律规定不一致，不能确定如何适用时，由全国人民代表大会常务委员会裁决

3. 某施工企业是法人，关于该施工企业应当具备条件的说法，正确的是（　　）。

A. 该施工企业能够自然产生
B. 该施工企业能够独立承担民事责任
C. 该施工企业的法定代表人是法人
D. 该施工企业不必有自己的住所、财产

4. 关于代理的说法，正确的是（　　）。

A. 代理人实施代理行为时有独立进行意思表示的权利
B. 代理人知道代理事项违法仍然实施代理行为，其代理行为后果由被代理人承担
C. 代理人完全履行职责造成被代理人损害的，代理人对该代理行为承担民事责任
D. 代理人可以对被代理人的任何民事法律行为进行代理

1

5. 建设工程代理法律关系中，存在两个法律关系，分别是（　　）。
   A. 代理人与被代理人之间的委托关系，被代理人与相对人之间的合同关系
   B. 代理人与被代理人之间的合作关系，代理人与相对人之间的合同关系
   C. 代理人与被代理人之间的委托关系，代理人与相对人之间的转委托关系
   D. 代理人与被代理人之间的合作关系，被代理人与相对人之间的转委托关系

6. 关于建设用地使用权设立空间的说法，正确的是（　　）。
   A. 建设用地使用权只能在土地的地表设立
   B. 建设用地使用权在土地的地表和地下设立的，应当共同设立
   C. 建设用地使用权可以在土地的地表、地上或者地下分别设立
   D. 建设用地使用权在土地的地上设立后，权利人自动获得该土地地下的使用权

7. 关于地役权的说法，正确的是（　　）。
   A. 地役权人有权按照合同约定，利用他人的不动产，以提高自己不动产的效益
   B. 地役权自登记时设立
   C. 地役权属于担保物权
   D. 供役地上的建设用地使用权部分转让时，转让部分涉及地役权的，地役权对受让人不具有约束力

8. 因合同、侵权行为、无因管理、不当得利以及法律的其他规定，权利人请求特定义务人为或者不为一定行为的权利是（　　）。
   A. 债权　　　　　　　　　　　　B. 物权
   C. 特许物权　　　　　　　　　　D. 抗辩权

9. 甲施工企业与乙材料供应商订立了一份货物买卖合同，甲施工企业请求乙材料供应商交付货物，乙材料供应商请求甲施工企业支付货款，则甲施工企业和乙材料供应商行使的权利分别是（　　）。
   A. 物权、债权　　　　　　　　　B. 债权、物权
   C. 物权、物权　　　　　　　　　D. 债权、债权

10. 关于知识产权法律特征的说法，正确的是（　　）。
    A. 知识产权仅具有财产权属性
    B. 知识产权不具有绝对的排他性
    C. 知识产权不受地域的限制
    D. 知识产权仅在法律规定的期限内受到法律保护

11. 关于专利权期限的说法，正确的是（　　）。
    A. 发明专利权和实用新型专利权的期限为20年
    B. 外观设计专利权的期限为15年
    C. 专利申请文件是邮寄的，以国务院专利行政主管部门收到之日为申请日
    D. 专利权的有效期自授予之日起计算

12. 关于担保合同的说法，正确的是（　　）。
    A. 第三人为债务人向债权人提供担保时，不得要求债务人提供反担保

B. 主合同的效力不影响担保合同的效力

C. 担保合同被确认无效后，担保人不承担民事责任

D. 保证合同的双方当事人是保证人与债权人

13. 关于定金的说法，正确的是（　　）。

A. 收受定金的一方不履行约定的债务的，应当原数额返还定金

B. 既约定违约金又约定定金的，一方违约时，对方可以选择适用违约金或者定金条款

C. 定金合同自合同订立之日起生效

D. 定金的数额由当事人约定，但不得超过主合同标的额的10%

14. 在财产保险合同有效期内，保险标的的危险程度显著增加的，被保险人应当按照合同约定及时通知保险人，保险人可以按照合同约定提出的权利主张是（　　）。

A. 减少保险费   B. 增加保险费，但无权解除合同

C. 中止保险合同   D. 增加保险费或者解除合同

15. 下列损失和费用中，属于建筑工程一切险的保险责任范围的是（　　）。

A. 爆炸造成的施工企业人员伤亡

B. 设计错误引起的损失和费用

C. 自燃造成的保险财产自身的损失和费用

D. 维修保养的费用

16. 下列损失中，属于安装工程一切险的保险责任范围的是（　　）。

A. 因原材料缺陷引起的保险财产本身的损失

B. 由于超电压造成电气设备本身的损失

C. 火灾造成的损失

D. 施工用机具失灵造成的本身损失

17. 根据《企业所得税法》，下列收入中，应当征收企业所得税的是（　　）。

A. 利息收入

B. 依法收取并纳入财政管理的政府性基金

C. 依法收取并纳入财政管理的行政事业性收费

D. 财政拨款

18. 关于增值税应纳税额计算的说法，正确的是（　　）。

A. 纳税人兼营不同税率的项目，应当分别核算不同税率项目的销售额；未分别核算销售额的，从低适用税率

B. 小规模纳税人发生应税销售行为，实行按照销售额和征收率计算应纳税额的简易办法，可以抵扣进项税额

C. 纳税人销售货物、劳务、服务、无形资产、不动产，应纳税额为当期销项税额抵扣当期进项税额后的余额

D. 当期销项税额小于当期进项税额不足抵扣时，其不足部分不再结转下期继续抵扣

19. 下列法律责任的承担方式中，属于行政处分的是（　　）。

A. 罚款   B. 降级

3

C. 责令停产停业　　　　　　　　　　D. 取消投标资格

20. 根据《建筑工程施工许可管理办法》，下列建设工程开工前建设单位应当申请领取施工许可证的是（　　）。

　　A. 投资额为 25 万元的公共厕所

　　B. 建筑面积为 325m² 的公园管理用房

　　C. 建筑面积为 600m² 的地铁施工临时办公室

　　D. 农民自建低层住宅

21. 根据《住房和城乡建设部办公厅关于做好工程建设领域专业技术人员职业资格"挂证"等违法违规行为专项整治工作的补充通知》，下列实际工作单位与注册单位一致，但社会保险缴纳单位与注册单位不一致的人员，原则上不认定为"挂证"的是（　　）。

　　A. 某国有企业改制，按该企业政策内退，但仍由该企业缴纳社会保险的职工

　　B. 某城建大学所属设计院聘用的该校在职教师

　　C. 在某造价咨询公司注册并实际工作，但由某商贸公司缴纳社会保险的军队转业人员

　　D. 在某监理公司注册并实际工作，但由某劳务公司缴纳社会保险的因征地拆迁暂无居所的人员

22. 李某借用甲公司的资质承揽了乙公司的装修工程，因为偷工减料不符合规定的质量标准，所造成的损失（　　）承担赔偿责任。

　　A. 仅由甲公司　　　　　　　　　　B. 仅由乙公司

　　C. 仅由李某　　　　　　　　　　　D. 由甲公司和李某共同

23. 关于一级建造师执业范围的说法，正确的是（　　）。

　　A. 只能担任大型工程施工项目负责人

　　B. 可以同时担任两个建设工程施工项目负责人

　　C. 可以在建设监理企业从事管理活动

　　D. 担任施工项目负责人期间一律不得更换

24. 关于城市维护建设税的说法，正确的是（　　）。

　　A. 凡缴纳消费税、增值税、营业税的单位，都是城市维护建设税的纳税义务人

　　B. 城市维护建设税，以纳税人应当缴纳的消费税、增值税、营业税税额为计税依据

　　C. 城市维护建设税，与消费税、增值税、营业税分别缴纳

　　D. 城市维护建设税税率统一为 5%

25. 依法必须进行招标的项目，自招标文件开始发出之日起至投标人提交投标文件截止之日止，最短不得少于（　　）日。

　　A. 15　　　　　　　　　　　　　　B. 20

　　C. 25　　　　　　　　　　　　　　D. 30

26. 关于依法必须进行招标的项目公示中标候选人的说法，正确的是（　　）。

　　A. 招标人应当自收到评标报告之日起 5 日内公示中标候选人

　　B. 公示期不得少于 5 日

C. 投标人或者其他利害关系人对评标结果有异议的，应当在中标候选人公示期间提出

D. 招标人应当自收到异议之日起 3 日内作出答复，作出答复前，招标投标活动继续进行

27. 关于开标的说法，正确的是（   ）。

A. 开标可以在招标文件确定的提交投标文件截止时间之后公开进行

B. 开标地点可以不在招标文件预先确定的地点，但招标人须在开标前 5 日书面通知所有获取招标文件的潜在投标人

C. 开标应当由招标代理机构主持，邀请所有投标人参加

D. 投标人少于 3 个的，不得开标

28. 关于工程总承包项目管理的说法，正确的是（   ）。

A. 建设单位不可以自行对工程总承包项目进行管理

B. 项目的可行性研究单位不得作为项目管理单位

C. 项目的工程设计、施工或者监理等单位不得作为项目管理单位

D. 项目管理单位不得与工程总承包单位具有利害关系

29. 下列情形中，不属于违法分包的是（   ）。

A. 施工总承包单位将建设工程分包给不具备相应资质条件的单位的

B. 施工总承包合同中未有约定，又未经建设单位认可，施工总承包单位将其承包的部分建设工程交由其他单位完成的

C. 施工总承包单位将建设工程主体结构的施工分包给其他单位的

D. 专业承包单位将其承包工程中的劳务作业发包给劳务分包单位的

30. 下列不良行为中，属于施工企业资质不良行为的是（   ）。

A. 允许其他单位或个人以本单位名义承揽工程的

B. 以他人名义投标或者以其他方式弄虚作假，骗取中标的

C. 不按照与招标人订立的合同履行义务，情节严重的

D. 将承包的工程转包或者违法分包的

31. 甲公司向乙公司购买了一批钢材，甲公司和乙公司约定采用合同书的方式订立合同，由于施工进度紧张，在甲公司的催促之下，甲公司和乙公司在未签字盖章之前，乙公司将钢材送到了甲公司的项目现场，甲公司接收并投入工程使用。甲公司和乙公司之间买卖合同的状态是（   ）。

A. 无效　　　　　　　　　　B. 成立

C. 条件成就时生效　　　　　D. 可撤销

32. 根据《最高人民法院关于审理建设工程施工合同纠纷案件适用法律问题的解释（一）》，当事人对付款时间没有约定或者约定不明的，下列时间视为应付款时间的是（   ）。

A. 建设工程已实际交付的，为竣工验收合格之日

B. 建设工程已实际交付的，为提交竣工结算文件之日

5

C. 建设工程未交付的，为竣工结算完成之日

D. 建设工程未交付，工程价款也未结算的，为当事人起诉之日

33. 下列建设工程施工合同中，属于无效合同的是（　　）。

A. 工程价款支付条款显失公平的合同

B. 发包人对投标文件有重大误解订立的合同

C. 依法必须进行招标的项目存在中标无效情形的合同

D. 承包人以胁迫手段订立的施工合同

34. 关于建设工程施工合同解除的说法，正确的是（　　）。

A. 合同约定的工期内承包人没有完工，发包人可以解除合同

B. 承包人将承包的工程转包，发包人可以解除合同

C. 发包人未按合同约定支付工程价款，承包人可以解除合同

D. 承包人已经完工的建设工程质量不合格，发包人可以解除合同

35. 马某与某施工企业订立了一份2年期限的劳动合同，合同约定了试用期，同时约定合同生效时间为5月1日，则试用期最晚应当截止于（　　）。

A. 6月1日　　　　　　　　　　B. 7月1日

C. 8月1日　　　　　　　　　　D. 11月1日

36. 根据《劳动合同法》，下列情形中，用人单位不得与劳动者解除劳动合同的是（　　）。

A. 在试用期间被证明不符合录用条件的

B. 严重违反用人单位的规章制度的

C. 患病或非因工负伤，在规定的医疗期内的

D. 被依法追究刑事责任的

37. 甲公司和乙公司订立了预制构件承揽合同，合同履行过半，甲公司突然通知乙公司解除合同。关于甲公司和乙公司权利的说法，正确的是（　　）。

A. 经乙公司同意后甲公司方可解除合同

B. 乙公司有权要求甲公司继续履行合同

C. 甲公司有权随时解除合同，但应当向乙公司赔偿相应的损失

D. 合同履行过半后，甲公司无权解除合同

38. 关于租赁合同的说法，正确的是（　　）。

A. 租赁期限超过20年的，超过部分无效

B. 租赁期限超过6个月的，可以采用书面形式

C. 租赁合同应当采用书面形式，当事人未采用的，视为租赁合同未生效

D. 租赁物在租赁期间发生所有权变动的，租赁合同解除

39. 甲公司根据乙公司的选择，向丙公司购买了1台大型设备，出租给乙公司使用，乙公司使用该设备时，发现该设备不能正常运行。关于该融资租赁合同的说法，正确的是（　　）。

A. 甲公司应当对乙公司承担违约责任

B. 若乙公司破产，该设备属于乙公司的破产财产

C. 乙公司可以基于设备质量瑕疵而直接向丙公司索赔

D. 租赁期限届满，乙公司享有该设备的所有权

40. 根据《绿色施工导则》，建筑垃圾的再利用和回收率力争达到（　　）。

A. 20%　　　　　　　　　　　B. 30%

C. 40%　　　　　　　　　　　D. 50%

41. 根据《环境保护法》，关于企业违法排放污染物，受到罚款处罚，承担按日连续处罚法律责任的说法，正确的是（　　）。

A. 被责令改正，拒不改正是按日连续处罚的前提

B. 被责令改正，拒不改正的，应当按照原处罚数额按日连续处罚

C. 按日连续处罚的时间自责令改正之日起算

D. 罚款处罚按照执法成本确定

42. 关于用能单位节能管理要求的说法，正确的是（　　）。

A. 用能单位应当加强能源计价管理

B. 用能单位应当不定期开展节能教育和岗前节能培训

C. 用能单位应当建立节能目标责任制

D. 鼓励用能单位对能源消费实行包费制

43. 关于施工中发现文物的报告和保护的说法，正确的是（　　）。

A. 任何单位或者个人发现文物，应当保护现场

B. 发现人应当在 12 小时内报告当地文物行政部门

C. 文物行政部门接到报告后，应当在 48 小时内赶赴现场

D. 文物行政部门应当在 10 日内提出处理意见

44. 根据《水下文物保护管理条例》，下列文物中，属于国家所有的水下文物的是（　　）。

A. 遗存于中国领海以外依照中国法律由中国管辖的其他海域内的起源于外国的文物

B. 遗存于中国内水的起源国不明的文物

C. 遗存于外国领海以外的其他管辖海域内的起源国不明的文物

D. 遗存于外国领海内的起源于中国的文物

45. 施工总承包单位和分包单位对分包工程安全生产承担的责任是（　　）。

A. 独立责任　　　　　　　　　B. 按份责任

C. 连带责任　　　　　　　　　D. 补充责任

46. 根据《建筑施工企业安全生产许可证管理规定》，建筑施工企业申请安全生产许可证时，应当向住房城乡建设主管部门提供的材料是（　　）。

A. 企业资质证书　　　　　　　B. 审计报告

C. 营业执照　　　　　　　　　D. 安全生产承诺书

47. 根据《建筑施工企业安全生产许可证管理规定》，下列安全生产许可证违法行为中，罚款额度区间最小的是（　　）。

A. 未取得安全生产许可证擅自从事施工活动

B. 安全生产许可证有效期满未办理延期手续继续从事施工活动

C. 转让安全生产许可证

D. 冒用安全生产许可证

48. 关于工伤认定的说法，正确的是（ ）。

A. 社会保险行政部门应当对事故伤害进行调查核实

B. 职工和用人单位对是否是工伤有争议的，实行谁主张、谁举证的原则

C. 工伤认定的决定，由用人单位转交职工本人

D. 工伤认定决定的时限可以因司法机关尚未作出结论而中止

49. 根据《危险性较大的分部分项工程安全管理规定》，对于按照规定需要进行第三方监测的危大工程，建设单位应当委托具有相应（ ）资质的单位进行监测。

A. 勘察 B. 设计

C. 监理 D. 地基检测

50. 根据《生产安全事故应急预案管理办法》，下列内容中，属于专项应急预案应当规定的内容是（ ）。

A. 应急预案体系 B. 事故风险描述

C. 预警及信息报告 D. 处置程序和措施

51. 关于安全生产监督管理部门执行监督检查任务的说法，正确的是（ ）。

A. 对被检查单位的技术秘密经审批后可以公开

B. 负有安全生产监督管理职责的部门应当分别进行检查

C. 负有安全生产监督管理职责的部门查处的信息应当彼此保密

D. 发现存在的安全问题应当由其他有关部门进行处理的，应当及时移送

52. 根据《建筑起重机械安全监督管理规定》，关于建筑起重机械安装、拆卸单位的安全责任的说法，正确的是（ ）。

A. 安装完毕后，应当自检并出具自检合格证明

B. 使用单位和安装单位就安全生产承担连带责任

C. 建筑起重机械安装、拆卸工程专项施工方案应当由本单位安全负责人签字

D. 建筑起重机械安装、拆卸工程专项施工方案报审后，应当告知工程所在地安全监督管理部门

53. 关于团体标准的说法，正确的是（ ）。

A. 在关键共性技术领域应当利用自主创新技术制定团体标准

B. 制定团体标准的一般程序包括准备、征求意见、送审和报批四个阶段

C. 国家鼓励社会团体制定高于推荐性标准相关技术要求的团体标准

D. 团体标准对本团体成员强制适用

54. 关于工程建设标准的说法，正确的是（ ）。

A. 行业标准可以是强制性标准

B. 强制性国家标准由国务院批准发布或者授权批准发布

C. 国家标准公布后，原有的行业标准继续实施

D. 国家标准的复审一般在颁布后 5 年进行一次

55. 根据《建设工程质量管理条例》，关于建设单位办理工程质量监督手续的说法，正确的是（   ）。

A. 可以在开工后持开工报告办理

B. 应当与施工图设计文件审查同步进行

C. 应当在领取施工许可证后办理

D. 可以与施工许可证或者开工报告合并办理

56. 关于设计单位质量责任和义务的说法，正确的是（   ）。

A. 不得任意压缩合理工期

B. 设计文件中选用的建筑材料、建筑构配件和设备，应当注明规格、型号、性能等技术指标

C. 设计单位应当就审查合格的施工图设计文件向建设单位作出详细说明

D. 设计单位应当将施工图设计文件报有关部门审查

57. 关于工程质量检测的说法，正确的是（   ）。

A. 检测报告应当由工程质量检测机构法定代表人签署

B. 工程质量检测报告经建设单位或者工程监理单位确认后，由施工企业归档

C. 检测机构是具有独立法人资格的非营利性中介机构

D. 工程质量检测机构不得与建设单位有隶属关系

58. 甲施工总承包企业承包某工程项目，将该工程的专业工程分包给乙企业，乙企业再将专业工程的劳务作业分包给丙企业，工程完工后，上述专业工程质量出现问题。经调查，是由于丙企业施工作业不规范导致，则该专业工程的质量责任应当由（   ）。

A. 甲施工总承包企业和乙企业对建设单位承担连带责任

B. 甲施工总承包企业对建设单位承担责任

C. 丙企业对建设单位承担责任

D. 甲施工总承包企业、乙企业和丙企业对建设单位共同承担责任

59. 建设工程未经竣工验收，发包人擅自使用后工程出现质量问题。关于该质量责任承担的说法，正确的是（   ）。

A. 承包人没有义务进行修复或返修

B. 凡不符合合同约定或者验收规范的工程质量问题，承包人均应当承担责任

C. 发包人以使用部分质量不符合约定为由主张权利的，应当予以支持

D. 承包人应当在建设工程的合理使用寿命内对地基基础工程和主体结构质量承担责任

60. 关于建设工程竣工规划验收的说法，正确的是（   ）。

A. 建设单位应当向住房城乡建设主管部门提出竣工规划验收申请

B. 对于验收合格的建设工程，城乡规划行政主管部门出具建设工程规划许可证

C. 建设单位应当在竣工验收后 3 个月内向城乡规划行政主管部门报送有关竣工验收资料

D. 建设工程未经核实或者经核实不符合规划条件的，建设单位不得组织竣工验收

61. 关于建设工程合理使用年限的说法，正确的是（   ）。

A. 建设工程合理使用年限由建设单位决定

B. 超过合理使用年限的建设工程必须报废、拆除

C. 建设工程合理使用年限从工程实际转移占有之日起算

D. 设计文件应当符合国家规定的设计深度要求，并注明工程合理使用年限

62. 根据《建设工程质量保证金管理办法》，关于预留质量保证金的说法，正确的是（   ）。

A. 合同约定由承包人以银行保函替代预留保证金的，保函金额不得高于工程价款结算总额的5%

B. 采用工程质量保证担保、工程质量保险等保证方式的，发包人不得再预留保证金

C. 社会投资项目采用预留保证金方式的，发、承包双方应当将保证金交由第三方金融机构托管

D. 在工程项目竣工前，已经缴纳履约保证金的，发包人可以同时预留工程质量保证金

63. 关于民事诉讼基本特征的说法，正确的是（   ）。

A. 自愿性、独立性、保密性　　　　B. 公权性、强制性、程序性

C. 强制性、程序性、保密性　　　　D. 独立性、专业性、强制性

64. 甲施工企业在道路管道工程施工中未对施工现场采取安全措施，导致行人刘某不慎摔入甲施工企业施工时开挖的沟槽中受伤，甲施工企业和刘某因此产生的纠纷，属于（   ）。

A. 合同纠纷　　　　　　　　　　　B. 侵权纠纷

C. 无因管理纠纷　　　　　　　　　D. 不当得利纠纷

65. 民事诉讼活动中，诉讼代理人代为承认、放弃、变更诉讼请求的，必须有委托人的授权。该授权属于（   ）。

A. 一般授权　　　　　　　　　　　B. 无条件授权

C. 特别授权　　　　　　　　　　　D. 全面授权

66. 发生法律效力的民事判决、裁定，当事人可以向人民法院申请执行，该人民法院应当是（   ）。

A. 终审人民法院

B. 申请执行人住所地人民法院

C. 被执行的财产所在地基层人民法院

D. 与第一审人民法院同级的被执行的财产所在地人民法院

67. 根据《标准施工招标文件》，关于建设工程争议评审的说法，正确的是（   ）。

A. 当事人协议采用争议评审方式后，如果不接受评审组的建议或者裁决，也不能再通过仲裁或者诉讼的方式解决争议

B. 争议评审制度是法定的争议解决方式

C. 采用争议评审的，发包人和承包人应当在开工日后的14天内或者争议发生后，协

商成立争议评审组

D. 在争议评审期间，争议双方暂按总监理工程师的确定执行

68. 关于仲裁和解的说法，正确的是（　　）。
A. 当事人申请仲裁后达成和解协议的，应当撤回仲裁申请
B. 仲裁庭可以根据当事人的和解协议作出裁决书
C. 当事人达成和解协议，撤回仲裁申请后反悔的，不得再根据仲裁协议申请仲裁
D. 当事人申请仲裁后和解的，应当在仲裁庭的主持下进行

69. 甲施工企业就施工合同纠纷向仲裁委员会申请仲裁，该仲裁案件由三名仲裁员组成仲裁庭，该案件的仲裁员（　　）。
A. 只能由仲裁委员会主任指定
B. 由甲施工企业选定一名
C. 由甲施工企业选定两名
D. 由甲施工企业选定三名

70. 根据《行政强制法》，法律没有规定行政机关强制执行的，作出行政决定的行政机关应当申请强制执行的机关是（　　）。
A. 人民政府
B. 人民法院
C. 公安机关
D. 监察机关

二、多项选择题（共30题，每题2分。每题的备选项中，有2个或2个以上符合题意，至少有1个错项。错选，本题不得分；少选，所选的每个选项得0.5分）

71. 关于所有权的说法，正确的有（　　）。
A. 所有权人对自己的不动产，依法享有占有、使用、收益和处分的权利
B. 收益权是所有权内容的核心
C. 法律规定专属于国家所有的不动产和动产，任何个人不能取得所有权
D. 所有权的行使，不得损害他人合法权益
E. 所有权人有权在自己的动产上设立用益物权和担保物权

72. 建设工程债的发生根据有（　　）。
A. 合同
B. 侵权
C. 无因管理
D. 不当得利
E. 政策规定

73. 关于质权的说法，正确的有（　　）。
A. 质权包括动产质权和权利质权
B. 权利质权自权利凭证交付质权人时设立
C. 动产质权自出质人交付质权财产时设立
D. 质权人负有妥善保管质押财产的义务
E. 质权人无权收取质押财产的孳息

74. 下列车船中，属于免征车船税范围的有（　　）。
A. 渣土运输车辆
B. 悬挂应急救援专用号牌的国家综合性消防救援专用船舶
C. 警用车船

D. 排气量为2000毫升以下的乘用车
E. 政府机关所有的乘用车

75. 下列情形中，属于居民个人所得税纳税人应当办理纳税申报的有（　　）。
    A. 取得应税所得没有扣缴义务人
    B. 在中国境内从两处以上取得工资、薪金所得
    C. 因移居境外注销中国户籍
    D. 年所得12万元以上的
    E. 取得境外所得

76. 刑罚中附加刑的种类有（　　）。
    A. 罚款
    B. 剥夺政治权利
    C. 管制
    D. 没收财产
    E. 拘役

77. 根据《建筑工程施工许可管理办法》，保证工程质量和安全的具体措施有（　　）。
    A. 有审查合格的施工图设计文件
    B. 施工企业编制的施工组织设计中有根据建筑工程特点制定的相应质量、安全技术措施
    C. 专业性较强的工程项目编制了专项质量、安全施工组织设计
    D. 按照规定办理了工程质量、安全监督手续
    E. 施工场地拆迁进度符合施工要求

78. 根据《住房城乡建设部办公厅等关于开展工程建设领域专业技术人员职业资格"挂证"等违法违规行为专项整治的通知》，下列关于"挂证"的说法，正确的有（　　）。
    A. 建造师注册证书不可以租借使用
    B. 人力资源服务机构可以提供建造师租借信息服务
    C. 建造师注册单位与实际工作单位不一致的属于"挂证"
    D. 违规使用"挂证"人员的单位，将被予以通报，记入不良行为记录，并列入建筑市场主体"黑名单"
    E. 人力资源服务机构因工作需要扣押建造师注册证书属于"挂证"

79. 根据《招标投标法实施条例》，国有资金占控股或者主导地位的依法必须进行招标的项目，可以邀请招标的有（　　）。
    A. 国务院发展改革部门确定的国家重点项目
    B. 省、自治区、直辖市人民政府确定的地方重点项目
    C. 技术复杂，只有少量潜在投标人可供选择的项目
    D. 受自然环境限制，只有少量潜在投标人可供选择的项目
    E. 采用公开招标方式的费用占项目合同金额的比例过大的项目

80. 根据《招标投标法实施条例》，属于工程建设项目的有（　　）。
    A. 构筑物的拆除
    B. 建筑物的扩建

C. 建筑物减隔震装置的安装

D. 建筑物的室内展品移动陈列柜

E. 工程所需要的监理服务

81. 根据《最高人民法院关于审理建设工程施工合同纠纷案件适用法律问题的解释（一）》，下列情形中，发包人可以请求人民法院解除建设工程施工合同的有（　　）。

A. 承包人明确表示不履行合同主要义务的

B. 承包人已经完成的建设工程质量不合格，并拒绝修复的

C. 承包人在合同约定的期限内没有完工的

D. 承包人将承包的建设工程转包的

E. 承包人将承包的建设工程违法分包的

82. 根据《最高人民法院关于审理建设工程施工合同纠纷案件适用法律问题的解释（二）》，关于建设工程合同承包人工程价款优先受偿权的说法，正确的有（　　）。

A. 装饰装修工程的承包人就该装饰装修工程折价或者拍卖的价款享有优先受偿权

B. 未竣工的建设工程质量合格，承包人请求其承建工程的价款就其承建工程部分折价或者拍卖的价款优先受偿的，人民法院不予支持

C. 承包人工程价款优先受偿权不得放弃

D. 承包人行使建设工程价款优先受偿权的期限为6个月

E. 承包人行使建设工程价款优先受偿权的期限自发包人应当给付建设工程价款之日起算

83. 根据《社会保险法》，失业人员从失业保险基金中领取失业保险金应当符合的条件有（　　）。

A. 已经进行失业登记，并有求职要求的

B. 非因本人意愿中断就业的

C. 失业前用人单位和本人已经缴纳失业保险费满1年的

D. 本人应征服兵役的

E. 本人已经缴纳个人所得税的

84. 下列情形中，应当由出卖人承担标的物毁损、灭失风险的有（　　）。

A. 施工企业购买一批安全帽，出卖人尚未交付

B. 标的物需要运输，当事人对交付地点约定不明确，出卖人将标的物交付给第一承运人后

C. 合同约定在标的物所在地交货，约定时间已过，施工企业仍未前往提货

D. 标的物已运抵交付地点，施工企业因标的物质量不合格而拒收货物

E. 出卖人在交付标的物时未附产品说明书，施工企业已接收

85. 根据《绿色施工导则》，关于非传统水源利用的说法，正确的有（　　）。

A. 优先采用中水搅拌、中水养护，有条件的地区和工程应收集雨水养护

B. 处于基坑降水阶段的工地，宜优先采用雨水作为混凝土搅拌用水和养护用水

C. 现场机具、设备用水优先采用非传统水源，尽量不使用市政自来水

D. 喷洒路面、绿化浇灌用水，优先采用市政自来水

E. 力争施工中非传统水源和循环水的再利用量大于30%

86. 根据《建筑施工企业安全生产许可证管理规定》，建筑施工企业取得安全生产许可证应当具备的条件有（　　）。

　　A. 建立、健全安全生产责任制，制定完备的安全生产规章制度和操作规程

　　B. 主要负责人、项目负责人、专职安全生产管理人员经建设主管部门或者其他安全生产主管部门考核合格

　　C. 特种作业人员经有关业务主管部门考核合格，取得特种作业操作资格证书

　　D. 有严格的职业危害防治措施，并为施工现场管理人员配备符合国家标准或者行业标准的安全防护用具和安全防护服装

　　E. 有生产安全事故应急救援预案、应急救援组织或者应急救援人员，配备必要的应急救援器材、设备

87. 根据《建筑施工企业安全生产管理机构设置及专职安全生产管理人员配备办法》，建筑施工企业安全生产管理机构的职责有（　　）。

　　A. 建立健全本单位安全生产责任制

　　B. 宣传和贯彻国家有关安全生产法律法规和标准

　　C. 组织开展安全教育培训与交流

　　D. 查处在建项目违规违章情况

　　E. 参加生产安全事故的调查和处理工作

88. 根据《建设工程安全生产管理条例》，下列分部分项工程中，属于达到一定规模的危险性较大的需要编制专项施工方案，并附具安全验算结果的有（　　）。

　　A. 基坑支护与降水工程　　　　　　B. 模板工程

　　C. 脚手架工程　　　　　　　　　　D. 装饰装修工程

　　E. 拆除、爆破工程

89. 根据《生产安全事故应急预案管理办法》，生产经营单位应急预案分为（　　）。

　　A. 综合应急预案　　　　　　　　　B. 总体应急预案

　　C. 详细应急预案　　　　　　　　　D. 专项应急预案

　　E. 现场处置方案

90. 根据《建设工程安全生产管理条例》，建设单位的安全生产责任有（　　）。

　　A. 需要进行爆破作业的，办理申请批准手续

　　B. 提出防范生产安全事故的指导意见和措施建议

　　C. 对安全技术措施或者专项施工方案进行审查

　　D. 不得要求施工企业购买不符合安全施工的用具设备

　　E. 申领施工许可证应当提供有关安全施工措施的资料

91. 关于工程建设国家标准的制定，国务院标准化行政主管部门负责工程建设强制性国家标准的（　　）。

　　A. 项目提出　　　　　　　　　　　B. 组织起草

C. 立项
D. 征求意见
E. 编号和对外通报

92. 在工程监理单位人员的见证下，施工企业的现场试验人员对涉及结构安全的钢筋进行取样，并在钢筋试样或其包装上作标识、封志，该标识和封志应标明（　　）。
A. 工程名称
B. 取样部位
C. 工程地点
D. 样品名称
E. 取样日期

93. 根据《建设工程质量管理条例》，工程监理单位不得与被监理工程的（　　）有隶属关系或者其他利害关系。
A. 建筑材料供应单位
B. 施工承包单位
C. 设计单位
D. 建设单位
E. 设备供应单位

94. 根据《建设工程质量保证金管理办法》，关于缺陷责任期的说法，正确的有（　　）。
A. 缺陷责任期由发、承包双方在合同中约定
B. 缺陷责任期从工程通过竣工验收之日起计
C. 缺陷责任期届满，承包人对工程质量不再承担责任
D. 由于发包人原因导致工程无法按规定期限进行竣工验收的，缺陷责任期从实际通过竣工验收之日起计
E. 缺陷责任期中的缺陷包括建设工程质量不符合承包合同的约定

95. 根据《国务院办公厅关于清理规范工程建设领域保证金的通知》，可以要求建筑业企业在工程建设中缴纳的保证金有（　　）。
A. 投标保证金
B. 文明施工保证金
C. 履约保证金
D. 工程质量保证金
E. 农民工工资保证金

96. 根据《仲裁法》，关于仲裁的说法，正确的有（　　）。
A. 仲裁机构受理案件的依据是司法行政主管部门的授权
B. 当事人达成有效仲裁协议后，人民法院仍然对案件享有管辖权
C. 劳动争议仲裁不属于《仲裁法》的调整范围
D. 仲裁不公开进行
E. 仲裁裁决作出后，当事人不服的可以向人民法院起诉

97. 关于建设工程证据审核认定的说法，正确的有（　　）。
A. 无法与原件、原物核对的复印件、复制品不能作为认定案件事实的证据
B. 社会团体依职权制作的公文书证的证明力一般大于其他书证
C. 诉讼中，当事人为达成调解协议作出妥协所涉及的对案件事实的认可，可以在其后的诉讼中作为对其不利的证据
D. 视听资料的证明力一般大于勘验笔录

E. 鉴定结论的证明力一般大于证人证言

98. 关于仲裁协议的说法，正确的有（   ）。

A. 仲裁协议必须在纠纷发生前达成

B. 仲裁协议可以采用口头形式，但需双方认可

C. 当事人对仲裁协议效力有异议的，应当在仲裁庭首次开庭前提出

D. 仲裁协议约定两个以上仲裁机构，当事人不能就选择达成一致的，可以由司法行政主管部门指定

E. 合同解除后，合同中的仲裁条款仍然有效

99. 关于人民调解的说法，正确的有（   ）。

A. 人民调解制度是一种信访辅助制度

B. 人民调解的组织形式是居民委员会

C. 人民调解达成调解协议的，可以采取口头协议的方式

D. 人民调解达成的调解协议，具有强制执行效力

E. 当事人认为有必要的，可以自调解协议生效之日起 30 日内向人民法院申请司法确认

100. 关于行政许可设定权限的说法，正确的有（   ）。

A. 地方性法规一般情况不得设定行政许可

B. 省、自治区、直辖市人民政府规章不得设定行政许可

C. 国务院可以采用发布决定的方式设定行政许可

D. 部门规章可以设定临时性行政许可

E. 地方性法规不得设定企业或者其他组织的设立登记及其前置性行政许可

2020 年度真题参考答案及解析

一、单项选择题

1. C;	2. D;	3. B;	4. A;	5. A;
6. C;	7. A;	8. A;	9. D;	10. D;
11. B;	12. D;	13. B;	14. D;	15. A;
16. C;	17. A;	18. C;	19. B;	20. B;
21. B;	22. D;	23. D;	24. A;	25. B;
26. C;	27. D;	28. D;	29. D;	30. A;
31. B;	32. D;	33. D;	34. B;	35. B;
36. C;	37. C;	38. A;	39. C;	40. B;
41. A;	42. C;	43. A;	44. B;	45. C;
46. C;	47. B;	48. B;	49. A;	50. D;
51. D;	52. A;	53. C;	54. B;	55. D;
56. B;	57. D;	58. A;	59. D;	60. B;
61. D;	62. B;	63. B;	64. B;	65. C;
66. D;	67. D;	68. B;	69. B;	70. B。

【解析】

1. C。本题考核的是中国特色社会主义法律体系。2011年3月10日，吴邦国委员长在十一届全国人民代表大会第四次会议上正式宣布：一个立足中国国情和实际、适应改革开放和社会主义现代化建设需要、集中体现党和人民意志的，以宪法为统帅，以宪法相关法、民法商法等多个法律部门的法律为主干，由法律、行政法规、地方性法规等多个层次的法律规范构成的中国特色社会主义法律体系已经形成，国家经济建设、政治建设、文化建设、社会建设以及生态文明建设的各个方面实现有法可依。

2. D。本题考核的是法的效力层级。A选项的正确表述是：同一机关制定的新的一般规定与旧的特别规定不一致时，由制定机关裁决。地方性法规与部门规章之间对同一事项的规定不一致，不能确定如何适用时，由国务院提出意见，国务院认为应当适用地方性法规的，应当决定在该地方适用地方性法规的规定；认为应当适用部门规章的，应当提请全国人民代表大会常务委员会裁决，故B选项错误。部门规章与地方政府规章之间对同一事项的规定不一致时，由国务院裁决，故C选项错误。

3. B。本题考核的是法人应当具备的条件。法人应当具备的条件有：（1）依法成立。（2）应当有自己的名称、组织机构、住所、财产或者经费。（3）能够独立承担民事责任。（4）有法定代表人。

4. A。本题考核的是代理。代理人知道代理事项违法仍然实施代理行为的，被代理人和代理人应承担连带责任，故 B 选项错误。C 选项的正确表述是：代理人不履行职责而给被代理人造成损害的，应承担民事责任。被委托代理的事项不得违法，代理人知道被委托代理的事项违法仍然进行代理活动的，或者被代理人知道代理人的代理行为违法不表示反对的，被代理人和代理人负连带责任，故 D 选项错误。

5. A。本题考核的是代理法律关系。建设工程代理法律关系与其他代理关系一样，存在着两个法律关系：一是代理人与被代理人之间的委托关系；二是被代理人与第三人的合同关系。

6. C。本题考核的是建设用地使用权设立空间。建设用地使用权可以在土地的地表、地上或者地下分别设立。

7. A。本题考核的是地役权。地役权自地役权合同生效时设立，故 B 选项错误。从性质上说，地役权是按照当事人的约定设立的用益物权，故 C 选项错误。供役地以及供役地上的土地承包经营权、建设用地使用权、宅基地使用权部分转让时，转让部分涉及地役权的，地役权对受让人具有约束力，故 D 选项错误。

8. A。本题考核的是债权的概念。债权是因合同、侵权行为、无因管理、不当得利以及法律的其他规定，权利人请求特定义务人为或者不为一定行为的权利。

9. D。本题考核的是债权与物权的概念。物权是指权利人依法对特定的物享有直接支配和排他的权利。债权是因合同、侵权行为、无因管理、不当得利以及法律的其他规定，权利人请求特定义务人为或者不为一定行为的权利。本题中甲施工企业和乙材料供应商行使的权利均属于权利人请求特定义务人为或者不为一定行为的权利，因此 D 选项正确。

10. D。本题考核的是知识产权法律特征。知识产权的法律特征表现在：（1）财产权和人身权的双重属性；（2）专有性；（3）地域性；（4）期限性。

11. B。本题考核的是专利权期限。发明专利权的期限为 20 年，实用新型专利权的期限为 10 年，外观设计专利权的期限为 15 年，均自申请日起计算，故 A、D 选项错误，B 选项正确。如果申请文件是邮寄的，以寄出的邮戳日为申请日，故 C 选项错误。注意：按最新法律规定，外观设计专利权期限为 15 年，故已对 B 选项进行修改。

12. D。本题考核的是担保合同。第三人为债务人向债权人提供担保时，可以要求债务人提供反担保，故 A 选项错误。担保合同是主合同的从合同，主合同无效，担保合同无效，故 B 选项的表述不正确。担保合同被确认无效后，债务人、担保人、债权人有过错的，应当根据其过错各自承担相应的民事责任，故 C 选项的表述不正确。

13. B。本题考核的是定金。收受定金的一方不履行约定的债务的，应当双倍返还定金，故选项 A 错误。定金合同从实际交付定金之日起生效，故 C 选项错误。D 选项错在"10%"，正确的应为"20%"。

14. D。本题考核的是财产保险合同。在合同的有效期内，保险标的的危险程度显著增加的，被保险人应当按照合同约定及时通知保险人，保险人可以按照合同约定增加保险费或者解除合同。

15. A。本题考核的是建筑工程一切险的保险责任范围。保险人对下列原因造成的损失和费用，负责赔偿：（1）自然事件，指地震、海啸、雷电、飓风、台风、龙卷风、风暴、暴雨、洪水、水灾、冻灾、冰雹、地崩、山崩、雪崩、火山爆发、地面下陷下沉及其他人力不可抗拒的破坏力强大的自然现象；（2）意外事故，指不可预料的以及被保险人无法控制并造成物质损失或人身伤亡的突发性事件，包括火灾和爆炸。

16. C。本题考核的是安装工程一切险的保险责任范围。本题可采用排除法解答，A、B、D选项属于安装工程一切险的除外责任，可予以排除。

17. A。本题考核的是企业所得税的应纳税所得额。企业每一纳税年度的收入总额，减除不征税收入、免税收入、各项扣除以及允许弥补的以前年度亏损后的余额，为应纳税所得额。企业以货币形式和非货币形式从各种来源取得的收入，为收入总额。包括：（1）销售货物收入；（2）提供劳务收入；（3）转让财产收入；（4）股息、红利等权益性投资收益；（5）利息收入；（6）租金收入；（7）特许权使用费收入；（8）接受捐赠收入；（9）其他收入。B、C、D选项均属于收入总额中的不征税收入。

18. C。本题考核的是增值税应纳税额计算。A选项错在"从低适用"，正确应为"从高适用"。B选项错在"可以抵扣"，正确应为"不得抵扣"。D选项的正确表述为：当期销项税额小于当期进项税额不足抵扣时，其不足部分可以结转下期继续抵扣。

19. B。本题考核的是行政处分的种类。行政处分种类有：警告、记过、记大过、降级、撤职、开除。

20. B。本题考核的是施工许可证的适用范围。本题可采用排除法解答，根据《建筑工程施工许可管理办法》的规定，工程投资额在30万元以下或者建筑面积在300m²以下的建筑工程，可以不申请办理施工许可证，由此可将A排除。根据《建筑法》的规定，抢险救灾及其他临时性房屋建筑和农民自建低层住宅的建筑活动不需要办理施工许可证，由此可将C、D选项排除。

21. B。本题考核的是原则上不认定为"挂证"行为的几类情形。《关于做好工程建设领域专业技术人员职业资格"挂证"等违法违规行为专项整治工作的补充通知》规定，对实际工作单位与注册单位一致，但社会保险缴纳单位与注册单位不一致的人员，以下6类情形，原则上不认定为"挂证"行为：（1）达到法定退休年龄正式退休和依法提前退休的；（2）因事业单位改制等原因保留事业单位身份，实际工作单位为所在事业单位下属企业，社会保险由该事业单位缴纳的；（3）属于大专院校所属勘察设计、工程监理、工程造价单位聘请的本校在职教师或科研人员，社会保险由所在院校缴纳的；（4）属于军队自主择业人员的；（5）因企业改制、征地拆迁等买断社会保险的；（6）有法律法规、国家政策依据的其他情形。

22. D。本题考核的是承包单位违法行为应承担的法律责任。《建筑法》规定，建筑施工企业转让、出借资质证书或者以其他方式允许他人以本企业的名义承揽工程的，责令改正，没收违法所得，并处罚款，可以责令停业整顿，降低资质等级；情节严重的，吊销资质证书。对因该项承揽工程不符合规定的质量标准造成的损失，建筑施工企业与使用本企业名义的单位或者个人承担连带赔偿责任。

23. C。本题考核的是一级建造师执业范围。一级注册建造师可担任大、中、小型工程施工项目负责人，故 A 选项错误。注册建造师在特殊情形下才可以同时担任两个建设工程施工项目负责人，B 选项的表述过于绝对了。注册建造师担任施工项目负责人期间原则上不得更换，故 D 选项不正确。

24. A。本题考核的是城市维护建设税。城市维护建设税，以纳税人实际缴纳的消费税、增值税、营业税税额为计税依据，分别与消费税、增值税、营业税同时缴纳，故 B、C 选项错误。城市维护建设税税率如下：纳税人所在地在市区的，税率为 7%；纳税人所在地在县城、镇的，税率为 5%；纳税人所在地不在市区、县城或镇的，税率为 1%，故 D 选项错误。

25. B。本题考核的是投标文件的编制时间。依法必须进行招标的项目，自招标文件开始发出之日起至投标人提交投标文件截止之日止，最短不得少于 20 日。

26. C。本题考核的是中标候选人的公示。A 选项错在"5 日内"，正确应为"3 日内"。B 选项错在"5 日"，正确应为"3 日"。投标人或者其他利害关系人对依法必须进行招标的项目的评标结果有异议的，应当在中标候选人公示期间提出。招标人应当自收到异议之日起 3 日内作出答复；作出答复前，应当暂停招标投标活动，故 C 选项正确、D 选项错误。

27. D。本题考核的是开标。开标应当在招标文件确定的提交投标文件截止时间的同一时间公开进行；开标地点应当为招标文件中预先确定的地点，故 A、B 选项错误。开标由招标人主持，邀请所有投标人参加，故 C 选项错误。

28. D。本题考核的是工程总承包项目管理。建设单位根据自身资源和能力，可以自行对工程总承包项目进行管理，故 A 选项错误。项目管理单位可以是本项目的可行性研究、方案设计或者初步设计单位，也可以是其他工程设计、施工或者监理等单位，但项目管理单位不得与工程总承包企业具有利害关系，故 B、C 选项错误、D 选项正确。

29. D。本题考核的是违法分包行为。《建设工程质量管理条例》规定，违法分包，是指下列行为：（1）总承包单位将建设工程分包给不具备相应资质条件的单位的；（2）建设工程总承包合同中未有约定，又未经建设单位认可，承包单位将其承包的部分建设工程交由其他单位完成的；（3）施工总承包单位将建设工程主体结构的施工分包给其他单位的；（4）分包单位将其承包的建设工程再分包的。

30. A。本题考核的是施工企业资质不良行为认定标准。施工企业资质不良行为认定标准：（1）未取得资质证书承揽工程的，或超越本单位资质等级承揽工程的；（2）以欺骗手段取得资质证书承揽工程的；（3）允许其他单位或个人以本单位名义承揽工程的；（4）未在规定期限内办理资质变更手续的；（5）涂改、伪造、出借、转让《建筑业企业资质证书》的；（6）按照国家规定需要持证上岗的技术工种的作业人员未经培训、考核，未取得证书上岗，情节严重的。

31. B。本题考核的是合同成立。采用合同书形式订立合同，在签字或者盖章之前，当事人一方已经履行主要义务，对方接受的，该合同成立。

32．D。本题考核的是付款时间的认定。当事人对付款时间没有约定或者约定不明的，下列时间视为应付款时间：（1）建设工程已实际交付的，为交付之日；（2）建设工程没有交付的，为提交竣工结算文件之日；（3）建设工程未交付，工程价款也未结算的，为当事人起诉之日。

33．C。本题考核的是建设工程无效施工合同的主要情形。《最高人民法院关于审理建设工程施工合同纠纷案件适用法律问题的解释（一）》规定，建设工程施工合同具有下列情形之一的，应当根据《民法典》第153条第1款的规定，认定无效：（1）承包人未取得建筑施工企业资质或者超越资质等级的；（2）没有资质的实际施工人借用有资质的建筑施工企业名义的；（3）建设工程必须进行招标而未招标或者中标无效的。此知识点已变更。

34．B。本题考核的是施工合同解除。《民法典》规定，承包人将建设工程转包、违法分包的，发包人可以解除合同。

35．B。本题考核的是试用期。劳动合同期限3个月以上不满1年的，试用期不得超过1个月；劳动合同期限1年以上不满3年的，试用期不得超过2个月；3年以上固定期限和无固定期限的劳动合同，试用期不得超过6个月。根据题意，马某的试用期限不得超过2个月，因此其试用期最晚应当截止于7月1日。

36．C。本题考核的是用人单位不得解除劳动合同的情形。《劳动合同法》第42条规定，劳动者有下列情形之一的，用人单位不得依照该法第40条、第41条的规定解除劳动合同：（1）从事接触职业病危害作业的劳动者未进行离岗前职业健康检查，或者疑似职业病病人在诊断或者医学观察期间的；（2）在本单位患职业病或者因工负伤并被确认丧失或者部分丧失劳动能力的；（3）患病或者非因工负伤，在规定的医疗期内的；（4）女职工在孕期、产期、哺乳期的；（5）在本单位连续工作满15年，且距法定退休年龄不足5年的；（6）法律、行政法规规定的其他情形。

37．C。本题考核的是承揽合同双方的权利。承揽合同是承揽人按照定作人的要求完成工作，交付工作成果，定作人给付报酬的合同。本题中，甲为定作人，乙为承揽人。承揽合同履行过程中，定作人可以随时解除承揽合同，造成承揽人损失的，应当赔偿损失。

38．A。本题考核的是租赁合同。B选项的正确表述为：租赁期限6个月以上的，应当采用书面形式。C选项的正确表述为：租赁合同应当采用书面形式，当事人未采用的，视为不定期租赁。租赁物在租赁期间发生所有权变动的，不影响租赁合同的效力，故D选项错误。

39．C。本题考核的是融资租赁合同的法律特征。融资租赁是将融资与融物结合在一起的特殊交易方式。融资租赁合同涉及出租人、出卖人和承租人三方主体。通常的做法是，承租人要求出租人为其融资购买所需的租赁物，由出租人向出卖人支付价款，并由出卖人向承租人交付租赁物及承担瑕疵担保义务，而承租人仅向出租人支付租金而无需向出卖人承担义务。

40．B。本题考核的是建筑垃圾的回收再利用。《绿色施工导则》规定，加强建筑垃圾的回收再利用，力争建筑垃圾的再利用和回收率达到30%，建筑物拆除产生的废弃物的再利用和回收率大于40%。

41. A。本题考核的是施工现场环境保护违法行为应承担的法律责任。《环境保护法》规定，企业事业单位和其他生产经营者违法排放污染物，受到罚款处罚，被责令改正，拒不改正的，依法作出处罚决定的行政机关可以自责令改正之日的次日起，按照原处罚数额按日连续处罚。前款规定的罚款处罚，依照有关法律法规按照防治污染设施的运行成本、违法行为造成的直接损失或者违法所得等因素确定的规定执行。

42. C。本题考核的是用能单位节能管理要求。用能单位应当按照合理用能的原则，加强节能管理，制定并实施节能计划和节能技术措施，降低能源消耗。用能单位应当建立节能目标责任制，对节能工作取得成绩的集体、个人给予奖励。用能单位应当定期开展节能教育和岗位节能培训。任何单位不得对能源消费实行包费制。

43. A。本题考核的是施工中发现文物报告和保护的规定。《文物保护法》规定，在进行建设工程或者在农业生产中，任何单位或者个人发现文物，应当保护现场，立即报告当地文物行政部门，文物行政部门接到报告后，如无特殊情况，应当在24小时内赶赴现场，并在7日内提出处理意见。

44. B。本题考核的是国家所有的水下文物范围。此知识点已删除。

45. C。本题考核的是施工总承包和分包单位的安全生产责任。《建设工程安全生产管理条例》规定，总承包单位和分包单位对分包工程的安全生产承担连带责任。

46. C。本题考核的是建筑施工企业申请安全生产许可证时应提供的材料。建筑施工企业申请安全生产许可证时，应当向住房城乡建设主管部门提供下列材料：（1）建筑施工企业安全生产许可证申请表；（2）企业法人营业执照；（3）与申请安全生产许可证应当具备的安全生产条件相关的文件、材料。

47. B。本题考核的是安全生产许可证违法行为应承担的主要法律责任。"未取得安全生产许可证擅自从事施工活动"应承担的罚款额度区间是10万元以上50万元以下；"转让安全生产许可证、冒用安全生产许可证"应承担的罚款额度区间是10万元以上50万元以下；"安全生产许可证有效期满未办理延期手续继续从事施工活动"应承担的罚款额度区间是5万元以上10万元以下。由此可见在四个选项中罚款额度区间最小的是B项。

48. D。本题考核的是工伤认定。社会保险行政部门受理工伤认定申请后，根据审核需要可以对事故伤害进行调查核实；对依法取得职业病诊断证明书或者职业病诊断鉴定书的，社会保险行政部门不再进行调查核实，故A选项的表述过于绝对和片面了。B选项的正确表述为：职工和用人单位对是否是工伤有争议的，由用人单位承担举证责任。C选项的正确表述为：工伤认定的决定，由社会保险行政部门书面通知申请工伤认定的职工或者其近亲属和该职工所在单位。

49. A。本题考核的是危大工程安全专项施工方案的实施。对于按照规定需要进行第三方监测的危大工程，建设单位应当委托具有相应勘察资质的单位进行监测。

50. D。本题考核的是专项应急预案的内容。专项应急预案应当规定应急指挥机构与职责、处置程序和措施等内容。

51. D。本题考核的是政府主管部门实施安全生产行政执法工作的法定职权。安全生产监督检查人员执行监督检查任务时，必须出示有效的监督执法证件；对涉及被检查单位的技术秘密和业务秘密，应当为其保密。负有安全生产监督管理职责的部门在监督检查中，应当互相配合，实行联合检查；确需分别进行检查的，应当互通情况，发现存在的安全问题应当由其他有关部门进行处理的，应当及时移送其他有关部门并形成记录备查，接受移送的部门应当及时进行处理。

52. A。本题考核的是建筑起重机械安装、拆卸单位的安全责任。建筑起重机械使用单位和安装单位应当在签订的建筑起重机械安装、拆卸合同中明确双方的安全生产责任，故 B 选项错误。C 选项错在"由本单位安全负责人签字"，正确应为"由本单位技术负责人签字"。D 选项错在"工程所在地安全监督管理部门"，正确应为"工程所在地县级以上地方人民政府建设主管部门"。

53. C。本题考核的是团体标准。国家支持在重要行业、战略性新兴产业、关键共性技术等领域利用自主创新技术制定团体标准、企业标准，故 A 选项错误。制定团体标准的一般程序包括：提案、立项、起草、征求意见、技术审查、批准、编号、发布、复审，故 B 选项错误。团体标准由本团体成员约定采用或者按照本团体的规定供社会自愿采用，故 D 选项错误。

54. B。本题考核的是工程建设标准。行业标准是推荐性标准，故 A 选项错误。行业标准在相应的国家标准实施后，应当及时修订或废止，故 C 选项错误。D 选项的正确表述是：国家标准的复审一般在实施后 5 年进行一次。

55. D。本题考核的是工程质量监督手续的办理。《建设工程质量管理条例》规定，建设单位在开工前，应当按照国家有关规定办理工程质量监督手续，工程质量监督手续可以与施工许可证或者开工报告合并办理。

56. B。本题考核的是设计单位的质量责任和义务。设计单位在设计文件中选用的建筑材料、建筑构配件和设备，应当注明规格、型号、性能等技术指标，其质量要求必须符合国家规定的标准。

57. B。本题考核的是工程质量检测。检测报告经检测人员签字、检测机构法定代表人或者其授权的签字人签署，故 A 选项错误。C 选项的正确表述是：检测机构是具有独立法人资格的营利性中介机构。检测机构不得与行政机关，法律、法规授权的具有管理公共事务职能的组织以及所检测工程项目相关的设计单位、施工单位、监理单位有隶属关系或者其他利害关系，故 D 选项错误。

58. A。本题考核的是总分包单位的质量责任。总承包单位依法将建设工程分包给其他单位的，分包单位应当按照分包合同的约定对其分包工程的质量向总承包单位负责，总承包单位与分包单位对分包工程的质量承担连带责任。

59. D。本题考核的是未经竣工验收擅自使用的处理。《最高人民法院关于审理建设工程施工合同纠纷案件适用法律问题的解释（一）》规定，建设工程未经竣工验收，发包人擅自使用后，又以使用部分质量不符合约定为由主张权利的，人民法院不予支持；

但是承包人应当在建设工程的合理使用寿命内对地基基础工程和主体结构质量承担民事责任。

60. D。本题考核的是建设工程竣工规划验收。A 选项错在"住房城乡建设主管部门"正确应为"城乡规划行政主管部门"。对于验收合格的，由城乡规划行政主管部门出具规划认可文件或核发建设工程竣工规划验收合格证，故 B 选项错误。C 选项错在"3 个月内"正确应为 6 个月内。

61. D。本题考核的是建设工程的合理使用年限。设计文件应当符合国家规定的设计深度要求，注明工程合理使用年限，故 A 选项错误、D 选项正确。建设工程在超过合理使用年限后需要继续使用的，产权所有人应当委托具有相应资质等级的勘察、设计单位鉴定，并根据鉴定结果采取加固、维修等措施，重新界定使用期，故 B 选项的表述不正确。C 选项的正确表述为：建设工程合理使用年限从工程竣工验收合格之日起算。

62. B。本题考核的是质量保证金。A 选项错在"5%"，正确应为"3%"。C 选项的正确表述为：社会投资项目采用预留保证金方式的，发、承包双方可以约定将保证金交由第三方金融机构托管。D 选项错在"可以同时预留"，正确应为"不得同时预留"。

63. B。本题考核的是民事诉讼的基本特征。民事诉讼的基本特征是：公权性；程序性；强制性。

64. B。本题考核的是侵权纠纷。侵权纠纷，是指一方当事人对另一方侵权而产生的纠纷。在建设工程领域也易发生侵权纠纷，如施工单位在施工中未采取相应防范措施造成对他方损害而产生的侵权纠纷，未经许可使用他方的专利、工法等而造成的知识产权侵权纠纷等。

65. C。本题考核的是诉讼代理人的权限。《民事诉讼法》规定，诉讼代理人代为承认、放弃、变更诉讼请求，进行和解、提起反诉或者上诉，必须有委托人的特别授权。

66. D。本题考核的是执行案件的管辖。发生法律效力的民事判决、裁定，以及刑事判决、裁定中的财产部分，由第一审人民法院或者与第一审人民法院同级的被执行的财产所在地人民法院执行。

67. D。本题考核的是建设工程争议评审。如果当事人不接受评审组的建议或者裁决，仍可通过仲裁或者诉讼的方式解决争议，故 A 选项错误。争议评审制度并不是法定的争议解决方式，故 B 选项错误。C 选项错在"14 天内"正确应为"28 天内"。

68. B。本题考核的是仲裁和解。当事人达成和解协议的，可以请求仲裁庭根据和解协议作出裁决书，也可以撤回仲裁申请，故 A 选项错误。当事人达成和解协议，撤回仲裁申请后反悔的，仍可以根据仲裁协议申请仲裁，故 C 选项错误。当事人申请仲裁后，可以自行和解，故 D 选项错误。

69. B。本题考核的是仲裁庭的组成。根据仲裁规则的规定或者当事人约定由三名仲裁员组成仲裁庭的，应当各自选定或者各自委托仲裁委员会主任指定一名仲裁员，第三名仲裁员由当事人共同选定或者共同委托仲裁委员会主任指定。

70. B。本题考核的是行政强制执行。法律没有规定行政机关强制执行的，作出行政决定的行政机关应当申请人民法院强制执行。

二、多项选择题

71. A、C、D、E；	72. A、B、C、D；	73. A、C、D；
74. B、C；	75. A、C、E；	76. B、D；
77. B、C、D；	78. A、C、D；	79. C、D、E；
80. A、B、C、E；	81. A、B、D、E；	82. A、D、E；
83. A、B、C；	84. A、D；	85. A、C；
86. A、C、E；	87. B、C、E；	88. A、B、C、E；
89. A、D、E；	90. A、D、E；	91. C、E；
92. A、B、D、E；	93. A、D、E；	94. A、B；
95. A、C、D、E；	96. C、D；	97. B、E；
98. C、E；	99. C、E；	100. A、C、E。

【解析】

71. A、C、D、E。本题考核的是所有权的权能。处分权是所有人的最基本的权利，是所有权内容的核心，故 B 选项错误。

72. A、B、C、D。本题考核的是债的发生根据。建设工程债产生根据有合同、侵权、无因管理和不当得利。

73. A、C、D。本题考核的是质权。在一般情况下，权利质权自权利凭证交付质权人时设立，B 选项的表述过于片面了。E 选项错在"无权"二字，正确应是"有权"。

74. B、C。本题考核的是免征车船税的范围。下列车船免征车船税：（1）捕捞、养殖渔船；（2）军队、武装警察部队专用的车船；（3）警用车船；（4）悬挂应急救援专用号牌的国家综合性消防救援车辆和国家综合性消防救援专用船舶；（5）依照法律规定应当予以免税的外国驻华使领馆、国际组织驻华代表机构及其有关人员的车船。

75. A、C、E。本题考核的是居民个人所得税纳税人应当办理纳税申报的情形。有下列情形之一的，纳税人应当依法办理纳税申报：（1）取得综合所得需要办理汇算清缴；（2）取得应税所得没有扣缴义务人；（3）取得应税所得，扣缴义务人未扣缴税款；（4）取得境外所得；（5）因移居境外注销中国户籍；（6）非居民个人在中国境内从两处以上取得工资、薪金所得；（7）国务院规定的其他情形。

76. B、D。本题考核的是附加刑的种类。附加刑包括：（1）罚金；（2）剥夺政治权利；（3）没收财产；（4）驱逐出境。

77. B、C、D。本题考核的是保证工程质量和安全的具体措施。"有保证工程质量和安全的具体措施"包括：（1）施工企业编制的施工组织设计中有根据建筑工程特点制定的相应质量、安全技术措施。（2）建立工程质量安全责任制并落实到人。（3）专业性较强的工程项目编制了专项质量、安全施工组织设计，并按照规定办理了工程质量、安全监督手续。

78. A、C、D。本题考核的是"挂证"等违法违规行为。《关于开展工程建设领域专业技术人员职业资格"挂证"等违法违规行为专项整治的通知》规定，严肃查处持证人注册单位与实际工作单位不符、买卖租借（专业）资格（注册）证书等"挂证"违法违规行为，以及提供虚假就业信息、以职业介绍为名提供"挂证"信息服务等违法违规行为。地方各级住房城乡建设、人力资源社会保障、交通运输、水利、通信部门对违规使用"挂证"人员的单位应予以通报，记入不良行为记录，并列入建筑市场主体"黑名单"，向社会公布。

79. C、D、E。本题考核的是可以邀请招标的情形。《招标投标法实施条例》规定，国有资金占控股或者主导地位的依法必须进行招标的项目，应当公开招标；但有下列情形之一的，可以邀请招标：（1）技术复杂、有特殊要求或者受自然环境限制，只有少量潜在投标人可供选择；（2）采用公开招标方式的费用占项目合同金额的比例过大。

80. A、B、C、E。本题考核的是工程建设项目。《招标投标法实施条例》规定，工程建设项目是指工程以及与工程建设有关的货物、服务。工程是指建设工程，包括建筑物和构筑物的新建、改建、扩建及其相关的装修、拆除、修缮等；与工程建设有关的货物，是指构成工程不可分割的组成部分，且为实现工程基本功能所必需的设备、材料等；与工程建设有关的服务，是指为完成工程所需的勘察、设计、监理等服务。

81. A、B、D、E。本题考核的是发包人解除施工合同的情形。此知识点已变更。

82. A、D、E。本题考核的是承包人工程价款的优先受偿权。选项B错在"人民法院不予支持"正确应为"人民法院应予支持"。装饰装修工程的承包人，请求装饰装修工程价款就该装饰装修工程折价或者拍卖的价款优先受偿的，人民法院应予支持，故A选项正确。发包人与承包人约定放弃或者限制建设工程价款优先受偿权，损害建筑工人利益，发包人根据该约定主张承包人不享有建设工程价款优先受偿权的，人民法院不予支持，由此C选项也不能选。注意：《最高人民法院关于审理建设工程施工合同纠纷案件适用法律问题的解释（二）》已失效。

83. A、B、C。本题考核的是领取失业保险金应当符合的条件。失业人员符合下列条件的，从失业保险基金中领取失业保险金：（1）失业前用人单位和本人已经缴纳失业保险费满1年的；（2）非因本人意愿中断就业的；（3）已经进行失业登记，并有求职要求的。

84. A、D。本题考核的是标的物毁损灭失风险的承担。对于需要运输的标的物，当事人没有约定交付地点或者约定不明确，出卖人将标的物交付给第一承运人后，标的物毁损、灭失的风险由买受人承担，故B选项不选。因买受人的原因致使标的物不能按照约定的期限交付的，买受人应当自违反约定之日起承担标的物毁损、灭失的风险，故C选项不选。出卖人按照约定未交付有关标的物的单证和资料的，不影响标的物毁损、灭失风险的转移，故E选项不选。

85. A、C、E。本题考核的是非传统水源利用。非传统水源利用：（1）优先采用中水搅拌、中水养护，有条件的地区和工程应收集雨水养护。（2）处于基坑降水阶段的工地，宜优先采用地下水作为混凝土搅拌用水、养护用水、冲洗用水和部分生活用水。（3）现场机具、设备、车辆冲洗，喷洒路面，绿化浇灌等用水，优先采用非传统水源，尽量不使用市政自来水。（4）大型施工现场，尤其是雨量充沛地区的大型施工现场建立雨水收集利用系统，充分收集自然降水用于施工和生活中适宜的部位。（5）力争施工中非传统水源和循环水的再利用量大于30%。

86. A、B、C、E。本题考核的是建筑施工企业取得安全生产许可证应具备的条件。《建筑施工企业安全生产许可证管理规定》中规定，建筑施工企业取得安全生产许可证，应当具备下列安全生产条件：（1）建立、健全安全生产责任制，制定完备的安全生产规章制度和操作规程；（2）保证本单位安全生产条件所需资金的投入；（3）设置安全生产管理机构，按照国家有关规定配备专职安全生产管理人员；（4）主要负责人、项目负责人、专职安全生产管理人员经建设主管部门或者其他有关部门考核合格；（5）特种作业人员经有关业务主管部门考核合格，取得特种作业操作资格证书；（6）管理人员和作业人员每年至少进行1次安全生产教育培训并考核合格；（7）依法参加工伤保险，依法为施工现场从事危险作业的人员办理意外伤害保险，为从业人员交纳保险费；（8）施工现场的办公、生活区及作业场所和安全防护用具、机械设备、施工机具及配件符合有关安全生产法律、法规、标准和规程的要求；（9）有职业危害防治措施，并为作业人员配备符合国家标准或者行业标准的安全防护用具和安全防护服装；（10）有对危险性较大的分部分项工程及施工现场易发生重大事故的部位、环节的预防、监控措施和应急预案；（11）有生产安全事故应急救援预案、应急救援组织或者应急救援人员，配备必要的应急救援器材、设备；（12）法律、法规规定的其他条件。

87. B、C、E。本题考核的是建筑施工企业安全生产管理机构的职责。建筑施工企业安全生产管理机构具有以下职责：（1）宣传和贯彻国家有关安全生产法律法规和标准；（2）编制并适时更新安全生产管理制度并监督实施；（3）组织或参与企业生产安全事故应急救援预案的编制及演练；（4）组织开展安全教育培训与交流；（5）协调配备项目专职安全生产管理人员；（6）制订企业安全生产检查计划并组织实施；（7）监督在建项目安全生产费用的使用；（8）参与危险性较大工程安全专项施工方案专家论证会；（9）通报在建项目违规违章查处情况；（10）组织开展安全生产评优评先表彰工作；（11）建立企业在建项目安全生产管理档案；（12）考核评价分包企业安全生产业绩及项目安全生产管理情况；（13）参加生产安全事故的调查和处理工作；（14）企业明确的其他安全生产管理职责。

88. A、B、C、E。本题考核的是编制安全专项施工方案的工程范围。《建设工程安全生产管理条例》规定，对下列达到一定规模的危险性较大的分部分项工程编制专项施工方案，并附具安全验算结果，经施工单位技术负责人、总监理工程师签字后实施，由专职安全生产管理人员进行现场监督：（1）基坑支护与降水工程；（2）土方开挖工程；（3）模板工程；（4）起重吊装工程；（5）脚手架工程；（6）拆除、爆破工程；（7）国务院建设行政主管部门或者其他有关部门规定的其他危险性较大的工程。

89. A、D、E。本题考核的是生产经营单位应急预案。《生产安全事故应急预案管理办法》规定，生产经营单位应急预案分为综合应急预案、专项应急预案和现场处置方案。

90. A、D、E。本题考核的是建设单位的安全生产责任。B 选项属于设计单位的安全责任；C 选项属于监理单位的安全责任。

91. C、E。本题考核的是工程建设国家标准的制定。《标准化法》规定，国务院有关行政主管部门依据职责负责强制性国家标准的项目提出、组织起草、征求意见和技术审查。国务院标准化行政主管部门负责强制性国家标准的立项、编号和对外通报。

92. A、B、D、E。本题考核的是施工检测的见证取样和送检。在施工过程中，见证人员应按照见证取样和送检计划，对施工现场的取样和送检进行见证。取样人员应在试样或其包装上作出标识、封志。标识和封志应标明工程名称、取样部位、取样日期、样品名称和样品数量，并由见证人员和取样人员签字。见证人员和取样人员应对试样的代表性和真实性负责。

93. A、B、E。本题考核的是工程监理单位对有隶属关系或其他利害关系的回避。《建筑法》《建设工程质量管理条例》均规定，工程监理单位与被监理工程的施工承包单位以及建筑材料、建筑构配件和设备供应单位有隶属关系或者其他利害关系的，不得承担该项建设工程的监理业务。

94. A、B、E。本题考核的是缺陷责任期。C 选项错在"不再"二字。D 选项的正确表述为：由于承包人原因导致工程无法按规定期限进行竣（交）工验收的，缺陷责任期从实际通过竣（交）工验收之日起计。

95. A、C、D、E。本题考核的是投标保证金。《国务院办公厅关于清理规范工程建设领域保证金的通知》（国办发〔2016〕49 号）中规定，对建筑业企业在工程建设中需缴纳的保证金，除依法依规设立的投标保证金、履约保证金、工程质量保证金、农民工工资保证金外，其他保证金一律取消。

96. C、D。本题考核的是仲裁。仲裁机构受理案件的依据是当事人依法订立的仲裁协议，故 A 选项错误。有效的仲裁协议排除人民法院对仲裁协议约定争议事项的司法管辖权，故 B、E 选项错误。

97. B、E。本题考核的是建设工程证据审核认定。A 选项的正确表述是：无法与原件、原物核对的复印件、复制品不能单独作为认定案件事实的证据。C 选项错在"可以"二字，正确应为"不得"。D 选项的正确表述是：勘验笔录的证明力一般大于视听资料。

98. C、E。本题考核的是仲裁协议。仲裁协议是指当事人自愿将已经发生或者可能发生的争议通过仲裁解决的书面协议，由此可见 A 选项错误。仲裁协议应当采用书面形式，口头方式达成的仲裁意思表示无效，故 B 选项错误。仲裁协议约定两个以上仲裁机构的，当事人可以协议选择其中的一个仲裁机构申请仲裁；当事人不能就仲裁机构选择达成一致的，仲裁协议无效，故 D 选项错误。

99. C、E。本题考核的是人民调解。人民调解制度是一种司法辅助制度，故选项 A 错误。人民调解的组织形式是人民调解委员会，故 B 选项错误。人民调解达成的调解协议，不具有强制执行效力，故选项 D 错误。

100. A、C、E。本题考核的是行政许可设定权限。尚未制定法律、行政法规的，地方性法规可以设定行政许可，故 A 选项表述正确。尚未制定法律、行政法规和地方性法规的，因行政管理的需要，确需立即实施行政许可的，省、自治区、直辖市人民政府规章可以设定临时性的行政许可，故 B、D 选项的表述有误。

《建设工程法规及相关知识》
考前冲刺试卷（一）及解析

《建设工程法规及相关知识》考前冲刺试卷（一）

一、单项选择题（共70题，每题1分。每题的备选项中，只有1个最符合题意）

1. 以下法律中，全部属于行政法的是（　　）。
   A. 《节约能源法》《城市房地产管理法》《行政处罚法》《城乡规划法》
   B. 《土地管理法》《劳动法》《行政复议法》《行政许可法》
   C. 《城市房地产管理法》《行政复议法》《环境影响评价法》《标准化法》
   D. 《土地管理法》《城市房地产管理法》《环境影响评价法》《城乡规划法》

2. 关于立法备案的说法，错误的是（　　）。
   A. 设区的市的地方性法规由省、自治区的人民代表大会常务委员会报送备案
   B. 自治条例、单行条例报送备案时，应当说明对上位法作出变通的情况
   C. 行政法规由国务院报全国人民代表大会备案
   D. 部门规章报国务院备案

3. 关于不动产物权的说法，正确的是（　　）。
   A. 设立不动产物权，除法律另有规定外依法登记发生效力
   B. 依法应当登记的不动产物权，自申请不动产登记时发生效力
   C. 不动产物权的变更，无需登记
   D. 不动产物权的登记，由建设行政主管部门办理

4. 根据货物运输合同，承运人对托运人的财产享有（　　）。
   A. 占有权　　　　　　　　B. 使用权
   C. 收益权　　　　　　　　D. 处分权

5. 在施工过程中，施工单位对施工场地的占有属于（　　）。
   A. 他主占有　　　　　　　B. 自主占有
   C. 善意占有　　　　　　　D. 无权占有

6. 关于商标专用权的说法，正确的是（　　）。
   A. 商标专用权是一种有形财产权
   B. 转让注册商标的，由转让人向商标局提出申请

C. 注册商标的有效期为10年

D. 商标专用权的有效期自提出申请之日起计算

7. 下列选项中，当事人应承担侵权责任的是（ ）。

A. 工地的塔式起重机倒塌造成邻近的民房被砸塌

B. 某施工单位未按照合同约定工期竣工

C. 因台风导致工程损害

D. 某工程存在质量问题

8. 企业收入总额中，不征收企业所得税的收入是（ ）。

A. 财政拨款　　　　　　　　　B. 利息收入

C. 接受捐赠收入　　　　　　　D. 租金收入

9. 行政主体不仅应当按照行政法律规范所规定的条件、种类和幅度范围作出行政行为，而且要求行政行为的内容要符合立法精神和目的，符合公平正义等法律理性，这体现的是行政法基本原则中的（ ）。

A. 诚信原则　　　　　　　　　B. 程序正当原则

C. 高效便民原则　　　　　　　D. 行政合理性原则

10. 法律明文规定为犯罪行为的，依照法律定罪处刑；法律没有明文规定为犯罪行为的，不得定罪处刑，这体现的是刑法基本原则的（ ）。

A. 罪责相适应原则　　　　　　B. 罪刑法定原则

C. 适用刑法人人平等原则　　　D. 公平公正原则

11. 关于法人类型的说法，正确的是（ ）。

A. 法人分为营利法人、非营利法人和特别法人

B. 营利法人的设立无须登记

C. 特别法人是指农村集体经济组织法人

D. 非营利法人包括机关法人、事业单位、社会团体

12. 根据《建设工程企业资质管理制度改革方案》，专业作业资质实行（ ）。

A. 审批制　　　　　　　　　　B. 核准制

C. 特许制　　　　　　　　　　D. 备案制

13. 关于注册建造师延续注册的说法，正确的是（ ）。

A. 延续注册有效期为3年

B. 延续注册申请应当在注册有效期届满前3个月内提出

C. 申请延续注册只需要提供原注册证书

D. 延续注册执业期间不能申请变更注册

14. 根据《建筑市场信用管理暂行办法》，关于建筑市场信用信息分类的说法，正确的是（ ）。

A. 建筑市场信用信息由基本信息、资质信息构成

B. 优良信用信息是指建筑市场各方主体在工程建设活动中获得的省级以上行政机关或群团组织表彰奖励等信息

C. 基本信息是指注册登记信息、资质信息、工程项目信息、注册执业人员信息等

D. 不良信用信息是指建筑市场各方主体在工程建设活动中违反有关法律、法规、规章或者工程建设强制性标准等，受到市级以上住房城乡建设主管部门行政处罚的信息，以及经有关部门认定的其他不良信用信息

15. 下列行为中，属于施工单位业务承揽不良行为的是（ ）。
    A. 超越本单位资质等级承揽工程的
    B. 允许其他单位或者个人以本单位名义承揽工程的
    C. 涂改、伪造、出借、转让《建筑业企业资质证书》的
    D. 不按照与招标人订立的合同履行义务，情节严重的

16. 根据《优化营商环境条例》，除依法需要保密外，制定与市场主体生产经营活动密切相关的行政法规、规章、行政规范性文件，向社会公开征求意见的期限一般不少于（ ）日。
    A. 20
    B. 30
    C. 45
    D. 60

17. 在乡、村庄规划区内进行公益事业建设，确需占用农用地的，（ ）。
    A. 应当由省、自治区、直辖市人民政府城乡规划主管部门核发乡村建设规划许可证
    B. 应当由省、自治区、直辖市人民政府确定是否可以占用
    C. 应当在缴纳占地费用后，由城市、县人民政府城乡规划主管部门核发乡村建设规划许可证
    D. 应当办理农用地转用审批手续后，由城市、县人民政府城乡规划主管部门核发乡村建设规划许可证

18. 下列建筑工程中，应当办理施工许可证的是（ ）。
    A. 工程投资额 20 万元的改建工程
    B. 建筑面积 3000m² 的钢结构厂房新建工程
    C. 农民自建 2 层住宅
    D. 用于抢险救灾的房屋

19. 甲、乙、丙、丁四家公司组成联合体进行投标，则下列联合体成员的行为中正确的是（ ）。
    A. 该联合体成员甲公司又以自己名义单独对该项目进行投标
    B. 该联合体成员应签订共同投标协议
    C. 该联合体成员乙公司和丙公司又组成一个新联合体对该项目投标
    D. 甲、乙、丙、丁四家公司设立一个新公司作为该联合体投标的牵头人

20. 根据《建设工程施工转包违法分包等违法行为认定查处管理办法》，属于合法分包的是（ ）。
    A. 经建设单位认可，施工单位将其承包的部分工程分包给个人
    B. 施工总承包企业将钢结构工程分包给具有相应资质的企业
    C. 施工单位将工程分包给未申领安全生产许可证的企业

D. 专业作业承包人将其承包的劳务再分包的

21. 关于投标文件送达的说法，正确的是（　　）。
A. 投标人将投标文件送达后，招标人签收后可以开启
B. 投标人应当在招标文件要求提交投标文件的截止时间前，将投标文件送达投标地点
C. 在招标文件要求提交投标文件的截止时间后送达的投标文件，招标人应当否决其投标
D. 投标人应当如实记载投标文件的送达时间和密封情况，并存档备案

22. 关于开标程序的说法，正确的是（　　）。
A. 开标时间和地点应由各投标人协商决定
B. 开标时由行政监督部门检查投标文件的密封情况
C. 唱标时不必唱出投标报价
D. 招标人在招标文件要求提交投标文件的截止时间前收到的所有投标文件，开标时都应当当众予以拆封、宣读

23. 关于竞争性谈判采购程序的说法，正确的是（　　）。
A. 谈判小组所有成员不能与单一供应商进行谈判
B. 谈判小组从符合相应资格条件的供应商名单中确定两家供应商参加谈判
C. 谈判文件有实质性变动的，谈判小组应当以书面形式通知符合相应资格条件的供应商
D. 确定成交供应商后，将结果通知所有参加谈判的未成交的供应商

24. 下列合同各项内容中，不属于合同主要条款的是（　　）。
A. 价款或者报酬　　　　　　　B. 保险条款
C. 履行期限、地点和方式　　　D. 当事人的名称

25. 某工程施工合同的发包人拖欠工程进度款，承包人按照合同的约定及时调整了施工进度，放慢施工速度，承包人行使的是（　　）。
A. 不安抗辩权　　　　　　　　B. 先履行抗辩权
C. 同时履行抗辩权　　　　　　D. 后履行抗辩权

26. 某建设工程施工合同约定的开工日期为3月1日，发包人于3月10日向承包人发出开工通知，开工通知载明的开工日期为3月20日。接到开工通知后，承包人由于人员、设备未能及时到位，3月30日才正式进场施工。根据《最高人民法院关于审理建设工程施工合同纠纷案件适用法律问题的解释（一）》，该项目开工日期应当为（　　）。
A. 3月1日　　　　　　　　　　B. 3月20日
C. 3月10日　　　　　　　　　 D. 3月30日

27. 关于建设工程价款优先受偿权的说法，正确的是（　　）。
A. 建设工程价款优先受偿权与抵押权效力相同
B. 未竣工的建设工程质量合格，承包人对其承建工程的价款就其承建工程部分折价或者拍卖的价款优先受偿
C. 装饰装修工程的承包人不享有建设工程价款优先受偿权

D. 建设工程价款优先受偿的范围包括工程款、利息、违约金、损害赔偿金等

28. 根据《民法典》，下列合同转让产生法律效力的是（　　）。
A. 施工单位将施工合同中主体结构的施工转让给第三人
B. 施工单位将其对建设单位的债权转让给了水泥厂，并通知了建设单位
C. 建设单位到期不能支付工程款，书面通知施工单位将债务转让给第三人
D. 监理单位将监理合同一并转让给其他具有相应监理资质的监理单位

29. 某买卖合同约定甲向乙供货，并约定甲向承运人丙交付货物即视为甲完成交付，在货物交付运输期间，乙将该货物转卖给丁并通知丙向丁交货，但乙和丁对于货物毁损、灭失的风险没有约定。关于本案例中货物毁损、灭失风险承担的说法，正确的是（　　）。
A. 乙与丁的买卖合同成立时，货物毁损、灭失的风险由丁承担
B. 甲向丙交付货物后，货物毁损、灭失的风险由丙承担
C. 甲与乙的买卖合同成立，货物毁损、灭失的风险即由乙承担
D. 丙向丁交付货物后，货物毁损、灭失的风险由乙承担

30. 甲委托乙采购一种新材料并签订了材料采购委托合同，经甲同意，乙将新材料采购事务转委托给丙。关于该转委托中责任承担的说法，正确的是（　　）。
A. 乙对丙的行为承担责任
B. 甲与乙对丙的行为承担连带责任
C. 乙仅对丙的选任及其对丙的指示承担责任
D. 乙对丙的选任及其对丙的指示，由甲与乙承担连带责任

31. 建设单位在申请领取（　　）时，应当提供建设工程有关安全施工措施的资料。
A. 建设工程施工许可证　　　　B. 建设用地规划许可证
C. 建设工程规划许可证　　　　D. 房屋销售许可证

32. 根据《建设工程安全生产管理条例》，建设单位在拆除工程施工15日前应当将相关资料报送建设工程所在地的县级以上地方人民政府建设行政主管部门或者其他有关部门备案。下列资料中，应当报送备案的是（　　）。
A. 拆除工程的施工合同　　　　B. 安全措施计划方案
C. 工程监理单位人员名册　　　D. 施工单位资质等级证明

33. 根据《建筑施工单位安全生产许可证管理规定》，建筑施工单位破产、倒闭、撤销的，应当将安全生产许可证交回原安全生产许可证颁发管理机关予以（　　）。
A. 销毁　　　　　　　　　　　B. 注销
C. 撤销　　　　　　　　　　　D. 吊销

34. 施工单位主要负责人对安全生产的责任包括（　　）。
A. 保证本企业安全生产投入的有效实施
B. 工程项目实行总承包的，定期考核分包企业安全生产管理情况
C. 督促落实本单位重大危险源的安全管理措施
D. 在施工现场组织协调工程项目质量安全生产活动

35. 施工总承包单位应当承担的安全生产责任是（　　）。

A. 总承包合同应当明确总分包单位双方的安全生产责任
B. 负责调查施工生产安全事故
C. 与分包单位对分包工程的安全生产责任承担按份责任
D. 统一组织编制建设工程生产安全应急救援预案

36. 根据安全生产许可证的取得条件，必须持操作证书上岗的人员是（　　）。
A. 建筑起重机械司机　　　　　B. 项目经理
C. 专职安全员　　　　　　　　D. BIM 系统操作员

37. 根据《建设工程安全生产管理条例》，对于达到一定规模的危险性较大的分部分项工程，编制的专项施工方案除应附具安全验算结果外，应经（　　）签字后方可实施。
A. 施工单位法定代表人、监理单位法定代表人
B. 施工单位技术负责人、监理单位技术负责人
C. 施工单位技术负责人、总监理工程师
D. 施工项目技术负责人、总监理工程师

38. 根据《生产安全事故报告和调查处理条例》，某企业发生安全事故造成 30 人死亡、9000 万元直接经济损失，该生产安全事故属于（　　）。
A. 特别重大事故　　　　　　　B. 重大事故
C. 较大事故　　　　　　　　　D. 一般事故

39. 根据《生产安全事故应急条例》，下列情形中，生产安全事故应急救援预案制定单位应当及时修订相关预案的是（　　）。
A. 制定预案所依据的规章、标准发生变化
B. 安全生产面临的风险发生变化
C. 应急资源发生变化
D. 应急指挥机构及其职责发生调整

40. 根据《房屋市政工程生产安全事故报告和查处工作规程》，省级住房城乡建设主管部门应当在特别重大、重大事故发生后（　　）小时内，向国务院住房城乡建设主管部门上报事故情况。
A. 4　　　　　　　　　　　　B. 3
C. 2　　　　　　　　　　　　D. 1

41. 根据《生产安全事故报告和调查处理条例》，关于事故处理的说法，正确的是（　　）。
A. 重大事故的事故调查报告由国务院批复
B. 较大事故的批复时间为 30 日
C. 事故发生单位不得依照批复对本单位负有事故责任的人员进行处理
D. 特别重大事故的批复时间可以延长，但延长时间最长不超过 30 日

42. 关于建设工程安全生产的监督方式的说法，错误的是（　　）。
A. 建设行政主管部门对建设工程是否有安全施工措施进行审查时，应该收取费用
B. 对建设工程没有安全施工措施的，建设行政主管部门不得颁发施工许可证
C. 建设行政主管部门应当将拆除工程规定的有关资料的主要内容抄送同级负责安全生

产监督管理的部门

D. 建设行政主管部门应当将申请领取施工许可证的有关资料的主要内容抄送同级负责安全生产监督管理的部门

43. 关于工程建设行业标准的说法，正确的是（   ）。

A. 对没有推荐性国家标准，需要在全国工程建设行业范围内统一的技术要求，可以制定行业标准

B. 行业标准可以由行业协会制定

C. 工程建设行业标准中包括强制性标准

D. 行业标准的制定，应当报国务院标准化行政主管部门批准

44. 根据《无障碍环境建设法》，（   ）对未按照法律、法规和无障碍设施工程建设标准开展无障碍设施验收或者验收不合格的，不予办理竣工验收备案手续。

A. 工程质量检测机构

B. 住房和城乡建设等主管部门

C. 建设工程所有权人

D. 施工图审查机构

45. 根据《建设工程质量管理条例》，关于建设单位质量责任和义务的说法，正确的是（   ）。

A. 建设单位应当就施工图设计文件向施工单位进行技术交底

B. 建设单位不得明示或暗示设计单位违反抗震设防强制性标准，降低工程抗震性能

C. 建设单位在开工后，应当尽快办理工程质量监督手续

D. 建设单位应当对其采购的材料设备进行使用前的检验和试验

46. 根据《建设工程抗震管理条例》，（   ）应当将建筑的设计使用年限、结构体系、抗震设防烈度、抗震设防类别等具体情况和使用维护要求记入使用说明书，并将使用说明书交付使用人或者买受人。

A. 建设单位   B. 勘察单位

C. 设计单位   D. 施工单位

47. 根据《建设工程质量检测管理办法》，关于工程施工质量检测的说法，正确的是（   ）。

A. 检测报告经检测人员签字并加盖检测专用章后生效

B. 检测结果利害关系人对检测结果发生争议的，由双方共同认可的检测机构复检

C. 检测机构应当将检测过程中发现的施工单位违反工程建设强制性标准的情况，及时报告安全生产主管部门

D. 工程质量检测机构不得与建设单位有隶属关系

48. 根据《建设工程质量管理条例》，组织建设工程竣工验收的主体是（   ）。

A. 施工单位   B. 建设单位

C. 建设行政主管部门   D. 建设工程质量监督机构

49. 施工单位承担保修责任的前提条件之一是（   ）。

7

A. 非施工单位原因产生的质量问题　　B. 工期未按期交工

C. 属于保修书中约定的保修范围　　D. 工程价款结算完毕

50. 根据《建设工程质量管理条例》，工程承包单位在（　　）时，应当向建设单位出具质量保修书。

A. 工程价款结算完毕　　B. 施工完毕

C. 提交工程竣工验收报告　　D. 竣工验收合格

51. 根据《城镇排水与污水处理条例》，关于建设工程城镇排水与污水处理的说法，正确的是（　　）。

A. 建设工程开工前，施工单位应当查明工程建设范围内地下城镇排水与污水处理设施的相关情况

B. 城镇排水主管部门及其他相关部门和单位应当及时提供相关资料

C. 因工程建设需要拆除、改动城镇排水与污水处理设施的，政府有关部门应当承担改建和采取临时措施的费用

D. 建设工程施工范围内有排水管网等城镇排水与污水处理设施的，建设单位应当与设计单位、施工单位共同制定设施保护方案

52. 根据《噪声污染防治法》，关于噪声污染防治的说法，正确的是（　　）。

A. 施工单位应当按照规定将噪声污染防治费用列入工程造价

B. 建设单位应当在施工合同中明确施工单位的噪声污染防治责任

C. 建设单位应当按照规定制定噪声污染防治实施方案

D. 建设行政主管部门应当审核噪声污染防治实施方案

53. 根据《文物保护法》，受国家保护的文物是（　　）。

A. 与历史事件有关的代表性建筑

B. 具有历史、艺术、科学价值的石刻、壁画

C. 历史上各时代艺术品、工艺美术品

D. 反映历史上各时代的实物

54. 根据《历史文化名城名镇名村保护条例》，在历史文化名城、名镇、名村保护范围内修建生产、储存爆炸性、易燃性、放射性、毒害性、腐蚀性物品的工厂、仓库等的，并造成严重后果的，对个人并处（　　）的罚款。

A. 1 万元以上 5 万元以下

B. 5 万元以上 10 万元以下

C. 2 万元以上 10 万元以下

D. 10 万元以上 20 万元以下

55. 某单位职工小李因工负伤并被确认部分丧失劳动能力，关于其劳动合同解除的说法，正确的是（　　）。

A. 小李不能胜任工作的，单位有权与其解除劳动合同

B. 小李严重违反单位规章制度，单位有权与其解除劳动合同

C. 单位经济性裁员的，有权与小李解除劳动合同

D. 无论任何情形，单位均不得与小李解除劳动合同

56. 劳务派遣单位、用工单位违反《劳动合同法》有关劳务派遣规定，用工单位给被派遣劳动者造成损害的，应当由（　　）。

A. 劳务派遣单位承担赔偿责任

B. 用工单位承担赔偿责任

C. 劳务派遣单位与用工单位承担连带赔偿责任

D. 劳务派遣单位与用工单位分别承担赔偿责任

57. 根据《劳动合同法》，劳务派遣单位应当与被派遣劳动者订立（　　）年以上的固定期限劳动合同。

A. 5　　　　　　　　　　　　B. 3

C. 2　　　　　　　　　　　　D. 1

58. 根据《工程建设领域农民工工资专用账户管理暂行办法》，总承包单位应当在工程施工合同签订之日起（　　）日内开立农民工工资专用账户。

A. 14　　　　　　　　　　　　B. 15

C. 30　　　　　　　　　　　　D. 60

59. 某施工单位的下列工作安排，违反《劳动法》中关于女职工特殊保护规定的是（　　）。

A. 安排正在哺乳未满1周岁婴儿的女工李某从事资料整理工作

B. 安排怀孕6个月的女工钱某从事夜班工作

C. 安排女职工从事矿山井下作业

D. 批准女工王某只能休长假120天

60. 根据《工伤保险条例》，职工发生事故伤害或者按照职业病防治法规定被诊断、鉴定为职业病，所在单位应当自事故伤害发生之日或者被诊断、鉴定为职业病之日起（　　）日内，向统筹地区社会保险行政部门提出工伤认定申请。

A. 10　　　　　　　　　　　　B. 15

C. 20　　　　　　　　　　　　D. 30

61. 若职工因工致残被鉴定为六级伤残，且用人单位难以安排适当工作，那么用人单位应按月发放伤残津贴，该津贴占本人工资的百分比为（　　）。

A. 50%　　　　　　　　　　　B. 60%

C. 70%　　　　　　　　　　　D. 80%

62. 某建筑企业的劳动争议调解委员会应由（　　）组成。

A. 企业的法定代表人与劳动行政部门的代表

B. 企业的工会代表与劳动行政部门的代表

C. 企业的职工代表和企业代表

D. 企业的职工代表、企业代表和劳动行政部门的代表

63. 王某在施工现场工作时不慎受伤，在监理工程师的调解下，王某与雇主达成协议，雇主一次性支付王某两万元作为补偿，王某放弃诉讼权利。这种调解方式属于（　　）。

A. 行政调解　　　　　　　　　　B. 法院调解
C. 仲裁调解　　　　　　　　　　D. 人民调解

64. 某施工合同约定关于工程质量的一切争议由北京仲裁委员会仲裁。合同履行中，施工单位与建设单位在工程质量和工程价款结算数额上均发生争议。关于争议管辖的说法，正确的是（　　）。

A. 质量纠纷由北京仲裁委员会仲裁，结算纠纷由法院审理
B. 质量和结算纠纷均由北京仲裁委员会仲裁
C. 仲裁条款约定无效
D. 双方只能修改或补充仲裁约定

65. 某施工合同纠纷案经仲裁裁决，将已经竣工工程的部分楼层折价给施工单位抵偿工程欠款，但建设单位拒绝履行裁决。因此，施工单位决定申请执行仲裁裁决。关于申请执行仲裁裁决的说法，正确的是（　　）。

A. 施工单位申请执行的期间为1年
B. 申请执行本案的仲裁裁决，由施工单位所在地的中级人民法院管辖
C. 申请执行本案的仲裁裁决，由本案工程合同签订地的中级人民法院管辖
D. 施工单位有权向人民法院申请执行

66. 小赵有一个借款纠纷需要委托代理人进行诉讼，没有委托律师及基层法律服务工作者。下列人员中，可以被委托为诉讼代理人的是（　　）。

A. 朋友小李　　　　　　　　　　B. 邻居小江
C. 同事小黄　　　　　　　　　　D. 哥哥大赵

67. 人民法院2月1日作出第一审民事判决，判决书2月5日送达原告，2月10日送达被告，当事人双方均未提出上诉，该判决书生效之日是2月（　　）日。

A. 1　　　　　　　　　　　　　B. 5
C. 10　　　　　　　　　　　　 D. 26

68. 下列选项中，不能提起行政复议的行为是（　　）。

A. 某市建设行政主管部门将某施工单位的资质由一级降低为二级
B. 某市交通行政主管部门发布了禁止大型运输车辆超载的规定，并据此对某公司超载车辆进行扣押
C. 某市建设行政主管部门下达有关文件对内部工作人员予以警告处分
D. 某市民政部门对张某成立社团组织的申请不予批准

69. 申请人、第三人逾期不起诉又不履行行政复议决定书、调解书的，或者不履行最终裁决的行政复议决定的，符合规定的处理方法是（　　）。

A. 维持行政行为的行政复议决定书，只能由作出行政行为的行政机关依法强制执行
B. 变更行政行为的行政复议决定书，只能申请人民法院强制执行
C. 行政复议调解书，由行政复议机关依法强制执行，或者申请人民法院强制执行
D. 维持行政行为的行政复议决定书，只能申请人民法院强制执行

70. 关于行政诉讼案件证据保全的说法，正确的是（　　）。

A. 只能由诉讼参加人向人民法院申请保全证据

B. 只能由人民法院主动采取保全措施

C. 诉讼参加人可以向人民法院申请保全证据，人民法院也可以主动采取保全措施

D. 人民法院在征得行政诉讼当事人的同意后采取保全措施

二、多项选择题（共30题，每题2分。每题的备选项中，有2个或2个以上符合题意，至少有1个错项。错选，本题不得分；少选，所选的每个选项得0.5分）

71. 关于法的效力层级的说法，正确的有（　　）。

A. 行政法规的效力高于规章

B. 部门规章之间具有同等效力

C. 地方性法规的效力高于同级地方政府规章

D. 行政法规与地方性法规具有同等效力

E. 部门规章效力高于地方政府规章

72. 关于同一财产向两个以上债权人抵押的，拍卖抵押财产所得价款的清偿顺序的说法，正确的有（　　）。

A. 抵押权已经登记的，按照登记的时间先后确定清偿顺序

B. 抵押权已经登记的，按照债权比例清偿

C. 抵押权未登记的，按照交付的时间先后确定清偿顺序

D. 抵押权未登记的，按照设立的时间先后确定清偿顺序

E. 抵押权已经登记的先于未登记的受偿

73. 关于侵权责任的承担方式的说法，正确的有（　　）。

A. 二人以上分别实施侵权行为造成同一损害，每个人的侵权行为都足以造成全部损害的，行为人承担连带责任

B. 二人以上分别实施侵权行为造成同一损害，难以确定责任大小的，承担连带责任

C. 二人以上共同实施侵权行为，造成他人损害的，应当承担连带责任

D. 二人以上分别实施侵权行为造成同一损害，能够确定责任大小的，各自承担相应的责任

E. 二人以上实施危及他人人身、财产安全的行为，其中一人或者数人的行为造成他人损害，能够确定具体侵权人的，由侵权人承担责任

74. 某施工单位为了获取更大的利润，降低了工程质量标准，造成了重大安全事故，（　　）。

A. 对直接责任人员可以处3年以下有期徒刑

B. 对直接责任人员处拘役

C. 对直接责任人员可以并处罚金

D. 后果特别严重的，对直接责任人员处5年以上10年以下有期徒刑

E. 后果特别严重的，对直接责任人员处3年以上7年以下有期徒刑

75. 在代理关系中，委托代理关系终止的条件包括（　　）。

A. 被代理人的法人终止

B. 被代理人取得民事行为能力

C. 被代理人取消委托

D. 代理事项完成

E. 代理期限届满

76. 根据《拖欠农民工工资失信联合惩戒对象名单管理暂行办法》，下列情形中，人力资源社会保障行政部门按照管辖权限应当将用人单位列入失信联合惩戒名单的有（   ）。

    A. 克扣、无故拖欠农民工工资达到认定拒不支付劳动报酬罪数额标准的

    B. 因拖欠农民工工资违法行为引发群体性事件、极端事件造成严重不良社会影响的

    C. 将劳务违法分包给不具备用工主体资格的组织的

    D. 将劳务转包给不具备用工主体资格的个人的

    E. 没有在工程项目所在地银行开设农民工工资专用账户的

77. 营商环境包括市场主体在准入、生产经营、退出等过程中涉及的（   ）等有关外部因素和条件的总和。

    A. 创新环境　　　　　　　　　B. 政务环境

    C. 人文环境　　　　　　　　　D. 市场环境

    E. 法治环境

78. 申请办理建设工程规划许可证，应当提交（   ）等材料。

    A. 开工许可证

    B. 资金落实承诺书

    C. 施工图设计文件

    D. 使用土地的有关证明文件

    E. 建设工程设计方案

79. 建筑工程项目申请领取施工许可证应当具备的条件包括（   ）。

    A. 已经办理了用地批准手续

    B. 施工图设计文件已按规定通过了审查

    C. 消防设计图纸已经公安消防机构审核

    D. 按照规定应该委托监理的工程已委托监理

    E. 已经办理了招标投标核准手续

80. 根据《房屋建筑和市政基础设施项目工程总承包管理办法》，关于工程总承包单位的说法，正确的有（   ）。

    A. 工程总承包单位应当同时具有与工程规模相适应的工程设计资质和施工资质

    B. 工程总承包单位可以由具有相应资质的设计单位和施工单位组成联合体

    C. 工程总承包单位可以是工程总承包项目的代建单位或者造价咨询单位

    D. 工程总承包单位应当具有相应的项目管理体系和项目管理能力、财务和风险承担能力

    E. 工程总承包单位应当具有与发包工程相类似的设计、施工或者工程总承包业绩

81. 根据《必须招标的工程项目规定》，下列项目属于必须进行招标的有（   ）。

    A. 使用国有企业资金，并且该资金占控股或者主导地位的项目

B. 使用世界银行、亚洲开发银行等国际组织贷款、援助资金的项目

C. 使用外国政府及其机构贷款、援助资金的项目

D. 使用财政预算资金 200 万元以上,并且该资金占投资额 10%以上的项目

E. 使用有限公司资金的项目

82. 根据《民法典》,民事法律行为的有效要件有( )。

A. 行为人具有相应的民事行为能力

B. 不超越经营范围

C. 意思表示真实

D. 不违反法律、行政法规的强制性规定

E. 不违背公序良俗

83. 建设工程施工合同的下列情形中,应当认定无效的有( )。

A. 施工单位超越资质等级订立的

B. 没有资质的实际施工人借用有资质的建筑施工单位名义订立的

C. 建设单位胁迫施工单位订立的

D. 施工单位与建设单位对工程款支付有重大误解订立的

E. 建设工程必须进行招标而未招标订立的

84. 租赁合同中,符合承租人的合同解除权的情形有( )。

A. 租赁物非因承租人原因发生权属争议,致使租赁物无法使用的

B. 因租赁物部分或者全部毁损、灭失,致使不能实现合同目的的

C. 租赁物具有违反法律、行政法规关于使用条件的强制性规定情形,致使租赁物无法使用的

D. 租赁物危及承租人的安全或者健康的

E. 租赁物非因承租人原因被司法机关或者行政机关依法查封、扣押,致使租赁物无法使用的

85. 根据《建筑施工单位安全生产许可证管理规定》,建筑施工单位申请安全生产许可证时,应当向住房城乡建设主管部门提供的材料有( )。

A. 企业法人营业执照

B. 施工许可证

C. 规划许可证

D. 建筑施工单位安全生产许可证申请表

E. 证明符合安全生产条件相关的文件、材料

86. 根据《建筑法》,在施工过程中,施工单位施工作业人员的权利有( )。

A. 获得安全生产所需的防护用品

B. 根据现场条件改变施工图纸内容

C. 对危及生命安全和人身健康的行为提出批评

D. 对危及生命安全和人身健康的行为检举和控告

E. 对影响人身健康的作业程序和条件提出改进意见

87. 根据《建设工程安全生产管理条例》，施工单位对列入工程概算的安全作业环境及安全施工措施所需费用，应当用于（   ）。

A. 施工安全防护设施的采购

B. 施工机械设备的更新

C. 施工机具安全性能的检测

D. 安全施工措施的落实

E. 安全生产条件的改善

88. 根据《生产安全事故应急预案管理办法》，生产经营单位应急预案应当包括（   ）等附件信息。

A. 应急处置程序和措施

B. 应急组织机构和人员的联系方式

C. 应急预案的评审或者论证结果

D. 应急物资储备清单

E. 向上级应急管理机构报告的内容

89. 应当建立建设工程质量责任制度，并加强对建设工程抗震设防措施施工质量管理的单位有（   ）。

A. 工程监理单位

B. 建设单位

C. 施工单位

D. 分包单位

E. 工程总承包单位

90. 根据《建设工程质量管理条例》，工程设计单位的质量责任和义务包括（   ）。

A. 将工程概算控制在批准的投资估算之内

B. 设计方案先进可靠

C. 就审查合格的施工图设计文件向施工单位作出详细说明

D. 除有特殊要求的，不得指定生产厂、供应商

E. 参与建设工程质量事故分析

91. 建设单位办理大型公共建筑工程竣工验收备案应提交的材料有（   ）。

A. 工程竣工验收备案表

B. 住宅使用说明书

C. 工程竣工验收报告

D. 施工单位签署的工程质量保修书

E. 公安机关消防机构出具的消防验收合格证明文件

92. 某房屋建筑工程，建设单位与施工单位在工程质量保修书中对保修期限作如下规定，其中符合《建设工程质量管理条例》规定的有（   ）。

A. 装修工程 1 年

B. 安装工程 2 年

C. 屋面防水工程 10 年

D. 主体结构工程 30 年

E. 其他有防水要求的工程 5 年

93. 根据《环境保护法》，环境保护坚持的原则有（　　）。

A. 防治结合

B. 公众参与

C. 综合治理

D. 损害担责

E. 保护优先

94. 根据《劳动合同法》，订立劳动合同应当遵循合法的原则，合法的原则主要包括劳动合同的（　　）。

A. 形式合法

B. 内容合法

C. 存续合法

D. 格式合法

E. 主体合法

95. 根据《职业病防治法》，产生职业病危害的用人单位的设立除应当符合法律、行政法规规定的设立条件外，其工作场所还应当符合的要求包括（　　）。

A. 职业病危害因素的强度或者浓度符合国家职业卫生标准

B. 有与职业病危害防护相适应的设施

C. 生产布局合理，符合加工作业与包装作业分开的原则

D. 设备、工具、用具等设施符合保护劳动者生理、心理健康的要求

E. 有配套的更衣间、洗浴间、孕妇休息间等卫生设施

96. 某单位如下工作安排中，符合《劳动法》劳动保护规定的有（　　）。

A. 安排女工赵某在经期从事冷水作业

B. 批准女工孙某休产假 80 天

C. 安排 15 岁的周某担任仓库管理员

D. 安排怀孕 6 个月的女工钱某从事夜班工作

E. 安排 17 岁的李某担任矿井安检员

97. 下列情形应当认定为工伤的有（　　）。

A. 在工作时间和工作场所内，因工作原因受到事故伤害

B. 工作时间前后在工作场所内，从事与工作无关的私人活动受到事故伤害

C. 在工作时间和工作场所内，因履行工作职责受到暴力伤害

D. 因工外出期间，由于工作原因受到伤害

E. 在上下班途中，受到非本人主要责任的交通事故伤害

98. 劳动争议调解协议书应写明（　　）等。

A. 和解的情况

15

B. 调解的结果

C. 调解请求事项

D. 双方当事人基本情况

E. 协议履行期限

99. 某施工合同约定：发生争议由仲裁委员会或有管辖权的人民法院管辖。后双方发生施工合同争议，根据该条款，对该争议案件享有管辖权的应为（　　）。

A. 合同履行地人民法院

B. 被告住所地人民法院

C. 仲裁委员会

D. 合同签订地人民法院

E. 原告住所地人民法院

100. 当事人对已经发生法律效力的判决、裁定认为确有错误的，向上一级人民法院申请再审，当事人的申请符合（　　）情形之一的，人民法院应当再审。

A. 原判决、裁定认定事实的主要证据不足的

B. 原判决、裁定适用法律、法规确有错误的

C. 原判决、裁定遗漏诉讼请求的

D. 有新的证据的

E. 审判人员在审理该案件时有徇私舞弊裁判行为的

考前冲刺试卷（一）参考答案及解析

一、单项选择题

1. D;	2. C;	3. A;	4. A;	5. A;
6. C;	7. A;	8. A;	9. D;	10. B;
11. A;	12. D;	13. A;	14. C;	15. D;
16. B;	17. D;	18. B;	19. B;	20. B;
21. A;	22. D;	23. A;	24. D;	25. D;
26. B;	27. B;	28. B;	29. A;	30. C;
31. A;	32. D;	33. B;	34. D;	35. D;
36. A;	37. C;	38. A;	39. D;	40. B;
41. D;	42. A;	43. A;	44. D;	45. B;
46. A;	47. B;	48. D;	49. C;	50. D;
51. B;	52. B;	53. B;	54. D;	55. B;
56. C;	57. D;	58. D;	59. D;	60. D;
61. B;	62. C;	63. D;	64. A;	65. D;
66. D;	67. D;	68. C;	69. C;	70. C。

【解析】

1. D。本题考核的是法律部门和法律体系。《土地管理法》《城市房地产管理法》《行政处罚法》《行政复议法》《环境影响评价法》《行政许可法》《城乡规划法》等属于行政法。

2. C。本题考核的是立法的备案。行政法规、地方性法规、自治条例和单行条例、规章应当在公布后的 30 日内依照下列规定报有关机关备案：（1）行政法规报全国人民代表大会常务委员会备案；（2）省、自治区、直辖市的人民代表大会及其常务委员会制定的地方性法规，报全国人民代表大会常务委员会和国务院备案；设区的市、自治州的人民代表大会及其常务委员会制定的地方性法规，由省、自治区的人民代表大会常务委员会报全国人民代表大会常务委员会和国务院备案；（3）自治州、自治县的人民代表大会制定的自治条例和单行条例，由省、自治区、直辖市的人民代表大会常务委员会报全国人民代表大会常务委员会和国务院备案；自治条例、单行条例报送备案时，应当说明对法律、行政法规、地方性法规作出变通的情况；（4）部门规章和地方政府规章报国务院备案；地方政府规章应当同时报本级人民代表大会常务委员会备案；设区的市、自治州的人民政府制定的规章应当同时报省、自治区的人民代表大会常务委员会和人民政府备案；（5）根据授权制定的法规应当报授权决定规定的机关备案；经济特区法规报送备案时，应当说明对法律、行政法规、地方性法规作出变通的情况。

3. A。本题考核的是不动产物权的设立、变更、转让、消灭。B选项中的"申请不动产登记"说法有误，应该是"记载于不动产登记簿"。不动产物权设立、变更、转让和消灭，经依法登记，发生效力；未经登记，不发生效力，但是法律另有规定的除外，故C选项错误。不动产登记，由不动产所在地的登记机构办理，故D选项错误。

4. A。本题考核的是占有权。占有权是指对财产实际掌握、控制的权能。如，根据货物运输合同，承运人对托运人的财产享有占有权。

5. A。本题考核的是占有。在施工过程中，建设单位对施工场地的占有属于自主占有，施工单位对施工场地的占有属于他主占有。

6. C。本题考核的是商标专用权。商标专用权是一种无形财产权，故A选项错误。转让注册商标的，转让人和受让人应当共同向商标局提出申请，故B选项错误。注册商标的有效期为10年，自核准注册之日起计算，故C选项正确，D选项错误。

7. A。本题考核的是承担侵权责任的情形。建筑物、构筑物或者其他设施倒塌、塌陷造成他人损害的，由建设单位与施工单位承担连带责任，但是建设单位与施工单位能够证明不存在质量缺陷的除外。建设单位、施工单位赔偿后，有其他责任人的，有权向其他责任人追偿。因所有人、管理人、使用人或者第三人的原因，建筑物、构筑物或者其他设施倒塌、塌陷造成他人损害的，由所有人、管理人、使用人或者第三人承担侵权责任。B、D选项属于违约责任的情形。C选项属于不可抗力的情形。

8. A。本题考核的是企业所得税的征收范围。企业以货币形式和非货币形式从各种来源取得的收入，为收入总额。包括：（1）销售货物收入；（2）提供劳务收入；（3）转让财产收入；（4）股息、红利等权益性投资收益；（5）利息收入；（6）租金收入；（7）特许权使用费收入；（8）接受捐赠收入；（9）其他收入。收入总额中的下列收入为不征税收入：（1）财政拨款；（2）依法收取并纳入财政管理的行政事业性收费、政府性基金；（3）国务院规定的其他不征税收入。

9. D。本题考核的是行政法的基本原则。行政合理性原则，指行政主体不仅应当按照行政法律规范所规定的条件、种类和幅度范围作出行政行为，而且要求行政行为的内容要符合立法精神和目的，符合公平正义等法律理性。

10. B。本题考核的是刑法的基本原则。《刑法》第3条规定："法律明文规定为犯罪行为的，依照法律定罪处刑；法律没有明文规定为犯罪行为的，不得定罪处刑。"此即我国刑法中的罪刑法定原则。这一原则的价值内涵和内在要求，在整部法典中得到了较为全面、系统的体现。

11. A。本题考核的是法人的分类。营利法人经依法登记成立，故B选项错误。机关法人、基层群众性自治组织法人、农村集体经济组织法人、城镇农村的合作经济组织法人，为特别法人，故C选项错误。非营利法人包括事业单位、社会团体、基金会、社会服务机构等，故D选项错误。

12. D。本题考核的是施工单位的资质类别和等级。依据《建设工程企业资质管理制度改革方案》，专业作业资质实行备案制。

13. A。本题考核的是注册建造师的延续注册。B 选项错在"3 个月内"正确应为 30 日前。申请延续注册的除提供原注册证书外还需要提交：（1）注册建造师延续注册申请表；（2）申请人与聘用单位签订的聘用劳动合同复印件或其他有效证明文件；（3）申请人注册有效期内达到继续教育要求的证明材料，故 C 选项错误。在注册有效期内，注册建造师变更执业单位，应当与原聘用单位解除劳动关系，并按照规定办理变更注册手续，变更注册后仍延续原注册有效期，故 D 选项错误。

14. C。本题考核的是建筑市场诚信行为信息的分类。建筑市场信用信息由基本信息、优良信用信息、不良信用信息构成，故 A 选项错误。B 选项"省级以上行政机关"说法有误，应为"县级以上行政机关"。D 选项"受到市级以上"说法有误，应为"受到县级以上"。

15. D。本题考核的是承揽业务不良行为认定标准。承揽业务不良行为认定标准：（1）利用向发包单位及其工作人员行贿、提供回扣或者给予其他好处等不正当手段承揽业务的；（2）相互串通投标或与招标人串通投标的，以向招标人或评标委员会成员行贿的手段谋取中标的；（3）以他人名义投标或以其他方式弄虚作假，骗取中标的；（4）不按照与招标人订立的合同履行义务，情节严重的；（5）将承包的工程转包或违法分包的。

16. B。本题考核的是加强法治保障。除依法需要保密外，制定与市场主体生产经营活动密切相关的行政法规、规章、行政规范性文件，应当通过报纸、网络等向社会公开征求意见，并建立健全意见采纳情况反馈机制。向社会公开征求意见的期限一般不少于 30 日。

17. D。本题考核的是核发建设工程规划许可证。在乡、村庄规划区内进行乡镇企业、乡村公共设施和公益事业建设以及农村村民住宅建设，不得占用农用地；确需占用农用地的，应当依照《土地管理法》有关规定办理农用地转用审批手续后，由城市、县人民政府城乡规划主管部门核发乡村建设规划许可证。建设单位或者个人在取得乡村建设规划许可证后，方可办理用地审批手续。

18. B。本题考核的是需要办理施工许可证的建设工程。据此，《建筑工程施工许可管理办法》规定，工程投资额在 30 万元以下或者建筑面积在 300m² 以下的建筑工程，可以不申请办理施工许可证。抢险救灾及其他临时性房屋建筑和农民自建低层住宅的建筑活动，无需办理施工许可证。

19. B。本题考核的是联合体成员的行为。联合体各方应当签订共同投标协议，明确约定各方拟承担的工作和责任，并将共同投标协议连同投标文件一并提交招标人。

20. B。本题考核的是违法分包行为的认定。《建筑工程施工发包与承包违法行为认定查处管理办法》列举了以下违法分包的情形：（1）承包单位将其承包的工程分包给个人的；（2）施工总承包单位或专业承包单位将工程分包给不具备相应资质单位的；（3）施工总承包单位将施工总承包合同范围内工程主体结构的施工分包给其他单位的，钢结构工程除外；（4）专业分包单位将其承包的专业工程中非劳务作业部分再分包的；（5）专业作业承包人将其承包的劳务再分包的；（6）专业作业承包人除计取劳务作业费用外，还计取主要建筑材料款和大中型施工机械设备、主要周转材料费用的。A、C、D 选项均属于违法分包的行为。

21. B。本题考核的是投标文件的送达与签收。招标人收到投标文件后,应当签收保存,不得开启,故 A 选项错误。投标人应当在招标文件要求提交投标文件的截止时间前,将投标文件送达投标地点。未通过资格预审的申请人提交的投标文件,以及逾期送达或者不按照招标文件要求密封的投标文件,招标人应当拒收,故 C 选项错误。招标人应当如实记载投标文件的送达时间和密封情况,并存档备查,故 D 选项错误。

22. D。本题考核的是开标程序。开标应当在招标文件确定的提交投标文件截止时间的同一时间公开进行;开标地点应当为招标文件中预先确定的地点。开标时,由投标人或者其推选的代表检查投标文件的密封情况,也可以由招标人委托的公证机构检查并公证;经确认无误后,由工作人员当众拆封,宣读投标人名称、投标价格和投标的其他主要内容。招标人在招标文件要求提交投标文件的截止时间前收到的所有投标文件,开标时都应当当众予以拆封、宣读。开标过程应当记录,并存档备查。

23. D。本题考核的是竞争性谈判。谈判小组所有成员集中与单一供应商分别进行谈判,故 A 选项错误。谈判小组从符合相应资格条件的供应商名单中确定不少于三家的供应商参加谈判,并向其提供谈判文件,故 B 选项错误。谈判文件有实质性变动的,谈判小组应当以书面形式通知所有参加谈判的供应商,故 C 选项错误。谈判结束后,谈判小组应当要求所有参加谈判的供应商在规定时间内进行最后报价,采购人从谈判小组提出的成交候选人中根据符合采购需求、质量和服务相等且报价最低的原则确定成交供应商,并将结果通知所有参加谈判的未成交的供应商,故 D 选项正确。

24. B。本题考核的是合同主要条款。合同的内容由当事人约定,一般包括以下条款:(1)当事人的姓名或者名称和住所。(2)标的。(3)数量。(4)质量。(5)价款或者报酬。(6)履行期限、地点和方式。(7)违约责任。(8)解决争议的方法。

25. B。本题考核的是先履行抗辩权。当事人互负债务,有先后履行顺序,应当先履行债务一方未履行的,后履行一方有权拒绝其履行请求。先履行一方履行债务不符合约定的,后履行一方有权拒绝其相应的履行请求。

26. B。本题考核的是开工日期。《最高人民法院关于审理建设工程施工合同纠纷案件适用法律问题的解释(一)》规定,当事人对建设工程开工日期有争议的,人民法院应当分别按照以下情形予以认定:(1)开工日期为发包人或者监理人发出的开工通知载明的开工日期;开工通知发出后,尚不具备开工条件的,以开工条件具备的日期为开工日期;因承包人原因导致开工时间推迟的,以开工通知载明的日期为开工日期。(2)承包人经发包人同意已经实际进场施工的,以实际进场施工时间为开工日期。(3)发包人或者监理人未发出开工通知,亦无相关证据证明实际开工日期的,应当综合考虑开工报告、合同、施工许可证、竣工验收报告或者竣工验收备案表等载明的时间,并结合是否具备开工条件的事实,认定开工日期。

27. B。本题考核的是承包人工程价款的优先受偿权。承包人根据《民法典》第807条规定享有的建设工程价款优先受偿权优于抵押权和其他债权,故 A 选项错误。建设工程质量合格,承包人请求其承建工程的价款就工程折价或者拍卖的价款优先受偿的,人民法院应予支持。未竣工的建设工程质量合格,承包人请求其承建工程的价款就其承建工程部分折价或者拍卖的价款优先受偿的，人民法院应予支持，故 B 选项正确。装饰装修工程具备折价或者拍卖条件，装饰装修工程的承包人请求工程价款就该装饰装修工程折价或者拍卖的价款优先受偿的，人民法院应予支持，故 C 选项错误。承包人建设工程价款优先受偿的范围依照国务院有关行政主管部门关于建设工程价款范围的规定确定。承包人就逾期支付建设工程价款的利息、违约金、损害赔偿金等主张优先受偿的，人民法院不予支持，故 D 选项错误。

28. B。本题考核的是合同转让行为的法律效力。建设工程主体结构的施工必须由承包人自行完成。承包人将施工合同中主体结构的施工转让给第三人的，该转让行为无效，故 A 选项错误。债权人可以将债权的全部或者部分转让给第三人。债权人转让债权无需得到债务人同意，但要通知债务人方能对债务人生效。未通知债务人的，该转让对债务人不发生效力。债权转让的通知不得撤销，但是经受让人同意的除外，故 B 选项正确、C 选项错误。工程监理单位不得转让工程监理业务，该转让行为无效，故 D 选项错误。

29. A。本题考核的是买卖合同中标的物毁损灭失风险的承担。出卖人出卖交由承运人运输的在途标的物，除当事人另有约定以外，毁损、灭失的风险自合同成立时起由买受人承担。

30. C。本题考核的是转委托的责任承担。经委托人同意，受托人可以转委托。转委托经同意或者追认的，委托人可以就委托事务直接指示转委托的第三人，受托人仅就第三人的选任及其对第三人的指示承担责任。

31. A。本题考核的是有关保证工程质量和安全的具体措施。《建设工程安全生产管理条例》规定，建设单位在领取施工许可证时，应当提供建设工程有关安全施工措施的资料。

32. D。本题考核的是装修工程和拆除工程的规定。《建设工程安全生产管理条例》进一步规定，建设单位应当将拆除工程发包给具有相应资质等级的施工单位。建设单位应当在拆除工程施工 15 日前，将下列资料报送建设工程所在地的县级以上地方人民政府建设行政主管部门或者其他有关部门备案：（1）施工单位资质等级证明；（2）拟拆除建筑物、构筑物及可能危及毗邻建筑的说明；（3）拆除施工组织方案；（4）堆放、清除废弃物的措施。

33. B。本题考核的是安全生产许可证的有效期。建筑施工单位破产、倒闭、撤销的，应当将安全生产许可证交回原安全生产许可证颁发管理机关予以注销。

34. A。本题考核的是生产经营单位主要负责人对本单位安全生产工作的职责。生产经营单位的主要负责人对本单位安全生产工作负有下列职责：（1）建立健全并落实本单位全员安全生产责任制，加强安全生产标准化建设；（2）组织制定并实施本单位安全生产规章制度和操作规程；（3）组织制定并实施本单位安全生产教育和培训计划；（4）保证本单位安全生产投入的有效实施；（5）组织建立并落实安全风险分级管控和隐患排查治理双重预防工作机制，督促、检查本单位的安全生产工作，及时消除生产安全事故隐患；（6）组织制定并实施本单位的生产安全事故应急救援预案；（7）及时、如实报告生产安全事故。

35. D。本题考核的是施工总承包单位的安全生产责任。施工总承包单位的安全生产责任：（1）对施工现场的安全生产负总责；（2）总承包单位和分包单位对分包工程的安全生产承担连带责任；(3) 建筑起重机械安装使用的安全职责；(4) 统一组织编制建设工程生产安全应急救援预案；(5) 负责上报施工生产安全事故。

36. A。本题考核的是特种作业人员的安全生产教育培训。《建筑施工特种作业人员管理规定》（建质〔2008〕75号）规定，建筑施工特种作业包括：(1) 建筑电工；(2) 建筑架子工；(3) 建筑起重信号司索工；(4) 建筑起重机械司机；(5) 建筑起重机械安装拆卸工；(6) 高处作业吊篮安装拆卸工；(7) 经省级以上人民政府建设主管部门认定的其他特种作业。

《安全生产法》规定，生产经营单位的特种作业人员必须按照国家有关规定经专门的安全作业培训，取得相应资格，方可上岗作业。

37. C。本题考核的是专项施工方案的实施。对于达到一定规模的危险性较大的分部分项工程编制专项施工方案，应附具安全验算结果，经施工单位技术负责人、总监理工程师签字后实施，由专职安全生产管理人员进行现场监督。

38. A。本题考核的是生产安全事故的等级划分标准。根据生产安全事故造成的人员伤亡或者直接经济损失，事故一般分为以下等级：(1) 特别重大事故，是指造成30人以上死亡，或者100人以上重伤（包括急性工业中毒），或者1亿元以上直接经济损失的事故；(2) 重大事故，是指造成10人以上30人以下死亡，或者50人以上100人以下重伤，或者5000万元以上1亿元以下直接经济损失的事故；(3) 较大事故，是指造成3人以上10人以下死亡，或者10人以上50人以下重伤，或者1000万元以上5000万元以下直接经济损失的事故；(4) 一般事故，是指造成3人以下死亡，或者10人以下重伤，或者1000万元以下直接经济损失的事故。

39. D。本题考核的是生产安全事故应急预案的修订。《生产安全事故应急预案管理办法》规定，有下列情形之一的，应急预案应当及时修订并归档：(1) 依据的法律、法规、规章、标准及上位预案中的有关规定发生重大变化的；(2) 应急指挥机构及其职责发生调整的；(3) 安全生产面临的风险发生重大变化的；(4) 重要应急资源发生重大变化的；(5) 在应急演练和事故应急救援中发现需要修订预案的重大问题的；(6) 编制单位认为应当修订的其他情况。

40. B。本题考核的是事故报告流程。省级住房城乡建设主管部门应当在特别重大、重大事故或者可能演化为特别重大、重大的事故发生后3小时内，向国务院住房城乡建设主管部门上报事故情况。

41. D。本题考核的是事故处理时限和落实批复。《生产安全事故报告和调查处理条例》规定，重大事故、较大事故、一般事故，负责事故调查的人民政府应当自收到事故调查报告之日起15日内做出批复；特别重大事故，30日内做出批复，特殊情况下，批复时间可以适当延长，但延长的时间最长不超过30日。事故发生单位应当按照负责事故调查的人民政府的批复，对本单位负有事故责任的人员进行处理。

42. A。本题考核的是建设工程安全生产的监督方式。建设行政主管部门和其他有关部门应当将申请领取施工许可证、拆除工程规定的有关资料的主要内容抄送同级负责安全生产监督管理的部门。

43. A。本题考核的是工程建设行业标准的制定。对没有推荐性国家标准、需要在全国某个行业范围内统一的技术要求，可以制定行业标准，故 A 选项正确。行业标准由国务院有关行政主管部门制定，报国务院标准化行政主管部门备案，故 B、D 选项错误。国家标准中包括强制性标准，故 C 选项错误。

44. B。本题考核的是无障碍设施基本建设要求。住房和城乡建设等主管部门对未按照法律、法规和无障碍设施工程建设标准开展无障碍设施验收或者验收不合格的，不予办理竣工验收备案手续。国家鼓励工程建设单位在新建、改建、扩建建设项目的规划、设计和竣工验收等环节，邀请残疾人、老年人代表以及残疾人联合会、老龄协会等组织，参加意见征询和体验试用等活动。

45. B。本题考核的是建设单位相关的质量责任和义务。A 选项属于设计单位的重要义务。C 选项中的"开工后"说法有误，应该是"开工前"。D 选项中的"建设单位"说法有误，应该是"施工单位"。

46. A。本题考核的是建设工程抗震相关主体的责任。建设单位应当将建筑的设计使用年限、结构体系、抗震设防烈度、抗震设防类别等具体情况和使用维护要求记入使用说明书，并将使用说明书交付使用人或者买受人。

47. B。本题考核的是工程质量检测机构的资质和检测规定。检测报告经检测人员签字、检测机构法定代表人或者其授权的签字人签署，并加盖检测机构公章或者检测专用章后方可生效，故 A 选项错误。检测结果利害关系人对检测结果存在争议的，可以委托共同认可的检测机构复检，故 B 选项正确。检测机构在检测过程中发现建设、施工、监理单位存在违反有关法律法规规定和工程建设强制性标准等行为，以及检测项目涉及结构安全、主要使用功能检测结果不合格的，应当及时报告建设工程所在地县级以上地方人民政府住房和城乡建设主管部门，故 C 选项错误。检测机构不得与行政机关，法律、法规授权的具有管理公共事务职能的组织以及所检测工程项目相关的设计单位、施工单位、监理单位有隶属关系或者其他利害关系，故 D 选项错误。

48. B。本题考核的是建设工程竣工验收的主体。《建设工程质量管理条例》规定，建设单位收到建设工程竣工报告后，应当组织设计、施工、工程监理等有关单位进行竣工验收。

49. C。本题考核的是施工单位承担保修责任的前提条件。《建设工程质量管理条例》规定，建设工程在保修范围和保修期内发生质量问题的，施工单位应当履行保修义务，并对造成的损失承担赔偿责任。

50. C。本题考核的是建设工程质量保修制度。《建设工程质量管理条例》规定，建设工程承包单位在向建设单位提交工程竣工验收报告时，应当向建设单位出具质量保修书。质量保修书中应当明确建设工程的保修范围、保修期限和保修责任。

51. B。本题考核的是施工现场水污染的防治。A 选项中的主体应为建设单位。因工程建设需要拆除、改动城镇排水与污水处理设施的，建设单位应当制定拆除、改动方案，报城镇排水主管部门审核，并承担重建、改建和采取临时措施的费用，故 C 选项错误。建设单位应当与施工单位、设施维护运营单位共同制定设施保护方案，故 D 选项错误。

52. B。本题考核的是施工现场噪声污染的防治。建设单位应当按照规定将噪声污染防治费用列入工程造价，故 A 选项错误。施工单位应当按照规定制定噪声污染防治实施方案，故 C 选项错误。建设单位应当监督施工单位落实噪声污染防治实施方案，故 D 选项错误。

53. B。本题考核的是国家保护文物的范围。根据《文物保护法》规定，在中华人民共和国境内，下列文物受国家保护：（1）具有历史、艺术、科学价值的古文化遗址、古墓葬、古建筑、石窟寺和石刻、壁画；（2）与重大历史事件、革命运动或者著名人物有关的以及具有重要纪念意义、教育意义或者史料价值的近代现代重要史迹、实物、代表性建筑；（3）历史上各时代珍贵的艺术品、工艺美术品；（4）历史上各时代重要的文献资料以及具有历史、艺术、科学价值的手稿和图书资料等；（5）反映历史上各时代、各民族社会制度、社会生产、社会生活的代表性实物。

54. B。本题考核的是违反历史文化名城名镇名村保护应承担的法律责任。根据《历史文化名城名镇名村保护条例》，在历史文化名城、名镇、名村保护范围内有下列行为之一的，由城市、县人民政府城乡规划主管部门责令停止违法行为、限期恢复原状或者采取其他补救措施；有违法所得的，没收违法所得；逾期不恢复原状或者不采取其他补救措施的，城乡规划主管部门可以指定有能力的单位代为恢复原状或者采取其他补救措施，所需费用由违法者承担；造成严重后果的，对单位并处 50 万元以上 100 万元以下的罚款，对个人并处 5 万元以上 10 万元以下的罚款；造成损失的，依法承担赔偿责任：（1）开山、采石、开矿等破坏传统格局和历史风貌的；（2）占用保护规划确定保留的园林绿地、河湖水系、道路等的；（3）修建生产、储存爆炸性、易燃性、放射性、毒害性、腐蚀性物品的工厂、仓库等的。

55. B。本题考核的是用人单位可以解除劳动合同的情形。《劳动合同法》规定，劳动者有下列情形之一的，用人单位可以解除劳动合同：（1）在试用期间被证明不符合录用条件的；（2）严重违反用人单位的规章制度的；（3）严重失职，营私舞弊，给用人单位造成重大损害的；（4）劳动者同时与其他用人单位建立劳动关系，对完成本单位的工作任务造成严重影响，或者经用人单位提出，拒不改正的；（5）因《劳动合同法》第 26 条第 1 款第 1 项规定的情形（以欺诈、胁迫的手段或乘人之危，使对方在违背真实意思的情况下订立或者变更劳动合同）致使劳动合同无效的；（6）被依法追究刑事责任的。

56. C。本题考核的是违反劳务派遣。劳务派遣单位、用工单位违反《劳动合同法》有关劳务派遣规定的，由劳动行政部门责令限期改正；逾期不改正的，以每人 5000 元以上 1 万元以下的标准处以罚款，对劳务派遣单位，吊销其劳务派遣业务经营许可证。用工单位给被派遣劳动者造成损害的，劳务派遣单位与用工单位承担连带赔偿责任。

57. C。本题考核的是劳务派遣的劳动合同。劳务派遣单位应当与被派遣劳动者订立 2 年以上的固定期限劳动合同，按月支付劳动报酬。

58. C。本题考核的是工资专用账户制度。《工程建设领域农民工工资专用账户管理暂行办法》规定，专用账户按工程建设项目开立。总包单位应当在工程施工合同签订之日起 30 日内开立专用账户，并与建设单位、开户银行签订资金管理三方协议。

59. C。本题考核的是女职工的特殊保护。女职工禁忌从事的劳动范围有：（1）矿山井

24

下作业；（2）体力劳动强度分级标准中规定的第四级体力劳动强度的作业；（3）每小时负重6次以上、每次负重超过20公斤的作业，或者间断负重、每次负重超过25公斤的作业。C选项违反了女职工特殊保护的规定。

60. D。本题考核的是工伤认定申请的期限。《工伤保险条例》规定，职工发生事故伤害或者按照职业病防治法规定被诊断、鉴定为职业病，所在单位应当自事故伤害发生之日或者被诊断、鉴定为职业病之日起30日内，向统筹地区社会保险行政部门提出工伤认定申请。

61. B。本题考核的是工伤保险的待遇。根据《工伤保险条例》规定，六级伤残的职工，在用人单位难以安排工作的情况下，用人单位应按月发放伤残津贴，津贴标准为本人工资的60%。

62. C。本题考核的是企业劳动争议调解委员会的组成。企业劳动争议调解委员会由职工代表和企业代表组成。职工代表由工会成员担任或者由全体职工推举产生，企业代表由企业负责人指定。企业劳动争议调解委员会主任由工会成员或者双方推举的人员担任。

63. D。本题考核的是调解的形式。《人民调解法》规定，人民调解是指人民调解委员会通过说服、疏导等方法，促使当事人在平等协商基础上自愿达成调解协议，解决民间纠纷的活动。

64. A。本题考核的是仲裁协议的效力。仲裁协议是仲裁机构受理仲裁案件的基础，是仲裁庭审理和裁决的依据。《仲裁法》规定，当事人采用仲裁方式解决纠纷，应当双方自愿，达成仲裁协议。没有仲裁协议，一方申请仲裁的，仲裁委员会不予受理。同时，仲裁协议也限制仲裁的范围，仲裁庭只能对当事人在仲裁协议中约定的仲裁事项进行仲裁，对仲裁协议约定范围之外的其他争议无权仲裁。

65. D。本题考核的是仲裁裁决执行。对依法设立的仲裁机构的裁决，一方当事人不履行的，对方当事人可以向有管辖权的人民法院申请执行。受申请的人民法院应当执行。当事人申请执行仲裁裁决案件，由被执行人住所地或者被执行的财产所在地的中级人民法院管辖。申请仲裁裁决强制执行必须在法律规定的期限内提出。《民事诉讼法》规定，申请执行的期间为2年。

66. D。本题考核的是诉讼代理人。《民事诉讼法》规定，当事人、法定代理人可以委托1至2人作为诉讼代理人。下列人员可以被委托为诉讼代理人：（1）律师、基层法律服务工作者；（2）当事人的近亲属或者工作人员；（3）当事人所在社区、单位以及有关社会团体推荐的公民。

67. D。本题考核的是民事诉讼的上诉期限。当事人不服地方人民法院第一审判决的，有权在判决书送达之日起15日内向上一级人民法院提起上诉；不服地方人民法院第一审裁定的，有权在裁定书送达之日起10日内向上一级人民法院提起上诉。

68. C。本题考核的是不能提起行政复议的事项。《行政复议法》规定，下列事项不属于行政复议范围：（1）国防、外交等国家行为；（2）行政法规、规章或者行政机关制定、发布的具有普遍约束力的决定、命令等规范性文件；（3）行政机关对行政机关工作人员的奖惩、任免等决定；（4）行政机关对民事纠纷作出的调解。

69. C。本题考核的是行政复议决定的履行。申请人、第三人逾期不起诉又不履行行政复议决定书、调解书的，或者不履行最终裁决的行政复议决定的，按照下列规定分别处理：（1）维持行政行为的行政复议决定书，由作出行政行为的行政机关依法强制执行，或者申请人民法院强制执行；（2）变更行政行为的行政复议决定书，由行政复议机关依法强制执行，或者申请人民法院强制执行；（3）行政复议调解书，由行政复议机关依法强制执行，或者申请人民法院强制执行。

70. C。本题考核的是证据保全。在证据可能灭失或者以后难以取得的情况下，诉讼参加人可以向人民法院申请保全证据，人民法院也可以主动采取保全措施。

二、多项选择题

71. A、B、C；　　　　72. A、E；　　　　73. A、C、D、E；
74. B、C、D；　　　　75. A、C、D、E；　　76. A、B；
77. B、C、D、E；　　　78. D、E；　　　　79. A、B、C、D；
80. A、B、D、E；　　　81. B、C、D、E；　　82. A、B、C；
83. A、B、E；　　　　84. A、B、D、E；　　85. A、D、E；
86. A、B、C、E；　　　87. D、E；　　　　88. B、D、E；
89. A、C、E；　　　　90. C、D、E；　　　91. C、D、E；
92. A、B、C、E；　　　93. B、C、D、E；　　94. A、B、E；
95. A、C、E；　　　　96. D、E；　　　　97. C、D、E；
98. B、C、D、E；　　　99. A、B；　　　　100. A、B、C、E。

【解析】

71. A、B、C。本题考核的是法的效力层级。行政法规的效力高于地方性法规，故D选项错误。部门规章和地方政府规章具有同等效力，故E选项错误。

72. A、E。本题考核的是抵押权的实现。同一财产向两个以上债权人抵押的，拍卖、变卖抵押财产所得的价款依照下列规定清偿：（1）抵押权已经登记的，按照登记的时间先后确定清偿顺序；（2）抵押权已经登记的先于未登记的受偿；（3）抵押权未登记的，按照债权比例清偿。

73. A、C、D、E。本题考核的是侵权责任的承担方式。分别侵权承担连带责任，二人以上分别实施侵权行为造成同一损害，每个人的侵权行为都足以造成全部损害的，行为人承担连带责任。分别侵权承担按份责任，二人以上分别实施侵权行为造成同一损害，能够确定责任大小的，各自承担相应的责任；难以确定责任大小的，平均承担责任。

74. B、C、D。本题考核的是工程重大安全事故罪。《刑法》第137条规定，建设单位、设计单位、施工单位、工程监理单位违反国家规定，降低工程质量标准，造成重大安全事故的，对直接责任人员处5年以下有期徒刑或者拘役，并处罚金；后果特别严重的，处5年以上10年以下有期徒刑，并处罚金。

75. A、C、D、E。本题考核的是委托代理终止的情形。委托代理终止，是指被代理人与代理人之间的代理关系消灭。《民法典》规定，有下列情形之一的，委托代理终止：（1）代理期限届满或者代理事务完成；（2）被代理人取消委托或者代理人辞去委托；（3）代理人丧失民事行为能力；（4）代理人或者被代理人死亡；（5）作为被代理人或者代理人的法人、非法人组织终止。

76. A、B。本题考核的是拖欠工程款或工人工资不良行为认定标准。《拖欠农民工工资失信联合惩戒对象名单管理暂行办法》规定，用人单位拖欠农民工工资，具有下列情形之一，经人力资源社会保障行政部门依法责令限期支付工资，逾期未支付的，人力资源社会保障行政部门应当作出列入决定，将该用人单位及其法定代表人或者主要负责人、直接负责的主管人员和其他直接责任人员列入失信联合惩戒名单：（1）克扣、无故拖欠农民工工资达到认定拒不支付劳动报酬罪数额标准的；（2）因拖欠农民工工资违法行为引发群体性事件、极端事件造成严重不良社会影响的。

77. B、C、D、E。本题考核的是营商环境的概念。营商环境是指企业等市场主体在市场经济活动中所涉及的体制机制性因素和条件。具体来讲，营商环境包括市场主体在准入、生产经营、退出等过程中涉及的政务环境、市场环境、法治环境、人文环境等有关外部因素和条件的总和。

78. D、E。本题考核的是规划许可证的申请。申请办理建设工程规划许可证，应当提交使用土地的有关证明文件、建设工程设计方案等材料。需要建设单位编制修建性详细规划的建设项目，还应当提交修建性详细规划。

79. A、B、C、D。本题考核的是施工许可证的申领条件。建设单位申请领取施工许可证，应当具备下列条件，并提交相应的证明文件：

（1）依法应当办理用地批准手续的，已经办理该建筑工程用地批准手续。

（2）依法应当办理建设工程规划许可证的，已经取得建设工程规划许可证。

（3）施工场地已经基本具备施工条件，需要征收房屋的，其进度符合施工要求。

（4）已经确定施工单位。

（5）有满足施工需要的资金安排、施工图纸及技术资料，建设单位应当提供建设资金已经落实承诺书，施工图设计文件已按规定审查合格。

（6）有保证工程质量和安全的具体措施。

80. A、B、D、E。本题考核的是工程总承包项目的发包。工程总承包单位不得是工程总承包项目的代建单位、项目管理单位、监理单位、造价咨询单位、招标代理单位，故 C 选项错误。

81. A、B、C、D。本题考核的是必须进行招标的工程项目范围。根据《必须招标的工程项目规定》，全部或者部分使用国有资金投资或者国家融资的项目包括：（1）使用预算资金 200 万元人民币以上，并且该资金占投资额 10% 以上的项目；（2）使用国有企业事业单位资金，并且该资金占控股或者主导地位的项目。使用国际组织或者外国政府贷款、援助资金的项目包括：（1）使用世界银行、亚洲开发银行等国际组织贷款、援助资金的项目；（2）使用外国政府及其机构贷款、援助资金的项目。

82. A、C、D、E。本题考核的是有效的民事法律行为。《民法典》规定，具备下列条

27

件的民事法律行为有效：（1）行为人具有相应的民事行为能力；（2）意思表示真实；（3）不违反法律、行政法规的强制性规定，不违背公序良俗。

83. A、B、E。本题考核的是建设工程无效施工合同的主要情形。《最高人民法院关于审理建设工程施工合同纠纷案件适用法律问题的解释（一）》规定，建设工程施工合同具有下列情形之一的，应当依据民法典第153条第1款的规定，认定无效：（1）承包人未取得建筑业企业资质或者超越资质等级的；（2）没有资质的实际施工人借用有资质的建筑施工单位名义的；（3）建设工程必须进行招标而未招标或者中标无效。C、D选项属于可撤销合同的情形。

84. A、B、D、E。本题考核的是承租人的合同解除权。承租人的合同解除权：

（1）租赁物非因承租人原因被司法机关或者行政机关依法查封、扣押，致使租赁物无法使用的；

（2）租赁物非因承租人原因发生权属争议，致使租赁物无法使用的；

（3）非因承租人原因租赁物具有违反法律、行政法规关于使用条件的强制性规定情形，致使租赁物无法使用的；

（4）因租赁物部分或者全部毁损、灭失，致使不能实现合同目的的；

（5）租赁物危及承租人的安全或者健康的。当租赁物的质量瑕疵达到危及承租人人身安全或健康的程度时，即使承租人订立合同时明知该租赁物质量不合格，承租人仍然可以随时解除合同。

85. A、D、E。本题考核的是建筑施工单位申请安全生产许可证时应提供的材料。建筑施工单位申请安全生产许可证时，应当向住房城乡建设主管部门提供下列材料：（1）建筑施工单位安全生产许可证申请表；（2）企业法人营业执照；（3）证明符合安全生产条件相关的文件、材料。

86. A、C、D、E。本题考核的是施工单位施工作业人员的权力。按照《劳动法》《建筑法》《安全生产法》《建设工程安全生产管理条例》等法律、行政法规的规定，施工作业人员主要享有如下的安全生产权利：（1）施工安全生产的知情权和建议权；（2）施工安全防护用品的获得权；（3）对危险行为的批评、检举、控告权和拒绝违章指挥权；（4）紧急避险权；（5）获得救治和请求民事赔偿权；（6）获得工伤保险、安全生产责任保险和意外伤害保险赔偿的权利；（7）依靠工会维护合法权益。

87. A、D、E。本题考核的是安全生产管理费用的使用。《建设工程安全生产管理条例》规定，施工单位对列入建设工程概算的安全作业环境健全施工措施所需费用，应当用于施工安全防护用具设施的采购和更新、安全施工措施的落实、安全生产条件的改善，不得挪作他用。

88. B、D、E。本题考核的是生产安全事故应急救援预案的内容。《生产安全事故应急预案管理办法》第16条规定，生产经营单位应急预案应当包括向上级应急管理机构报告的内容、应急组织机构和人员的联系方式、应急物资储备清单等附件信息。附件信息发生变化时，应当及时更新，确保准确有效。

89. A、C、E。本题考核的是建设工程抗震管理制度。工程总承包单位、施工单位及工程监理单位应当建立建设工程质量责任制度,加强对建设工程抗震设防措施施工质量的管理。

90. C、D、E。本题考核的是工程设计单位的质量责任和义务。设计单位应就审查合格的施工图设计文件向施工单位作出详细说明。除有特殊要求的建筑材料、专用设备、工艺生产线等外,设计单位不得指定生产厂、供应商。设计单位还应当参与建设工程质量事故分析,并对因设计造成的质量事故,提出相应的技术处理方案。

91. A、C、D、E。本题考核的是建设单位办理工程竣工验收备案应当提交的文件。建设单位办理工程竣工验收备案应当提交下列文件:(1)工程竣工验收备案表;(2)工程竣工验收报告;(3)法律、行政法规规定应当由规划、环保等部门出具的认可文件或者准许使用文件;(4)法律规定应当由公安消防部门出具的对大型的人员密集场所和其他特殊建设工程验收合格的证明文件;(5)施工单位签署的工程质量保修书;(6)法规、规章规定必须提供的其他文件。住宅工程还应当提交《住宅质量保证书》和《住宅使用说明书》。

92. A、B、C、E。本题考核的是建设工程质量保修的内容。《建设工程质量管理条例》第40条规定,在正常使用条件下,建设工程的最低保修期限为:(1)基础设施工程、房屋建筑的地基基础工程和主体结构工程,为设计文件规定的该工程的合理使用年限;(2)屋面防水工程、有防水要求的卫生间、房间和外墙面的防渗漏,为5年;(3)供热与供冷系统,为2个采暖期、供冷期;(4)电气管道、给排水管道、设备安装和装修工程,为2年。

93. B、C、D、E。本题考核的是建设工程环境保护制度。根据《环境保护法》,保护环境是国家的基本国策。环境保护坚持保护优先、预防为主、综合治理、公众参与、损害担责的原则。

94. A、B、E。本题考核的是劳动合同订立的原则。《劳动合同法》规定,订立劳动合同,应当遵循合法、公平、平等自愿、协商一致、诚实信用的原则。其中,合法的原则主要包括劳动合同的主体合法、形式合法和内容合法三个方面。

95. A、B、D、E。本题考核的是产生职业病危害的工作场所应当符合的职业卫生要求。《职业病防治法》规定,产生职业病危害的用人单位的设立除应当符合法律、行政法规规定的设立条件外,其工作场所还应当符合下列职业卫生要求:(1)职业病危害因素的强度或者浓度符合国家职业卫生标准;(2)有与职业病危害防护相适应的设施;(3)生产布局合理,符合有害与无害作业分开的原则;(4)有配套的更衣间、洗浴间、孕妇休息间等卫生设施;(5)设备、工具、用具等设施符合保护劳动者生理、心理健康的要求;(6)法律、行政法规和国务院卫生行政部门关于保护劳动者健康的其他要求。

96. D、E。本题考核的是女职工和未成年工的特殊保护。根据《女职工劳动保护特别规定》,女职工在经期禁忌从事的劳动范围有:(1)冷水作业分级标准中规定的第二级、第三级、第四级冷水作业;(2)低温作业分级标准中规定的第二级、第三级、第四级低温作业;(3)体力劳动强度分级标准中规定的第三级、第四级体力劳动强度的作业;(4)高处作业分级标准中规定的第三级、第四级高处作业,故A选项不符合规定。女职工生育享受98天产假,其中产前可以休假15天,故B选项不符合规定。《未成年人保护法》规定,任何组织或者个人不得招用未满16周岁未成年人,国家另有规定的除外,故C选项不符合规定。对怀孕7个月以上的女职工，用人单位不得延长劳动时间或者安排夜班劳动，并应当在劳动时间内安排一定的休息时间，故D选项符合规定。招用已满16周岁未成年人的单位和个人应当执行国家在工种、劳动时间、劳动强度和保护措施等方面的规定，不得安排其从事过重、有毒、有害等危害未成年人身心健康的劳动或者危险作业，故E选项符合规定。

97. A、C、D、E。本题考核的是应当认定为工伤的情形。《工伤保险条例》规定，职工有下列情形之一的，应当认定为工伤：（1）在工作时间和工作场所内，因工作原因受到事故伤害的；（2）工作时间前后在工作场所内，从事与工作有关的预备性或者收尾性工作受到事故伤害的；（3）在工作时间和工作场所内，因履行工作职责受到暴力等意外伤害的；（4）患职业病的；（5）因工外出期间，由于工作原因受到伤害或者发生事故下落不明的；（6）在上下班途中，受到非本人主要责任的交通事故或者城市轨道交通、客运轮渡、火车事故伤害的；（7）法律、行政法规规定应当认定为工伤的其他情形。B选项中的"从事与工作无关的私人活动"并不符合工伤认定的标准，因此不选。

98. B、C、D、E。本题考核的是劳动争议调解的程序。劳动争议调解协议书应写明双方当事人基本情况、调解请求事项、调解的结果和协议履行期限、履行方式等。

99. A、B。本题考核的是特殊地域管辖。因合同纠纷提起的诉讼，由被告住所地或合同履行地人民法院管辖。

100. A、B、C、E。本题考核的是审判监督程序。当事人对已经发生法律效力的判决、裁定，认为确有错误的，可以向上一级人民法院申请再审，但判决、裁定不停止执行。

《建设工程法规及相关知识》
考前冲刺试卷（二）及解析

《建设工程法规及相关知识》考前冲刺试卷（二）

一、单项选择题（共70题，每题1分。每题的备选项中，只有1个最符合题意）

1. 依照我国的法律形式，《建筑法》属于（　　）。
   A. 部门规章　　　　　　　　B. 行政法规
   C. 法律　　　　　　　　　　D. 地方性法规

2. 行政法规之间对同一事项的新的一般规定与旧的特别规定不一致，不能确定如何适用时，由（　　）裁决。
   A. 最高人民法院　　　　　　B. 国务院
   C. 全国人民代表大会　　　　D. 全国人民代表大会常务委员会

3. 某施工单位因工作需要购买一辆二手机动车，施工单位取得该机动车的时间是（　　）。
   A. 订立机动车买卖合同时　　B. 交付行驶证时
   C. 交付车辆时　　　　　　　D. 进行过户登记时

4. 甲房地产公司在A地块开发住宅小区，为满足该小区的住户观景的需要，便与相邻的乙工厂协商约定，甲公司支付乙工厂800万元，乙工厂在20年内不在本厂区建设15m以上的建筑物，以免遮挡住户观景。合同签订生效后甲公司即支付了全部款项。后来，甲公司将A块地的建设用地使用权转让给丙置业公司。关于A地块权利的说法，正确的是（　　）。
   A. 甲公司对乙工厂的土地拥有地役权
   B. 甲公司对乙工厂的土地拥有担保物权
   C. 甲公司约定的权利自合同公证后获得
   D. 甲公司转让A地块后，丙公司不享有该项权利

5. 下列作品中，不属于著作权保护对象的有（　　）。
   A. 建筑作品　　　　　　　　B. 工程设计图
   C. 反映地理现象的示意图　　D. 外观设计专利

6. 某施工单位的项目经理侵犯了设计单位的商业秘密，情节严重的，应（　　）；情

节特别严重的，处 3 年以上 10 年以下有期徒刑，并处罚金。

  A. 处 5 年以下有期徒刑，并处或者单处罚金

  B. 处 2 年以上 7 年以下有期徒刑，并处罚金

  C. 处 3 年以下有期徒刑，并处或者单处罚金

  D. 处 3 年以下有期徒刑，并处罚金

7. 因产品存在缺陷造成他人损害的，被侵权人（　　）。

  A. 只能向产品的生产者请求赔偿

  B. 只能向产品的销售者请求赔偿

  C. 同时向产品的生产者和销售者请求赔偿

  D. 可以向产品的生产者请求赔偿，也可以向产品的销售者请求赔偿

8. 依法设立的城乡污水集中处理、生活垃圾集中处理场所超过国家和地方规定的排放标准向环境排放应税污染物的，（　　）。

  A. 不缴纳环境保护税   B. 应当缴纳环境保护税

  C. 减按 75% 征收环境保护税 D. 减按 50% 征收环境保护税

9. 关于行政机关对施工单位提出的行政许可申请的说法，正确的是（　　）。

  A. 申请事项依法不需要取得行政许可的，应当予以驳回

  B. 申请材料存在可以当场更正的错误的，应当要求申请人重新申请

  C. 行政机关不予受理申请的，应当出具书面凭证

  D. 行政机关受理申请的，可以不出具书面凭证

10. 根据《刑法》，下列刑罚中，属于主刑的是（　　）。

  A. 没收财产   B. 剥夺政治

  C. 管制   D. 驱逐出境

11. 关于施工单位法人与项目经理部法律关系的说法，正确的是（　　）。

  A. 项目经理部具备法人资格

  B. 项目经理是企业法定代表人授权在建设工程施工项目上的管理者

  C. 项目经理部行为的法律后果由其自己承担

  D. 项目经理部是施工单位内部常设机构

12. 下列建设工程分包的说法中，属于承包人合法分包的是（　　）。

  A. 未经建设单位许可将承包工程中的劳务进行分包

  B. 将专业工程分包给不具备资质的承包人

  C. 将劳务作业分包给不具备资质的承包人

  D. 未经建设单位许可将承包工程中的专业工程分包给他人

13. 根据《注册建造师执业管理办法（试行）》，注册建造师可以同时担任两个项目的项目负责人的情形是（　　）。

  A. 两个项目的发包人是同一单位

  B. 因发包人原因导致停工超过 3 个月

  C. 合同约定的工程验收合格，正在办理工程结算

D. 建造师同时具有两个专业的执业资格

14. 根据《全国建筑市场各方主体不良行为记录认定标准》，属于施工单位资质不良行为的是（　　）。

A. 不按照与招标人订立的合同履行义务，情节严重的

B. 以他人名义投标，骗取中标的

C. 允许其他单位或个人以本单位名义承揽工程的

D. 涂改、伪造、出借、转让安全生产许可证的

15. 注册建造师的下列行为中，经有关监督部门确认后应当记入注册建造师执业信用档案的是（　　）。

A. 对本人执业活动进行解释和辩护的

B. 接受继续教育的

C. 变更注册单位后到另一家施工单位从事执业活动的

D. 超出执业范围和聘用企业业务范围从事执业活动的

16. 根据《保障中小企业款项支付条例》，关于事业单位从中小企业采购工程价款支付的说法，正确的是（　　）。

A. 应当自工程交付之日起 60 日内支付款项

B. 机关、事业单位使用财政资金从中小企业采购货物、工程、服务，应当严格按照批准的预算执行，不得无预算、超预算开展采购

C. 事业单位内部付款流程未履行完毕的，可以拒绝或者迟延支付中小企业款项

D. 合同约定采取履行进度结算的，付款期限应当自相应履行进度完成之日起算

17. 在乡、村庄规划区内进行乡镇企业、乡村公共设施和公益事业建设的，由（　　）核发乡村建设规划许可证。

A. 乡人民政府

B. 城市、县人民政府城乡规划主管部门

C. 省、自治区、直辖市人民政府

D. 镇人民政府

18. 在申请领取施工许可证应当具备的条件中，关于施工图纸及技术资料的说法，正确的是（　　）。

A. 有施工方案设计即可

B. 有初步设计图纸并通过初步设计审查

C. 有经审查合格的施工图设计文件

D. 有注册执业人员签章的施工图

19. 关于建设工程共同承包的说法，正确的是（　　）。

A. 中小型工程但技术复杂的，可以采取联合共同承包

B. 两个不同资质等级的单位实行联合共同承包的，应当按照资质等级高的单位的业务许可范围承揽工程

C. 联合体各方应当与建设单位分别签订合同，就承包工程中各自负责的部分承担责任

D. 共同承包的各方就承包合同的履行对建设单位承担连带责任

20. 根据《建筑工程施工转包违法分包等违法行为认定查处管理办法》，下列情形中，不属于挂靠的是（   ）。

   A. 资质等级低的借用资质等级高的

   B. 资质等级高的借用资质等级低的

   C. 相同资质等级相互借用的

   D. 承包单位通过采取合作承包形式，直接将其承包的全部工程转给其他单位的

21. 根据《招标投标法》及相关规定，关于邀请招标的说法，正确的是（   ）。

   A. 受自然环境限制不适宜公开招标的省级重点项目，建设单位可自行决定邀请招标

   B. 由于资金条件限制，只有少量潜在投标人可供选择的项目，可采取邀请招标

   C. 国有资金占控股或者主导地位的依法必须进行招标的项目，应当邀请招标

   D. 采用公开招标方式的费用占合同金额比例过大的项目，可采取邀请招标

22. 下列情形中，属于投标人相互串通投标的是（   ）。

   A. 投标人之间协商投标报价等投标文件的实质性内容

   B. 两个以上投标人的投标文件具有特殊标记

   C. 不同投标人的投标文件在同一文印店装订

   D. 不同投标人的投标保函由同一银行开具

23. 根据《政府采购法》，采购的货物规格、标准统一、现货货源充足且价格变化幅度小的政府采购项目，可以采用（   ）方式采购。

   A. 询价   B. 邀请招标

   C. 竞争性磋商   D. 单一来源采购

24. 关于可撤销合同的说法，正确的是（   ）。

   A. 代理权终止后，代理人以被代理人的名义订立的合同，可以撤销

   B. 当事人只能以提起诉讼的方式行使撤销权

   C. 当事人可以放弃撤销权

   D. 被撤销的合同自法院判决生效之日起失去法律约束力

25. 施工合同履行过程中，施工单位可以被免除违约责任的情形是（   ）。

   A. 施工过程中遭遇梅雨季节，导致工期延误

   B. 施工过程中发生罕见洪灾，导致工期延误

   C. 施工单位的设备损坏，导致工期延误

   D. 施工单位迟延施工遭遇泥石流，导致工期延误

26. 根据《最高人民法院关于审理建设工程施工合同纠纷案件适用法律问题的解释（一）》，下列情形中，造成建设工程质量缺陷，发包人应当承担过错责任的是（   ）。

   A. 未申领施工许可证

   B. 直接指定分包人分包专业工程

   C. 迟延提供设计文件

   D. 拖欠工程款

27. 某施工单位一直拖欠材料供应商的货款，材料供应商多次索要未果，便将该债权转让给该工程项目的建设单位。工程结算时，建设单位提出要将该债权与需要支付的工程款抵销，施工单位以不知道此事为由不同意。根据《民法典》，关于该债权转让的说法，正确的是（　　）。

A. 该债权转让时如果材料供应商通知了施工单位，则建设单位可以主张抵销

B. 材料供应商转让债权无需让施工单位知晓

C. 材料供应商转让债权应当经施工单位同意

D. 该债权转让时即使材料供应商通知了施工单位，建设单位也不可以主张抵销

28. 施工单位发生以下情形，建设单位请求解除施工合同，人民法院应予支持的是（　　）。

A. 将承包的建设工程转包、违法分包的

B. 已经完成的建设工程质量不合格的

C. 不履行合同约定的协助义务的

D. 合同约定的期限内没有完工的

29. 关于借款合同利息的说法，正确的是（　　）。

A. 借款合同对支付利息没有约定的，视为没有利息

B. 借款的利息可以预先在本金中扣除

C. 对支付利息的期限没有约定的，应当在返还借款时一并支付

D. 借款期限不论有没有约定，借款人都可以随时返还

30. 关于承揽合同解除的说法，正确的是（　　）。

A. 承揽人未经定作人同意将其承揽的主要工作交由第三人完成的，定作人可以解除合同

B. 除非合同当事人双方书面的约定，定作人和承揽人均不得解除承揽合同

C. 承揽人发现定作人提供的材料不符合约定的，有权以书面通知的方式，单方解除承揽合同

D. 承揽人可以随时解除承揽合同，造成定作人损失的，应当赔偿损失

31. 下列责任中，属于建设单位安全责任的是（　　）。

A. 向工程总承包单位提供勘察资料

B. 合同约定的工期不得短于定额工期

C. 依法办理有关批准手续

D. 提出防范生产安全事故的指导意见和措施建议

32. 在施工现场安装、拆卸施工起重机械、整体提升脚手架、模板等自升式架设设施，必须由（　　）承担。

A. 总承包单位　　　　　　　　B. 使用设备的分包单位

C. 具有相应资质的单位　　　　D. 设备出租单位

33. 下列情形中，安全生产许可证颁发管理机关或者其上级行政机关可以撤销已经颁发的安全生产许可证的是（　　）。

A. 转让安全生产许可证的

B. 安全生产许可证有效期满未办理延期手续的

C. 建筑施工单位不再具备安全生产条件的

D. 超越法定职权颁发安全生产许可证的

34. 关于施工单位专职安全生产管理人员在施工现场职责的说法，正确的是（ ）。

A. 组织制定本单位安全生产操作规程

B. 编制安全专项施工方案

C. 监督作业人员安全防护用品的配备及使用情况

D. 建立健全本单位安全生产责任制

35. 关于施工单位项目负责人安全生产责任的说法，正确的是（ ）。

A. 应当监控分部分项工程的安全生产情况

B. 每月带班生产时间不得少于其工作日的60%

C. 每月带班检查时间不得少于其工作日的25%

D. 应当对工程项目落实带班制度负责

36. 根据国务院安委会《关于进一步加强安全培训工作的决定》，高危企业新职工安全培训合格后，要在经验丰富的工人师傅带领下，实习至少（ ）个月后方可独立上岗。

A. 6　　　　　　　　　　　　　　B. 3

C. 2　　　　　　　　　　　　　　D. 1

37. 根据《危险性较大的分部分项工程安全管理规定》，关于需要进行第三方监测的危大工程的说法，正确的是（ ）。

A. 建设单位应当委托具有相应质量检测资质的单位进行监测

B. 监测方案由监测单位负责人审核签字并加盖单位公章

C. 监测单位发现异常时，及时向建设、设计、施工、监理单位报告

D. 监测单位及时向建设行政主管部门报送监测成果，并对监测成果负责

38. 根据《生产安全事故应急预案管理办法》，生产经营单位为应对某一类型生产安全事故而制定的工作方案属于（ ）。

A. 综合应急预案　　　　　　　　B. 现场处置方案

C. 特殊应急预案　　　　　　　　D. 专项应急预案

39. 某施工总承包项目施工现场发生大型塔式起重机倾倒生产安全事故。负责上报该事故的主体是（ ）。

A. 施工总承包单位　　　　　　　B. 建设单位

C. 监理单位　　　　　　　　　　D. 塔式起重机安装单位

40. 下列职责中，属于施工生产安全事故调查组职责的是（ ）。

A. 查明事故发生的间接经济损失

B. 追究责任人的法律责任

C. 提出对受伤人员的赔偿方案

D. 提出对事故责任者的处理建议

41. 生产经营单位发生生产安全事故后,事故现场施工人员必须立即报告( )。

A. 本企业负责人

B. 当地安全生产监督管理部门

C. 县级以上地方人民政府

D. 省(自治区、直辖市)安全生产监督管理部门

42. 根据《房屋建筑和市政基础设施工程施工安全监督工作规程》,工程项目因故中止施工的,( )应当向建设行政主管部门安全生产监督机构申请办理中止施工安全监督手续。

A. 施工单位 B. 建设单位

C. 监理单位 D. 施工总承包单位

43. 关于团体标准的说法,正确的是( )。

A. 团体标准的技术要求不得高于强制性标准的相关技术要求

B. 在重要行业、战略性新兴产业、关键共性技术等领域制定团体标准必须利用自主创新技术

C. 国家鼓励社会团体制定高于推荐性标准相关技术要求的团体标准

D. 团体标准对本团体成员单位强制适用

44. 根据《无障碍环境建设法》,( )应当将无障碍环境建设纳入国民经济和社会发展规划,将所需经费纳入本级预算,建立稳定的经费保障机制。

A. 县级以上人民政府市场监管部门

B. 县级以上人民政府

C. 中国残联

D. 省、自治区、直辖市人民政府

45. 关于施工单位的质量责任的说法,正确的是( )。

A. 国家鼓励施工单位建立工程质量责任制度

B. 施工单位应当通过信息化手段采集、留存隐蔽工程施工质量信息

C. 施工单位对建设工程的施工质量负责

D. 施工单位技术负责人对因施工导致的工程质量问题承担主要责任

46. 根据《房屋建筑工程和市政基础设施工程实行见证取样和送检的规定》,涉及结构安全的试块、试件和材料见证取样和送检的最低比例是有关技术标准中规定应取样数量的( )。

A. 20% B. 30%

C. 25% D. 40%

47. 根据《建设工程质量管理条例》,隐蔽工程在覆盖前,施工单位应当及时通知的单位和机构是( )。

A. 勘察单位和安全生产监督机构

B. 建设单位和安全生产监督机构

C. 设计单位和建设工程质量监督机构

D. 建设单位和建设工程质量监督机构

48. 以下关于建筑节能验收的说法，错误的是（   ）。

A. 政府投资项目不符合强制性节能标准的，依法负责项目审批的机关不得批准建设

B. 国家实行固定资产项目节能评估和审查制度

C. 不符合强制性节能标准的项目不得开工建设

D. 不符合强制性节能标准，但已建成的项目，可以投入使用

49. 根据《房屋建筑和市政基础设施工程竣工验收备案管理办法》，关于竣工验收备案的说法，正确的是（   ）。

A. 建设单位应当自建设工程竣工验收合格之日起30日内办理建设工程竣工验收备案

B. 备案机关发现建设单位在竣工验收过程中有违反国家有关建设工程质量管理规定行为的，应当责令停止使用，重新组织竣工验收

C. 工程质量监督机构应当在工程竣工验收之日起3个月内，向备案机关提交工程质量监督报告

D. 备案机关验证竣工验收备案文件齐全后，应当在工程竣工验收备案表上签署同意意见

50. 关于缺陷责任期确定的说法，正确的是（   ）。

A. 由于承包人的原因导致工程无法进行竣工验收，缺陷责任期从实际通过竣工验收之日开始计算

B. 施工合同可以约定缺陷责任期为26个月

C. 某工程2023年6月11日完成建设工程竣工验收备案，该工程缺陷责任期起算时间为2023年6月11日

D. 由于发包人的原因导致工程无法按规定期限进行竣工验收，在承包人提交验收报告60天后，工程自动进入缺陷责任期

51. 编制可能对国家大气污染防治重点区域的大气环境造成严重污染的有关工业园区规划，应当（   ）。

A. 办理大气污染排放许可证　　　　B. 制定防治污染的措施

C. 缴纳大气污染防治费　　　　　　D. 依法进行环境影响评价

52. 根据《关于推进建筑垃圾减量化的指导意见》，关于建筑垃圾处理的说法，正确的是（   ）。

A. 建设单位应当建立建筑垃圾分类收集与存放管理制度

B. 建筑垃圾实行分类收集、分类存放、统一处置制度

C. 鼓励以前端收集为导向对建筑垃圾进行细化分类

D. 严禁将危险废物和生活垃圾混入建筑垃圾

53. 下列文物中，属于国家所有的是（   ）。

A. 祖传文物

B. 我国邻海毗邻区海域中遗存的文物

C. 民营企业家捐赠给国家的文物

D. 遗存于公海的起源于中国的文物

54. 根据《文物保护法》，关于施工发现文物的报告和保护的说法，正确的是（　　）。
   A. 发现文物的单位或者个人应当保护现场
   B. 发现文物的单位或者个人应当在合理时间内报告有关部门
   C. 文物行政部门必须在 12 小时内赶赴现场
   D. 施工发现的文物归施工单位所有，无需报告有关部门

55. 某施工单位的下列劳动者中，有权要求与企业订立无固定期限劳动合同的是（　　）。
   A. 在该施工单位已经连续订立 2 次固定期限劳动合同，因工负伤调整到其他工作岗位的李某
   B. 在该施工单位连续工作刚满 8 年的张某
   C. 在该施工单位工作满 2 年，并被任命为总经理的王某
   D. 在该施工单位累计工作刚满 10 年，期间曾离开过企业 1 年的刘某

56. 某施工单位与李某协商解除劳动合同，李某在该企业工作了 2 年 3 个月，在解除合同前 12 个月李某月平均工资为 6000 元。根据《劳动合同法》，该企业应当给予李某经济补偿（　　）元。
   A. 6000　　　　　　　　　　　　B. 12000
   C. 15000　　　　　　　　　　　 D. 18000

57. 根据《工程建设领域农民工工资保证金规定》，施工总承包单位采用银行保函替代工资保证金，发生拖欠农民工工资的，提供银行保函的经办银行应在收到《支付通知书》（　　）个工作日内，依照银行保函约定支付农民工工资。
   A. 2　　　　　　　　　　　　　 B. 3
   C. 5　　　　　　　　　　　　　 D. 6

58. 根据《职业病防治法》，新建、扩建、改建建设项目和技术改造、技术引进项目可能产生职业病危害的，（　　）在可行性论证阶段应当向应急管理部门提交职业病危害预评价报告。
   A. 建设单位　　　　　　　　　　 B. 施工单位
   C. 设计单位　　　　　　　　　　 D. 监理单位

59. 某女职工与用人单位订立劳动合同从事后勤工作，约定劳动合同期限为 2 年。关于该女职工权益保护的说法，正确的是（　　）。
   A. 怀孕女职工在劳动时间内进行产前检查，不计入劳动时间
   B. 公司可以安排该女职工在经期从事国家规定的第 3 级体力劳动强度的劳动
   C. 若该女职工已怀孕 5 个月，公司不得安排夜班劳动
   D. 若该女职工哺乳的孩子已满 18 个月，公司可以安排夜班劳动

60. 根据《劳动法》，用人单位强令劳动者违章冒险作业，发生重大伤亡事故，造成严重后果的，对责任人员的处理是（　　）。
   A. 责令改正　　　　　　　　　　 B. 罚款

C. 依法追究刑事责任 　　　　　　D. 吊销营业执照

61. 社会保险行政部门应当自工伤认定决定作出之日起（　　）日内，将《认定工伤决定书》或者《不予认定工伤决定书》送达受伤害职工（或者其近亲属）和用人单位，并抄送社会保险经办机构。

A. 5 　　　　　　　　　　　　　　B. 10
C. 15 　　　　　　　　　　　　　　D. 20

62. 根据《劳动争议调解仲裁法》，调解协议生效后，对双方当事人具有约束力，当事人应当履行。此处的"约束力"是指（　　）。

A. 必须执行
B. 调解协议具有强制执行的效果
C. 强制对方执行
D. 只能是劳动合同的约束力

63. 关于人民调解的说法，正确的是（　　）。
A. 经人民调解委员会调解达成调解协议的，必须制作调解协议书
B. 经人民调解委员会调解达成的调解协议具有法律强制力
C. 调解协议的履行发生争议的，一方当事人可以向人民法院申请强制执行
D. 经人民调解委员会调解达成调解协议后，双方当事人可以共同向调解组织所在地基层人民法院申请司法确认

64. 关于仲裁协议效力的说法，正确的是（　　）。
A. 人民法院受理案件后，当事人可另行达成仲裁协议
B. 当事人在订立合同时就争议达成仲裁协议的，合同无效则仲裁协议无效
C. 当事人对仲裁协议效力有异议的，可以在仲裁裁决作出前提出
D. 仲裁协议是仲裁委员会受理案件的前提

65. 仲裁过程中，申请人甲与被申请人乙双方有意和解，下列符合我国法律规定的做法是（　　）。
A. 甲乙不能自行达成和解协议
B. 甲乙达成和解也不能撤回仲裁申请
C. 甲撤回仲裁申请后又反悔的，不得再就同一事项申请仲裁
D. 甲乙达成的和解协议不具有强制执行效力

66. 当事人不得在合同中协议选择由（　　）的人民法院管辖。
A. 原告住所地 　　　　　　　　　B. 仲裁机构所在地
C. 合同签订地 　　　　　　　　　D. 标的物所在地

67. 建设单位向施工单位表示同意支付拖欠的工程款，这将在法律上引起（　　）后果。
A. 诉讼时效的中止 　　　　　　　B. 诉讼时效的中断
C. 诉讼时效的延长 　　　　　　　D. 改变法定的诉讼时效期间

68. 根据《行政复议法》，行政复议期间应中止行政复议的情形是（　　）。

A. 作为申请人的法人终止,没有权利义务承受人
B. 作为申请人的公民死亡,其近亲属尚未确定是否参加行政复议
C. 作为申请人的公民死亡,没有近亲属
D. 作为申请人的公民死亡,其近亲属放弃行政复议权利

69. 下列行为中,属于人民法院行政诉讼受案范围的是(   )。
A. 对行政机关为作出行政行为而实施的论证不服的
B. 对吊销许可证不服的
C. 对行政机关针对信访事项作出的受理不服的
D. 对行政指导行为不服的

70. 行政案件中,原告申请被告给付义务理由不成立的,人民法院判决(   )。
A. 驳回诉讼请求　　　　　　B. 撤销或者部分撤销
C. 履行　　　　　　　　　　D. 变更

二、多项选择题(共30题,每题2分。每题的备选项中,有2个或2个以上符合题意,至少有1个错项。错选,本题不得分;少选,所选的每个选项得0.5分)

71. 下列民事权利中,属于用益物权的有(   )。
A. 土地承包经营权　　　　　B. 承租权
C. 建设用地使用权　　　　　D. 宅基地使用权
E. 居住权

72. 下列权利中,可以出质的有(   )。
A. 支票　　　　　　　　　　B. 仓单
C. 存款单　　　　　　　　　D. 海域使用权
E. 土地所有权

73. 关于从建筑物中抛掷物品造成他人损害的说法,正确的有(   )。
A. 工程质量监督机构应当及时调查,查清责任人
B. 由物品所有权人承担侵权责任
C. 可能加害的建筑物使用人补偿后,可以向侵权人追偿
D. 建筑物管理人未采取必要的安全保障措施的,应当承担相应的侵权责任
E. 由建设单位和施工单位承担连带责任

74. 关于工程重大责任事故罪的说法,正确的有(   )。
A. 该犯罪的客观方面可能表现为发生重大伤亡事故
B. 该犯罪的客体是单位的安全生产制度
C. 该犯罪的主观方面是故意
D. 该犯罪的主体不包括投资人
E. 该犯罪的客观方面只能表现为造成其他严重后果

75. 关于民事代理的说法,正确的有(   )。
A. 代理人必须在代理范围内实施代理行为
B. 代理人只能依照被代理人的意志实施代理行为

C. 代理人以自己的名义实施代理行为

D. 被代理人对代理人的代理行为承担责任

E. 被代理人对代理人不当代理行为不承担责任

76. 根据《关于进一步优化营商环境降低市场主体制度性交易成本的意见》（国办发〔2022〕30号），深入推进告知承诺等改革，积极探索"一业一证"改革，推动行政许可（　　）。

　　A. 减时限　　　　　　　　　　　B. 减流程
　　C. 减费用　　　　　　　　　　　D. 减环节
　　E. 减材料

77. 我国优化营商环境的总体原则有（　　）。

　　A. 建立营商环境评价制度　　　　B. 深化商事制度改革
　　C. 转变政府职能　　　　　　　　D. 加强市场主体及政府信用体系建设
　　E. 坚持市场化、法治化、国际化原则

78. 对符合控制性详细规划和规划条件的，核发建设工程规划许可证的部门可能有（　　）。

　　A. 城市人民政府城乡规划主管部门　　B. 镇人民政府
　　C. 县人民政府城乡规划主管部门　　　D. 县人民政府
　　E. 省、自治区、直辖市人民政府

79. 下列需要办理施工许可证的建设工程有（　　）。

　　A. 工程投资额为20万元的建筑工程
　　B. 按照国务院规定的权限和程序批准开工报告的建筑工程
　　C. 建筑面积为500m² 的建筑工程
　　D. 抢险救灾及其他临时性房屋建筑
　　E. 依法通过竞争性谈判确定供应商的建筑面积为1000m² 的政府采购工程建设项目

80. 关于工程总承包单位责任的说法，正确的有（　　）。

　　A. 工程总承包单位对其承包的全部建设工程质量负责
　　B. 工程总承包项目经理要求同时在两个或者两个以上工程项目担任工程总承包项目经理或施工项目负责人
　　C. 工程总承包单位对承包范围内工程的安全生产负总责
　　D. 工程总承包单位、工程总承包项目经理依法承担质量终身责任
　　E. 分包单位不服从总包单位安全生产管理导致生产安全事故的，免除总承包单位的安全责任

81. 关于投标保证金的说法，正确的有（　　）。

　　A. 招标人在招标文件中可以要求投标人提交投标保证金
　　B. 退还投标保证金时，无须退还保证金利息
　　C. 招标人不得挪用投标保证金
　　D. 投标保证金不得超过招标项目结算价的2%

E. 施工、货物招标的，投标保证金最高不得超过80万元人民币

82. 关于要约的说法，正确的有（   ）。

A. 拒绝要约的通知到达要约人，该要约失效

B. 撤回要约的通知在受要约人发出承诺通知时到达受要约人，要约可撤销

C. 受要约人对要约的内容作出实质性变更，该要约失效

D. 承诺期限届满，受要约人未作出承诺，该要约有效

E. 要约人依法撤销要约，该要约失效

83. 下列建设工程施工合同中，属于无效的有（   ）。

A. 承包人对工程内容有重大误解订立的

B. 承包人胁迫发包人订立的

C. 未取得相应施工单位资质的承包人订立的

D. 建设工程必须进行招标而未招标订立的

E. 总承包人将主体结构的施工分包给他人订立的

84. 下列安全责任中，应当由设计单位承担的有（   ）。

A. 采取措施保证各类管线、设施和周边建筑物、构筑物的安全

B. 在各类工程设计中提出保障施工作业人员安全的措施建议

C. 按照法律、法规和工程建设强制性标准进行设计

D. 投保职业责任险

E. 考虑施工安全操作和防护的需要

85. 取得安全生产许可证必须具备的条件有（   ）。

A. 特种作业人员经考核合格

B. 职工参加了工伤保险

C. 通过了职业安全卫生管理体系认证

D. 依法进行了安全评价

E. 已办理安全监督手续

86. 根据《建筑法》，在施工过程中，施工单位施工作业人员的权力有（   ）。

A. 获得安全生产所需的防护用品

B. 根据现场条件改变施工图纸内容

C. 对危及生命安全和人身健康的行为提出批评

D. 对危及生命安全和人身健康的行为检举和控告

E. 对影响人身健康的作业程序和条件提出改进意见

87. 根据《建设工程安全生产管理条例》，施工单位应组织专家对（   ）的专项施工方案进行论证、审查。

A. 深基坑工程　　　　　　　　B. 地下暗挖工程

C. 脚手架工程　　　　　　　　D. 设备安装工程

E. 高大模板工程

88. 根据《生产安全事故应急预案管理办法》，应急预案的评审或者论证应当注重

( )等内容。

A. 组织体系的合理性　　　　　B. 应急预案的价值性
C. 应急处置程序和措施的针对性　D. 应急保障措施的可行性
E. 基本要素的完整性

89. 根据《防震减灾法》，已经建成的未采取抗震设防措施或者抗震设防措施未达到抗震设防要求的（　　），应当进行抗震性能鉴定，并采取必要的抗震加固措施。

A. 学校建设工程　　　　　　　B. 可能发生严重次生灾害的建设工程
C. 重大建设工程　　　　　　　D. 具有艺术价值的建设工程
E. 医院建设工程

90. 根据《建设工程质量管理条例》，关于工程监理单位的质量责任和义务的说法，正确的有（　　）。

A. 工程监理单位应当依法取得相应等级的资质证书，并在其资质等级许可的范围内承担工程监理业务
B. 禁止工程监理单位允许其他单位或者个人以本单位的名义承担工程监理业务
C. 工程监理单位应当依照建设单位的要求和建设工程承包合同，代表建设单位对施工质量实施监理
D. 未经监理工程师签字，建筑材料、建筑构配件和设备不得在工程上使用或者安装
E. 未经总监理工程师签字，建设单位不拨付工程款，不进行竣工验收

91. 关于施工单位的质量责任和义务的说法，正确的有（　　）。

A. 总承包单位不得将主体工程对外分包
B. 分包单位应当按照分包合同的约定对建设单位负责
C. 总承包单位与每一分包单位就各自分包部分的质量承担连带责任
D. 施工单位在施工中发现设计图纸有差错时，应当按照国家标准施工
E. 隔震减震装置应当由分包单位完成

92. 建设工程竣工验收应当具备的法定条件有（　　）。

A. 有工程使用的全部建筑材料、建筑构配件和设备的进场记录
B. 完成建设工程设计和合同约定的各项内容
C. 有完整的技术档案和施工管理资料
D. 有勘察、设计、施工、工程监理等单位分别签署的质量合格文件
E. 有施工单位签署的工程保修书

93. 根据《噪声污染防治法》，关于建设项目噪声污染防治的说法，正确的有（　　）。

A. 在交通干线两侧、工业企业周边等地方建设噪声敏感建筑物，还应当按照规定间隔一定距离
B. 建设项目的噪声污染防治设施应当与主体工程同时招标
C. 在噪声敏感建筑物集中区域，禁止新建排放噪声的工业企业
D. 建设项目投产使用前，建设单位应当依照规定对配套建设的噪声污染防治设施进行验收

E. 配套建设的噪声污染防治设施验收不合格的，该建设项目不得投产使用

94. 根据《劳动合同法》，下列劳动合同中，属于无效或者部分无效的有（ ）。

A. 以欺诈、胁迫的手段订立的劳动合同

B. 以虚假的意思表示订立的劳动合同

C. 乘人之危，使对方在违背真实意思的情况下订立的劳动合同

D. 用人单位免除自己的法定责任、排除劳动者权利的劳动合同

E. 违反法律、行政法规强制性规定的劳动合同

95. 关于劳务派遣的说法，正确的有（ ）。

A. 劳务派遣单位应当将劳务派遣协议的内容告知被派遣劳动者

B. 劳务派遣用工只能在临时性、辅助性或者替代性的工作岗位上实施

C. 劳务派遣用工方式使劳动者的聘用与使用分离

D. 用工单位可以将被派遣劳动者再派遣到与其签订合同的其他用工单位

E. 除岗前培训费以外，劳务派遣单位和用工单位不得向被派遣劳动者收取费用

96. 关于未成年工劳动保护的说法，正确的有（ ）。

A. 禁止安排未成年工从事夜班工作和加班加点工作

B. 用人单位不得安排未成年工从事矿山井下的劳动

C. 用人单位不得安排未成年工从事建设工程施工的劳动

D. 用人单位应当对未成年工定期进行健康检查

E. 用人单位不得安排未成年工从事国家规定的第4级体力劳动强度的劳动

97. 下列纠纷中，属于劳动争议范围的有（ ）。

A. 家庭与家政服务人员之间的纠纷

B. 个体工匠与学徒之间的纠纷

C. 因劳动保护发生的纠纷

D. 劳动者请求社会保险经办机构发放社会保险金的纠纷

E. 劳动者与用人单位未订立书面劳动合同，但已经形成劳动关系后发生的纠纷

98. 关于仲裁协议的说法，正确的有（ ）。

A. 仲裁协议应当是书面形式

B. 仲裁协议可以是口头订立的，但需双方认可

C. 仲裁协议必须在纠纷发生前达成

D. 没有仲裁协议，也就无法进行仲裁

E. 有效的仲裁协议排除了人民法院对合同争议解决的管辖权

99. 关于民事审判组织的说法，正确的有（ ）。

A. 人民法院审理案件的组织形式分合议制和独任制

B. 合议制是必须由审判员、陪审员共同组成合议庭

C. 独任制是由审判员一人独任审理的审判组织形式

D. 合议庭评议案件，实行全部同意评议的原则

E. 合议制是人民法院审理案件的基本组织形式

100. 某行政复议案件由于申请人人数众多，申请人推选了代表人参加行政复议，代表人参加行政复议的（　　）行为，应当经被代表的申请人同意。

A. 变更行政复议请求的
B. 提交行政复议申请的
C. 撤回行政复议申请的
D. 接收行政复议决定书的
E. 承认第三人请求的

考前冲刺试卷（二）参考答案及解析

一、单项选择题

1. C;	2. B;	3. C;	4. A;	5. D;
6. C;	7. D;	8. B;	9. C;	10. C;
11. B;	12. A;	13. C;	14. C;	15. D;
16. B;	17. B;	18. C;	19. D;	20. D;
21. D;	22. A;	23. A;	24. C;	25. B;
26. B;	27. A;	28. A;	29. A;	30. A;
31. C;	32. C;	33. D;	34. C;	35. D;
36. C;	37. C;	38. D;	39. A;	40. D;
41. A;	42. B;	43. C;	44. B;	45. C;
46. B;	47. D;	48. D;	49. B;	50. A;
51. D;	52. B;	53. C;	54. A;	55. A;
56. C;	57. B;	58. A;	59. D;	60. C;
61. D;	62. B;	63. B;	64. B;	65. D;
66. B;	67. B;	68. B;	69. B;	70. A。

【解析】

1. C。本题考核的是法律体系。建设法律既包括专门的建设领域的法律，也包括与建设活动相关的其他法律。例如，前者有《城乡规划法》《建筑法》《城市房地产管理法》等，后者有《民法典》《行政处罚法》《行政许可法》等。

2. B。本题考核的是法律的效力层级。行政法规之间对同一事项的新的一般规定与旧的特别规定不一致，不能确定如何适用时，由国务院裁决。

3. C。本题考核的是物权的设立。动产物权的设立和转让，自交付时发生效力，但法律另有规定的除外。船舶、航空器和机动车等物权的设立、变更、转让和消灭，未经登记，不得对抗善意第三人。

4. A。本题考核的是地役权的变动。地役权人有权按照合同约定，利用他人的不动产，以提高自己的不动产的效益。他人的不动产为供役地，自己的不动产为需役地，故 A 选项正确，B 选项错误。本题中对甲房地产公司而言 A 地块属于需役地，需役地以及需役地上的土地承包经营权、建设用地使用权、宅基地使用权部分转让时，转让部分涉及地役权的，受让人同时享有地役权，故 D 选项错误。地役权自地役权合同生效时设立，故 C 选项错误。

5. D。本题考核的是著作权的保护对象。著作权保护的客体是作品，在建设工程活动中，会产生许多具有著作权的作品，主要有：文字作品；建筑作品；图形作品。图形作品，

17

是指为施工、生产绘制的工程设计图、产品设计图，以及反映地理现象、说明事物原理或者结构的地图、示意图等作品。

6. C。本题考核的是侵犯商业秘密的法律责任。侵犯商业秘密，情节严重的，处3年以下有期徒刑，并处或者单处罚金；情节特别严重的，处3年以上10年以下有期徒刑，并处罚金。

7. D。本题考核的是产品责任。因产品存在缺陷造成他人损害的，被侵权人可以向产品的生产者请求赔偿，也可以向产品的销售者请求赔偿。

8. B。本题考核的是环境保护税的征税范围。依法设立的城乡污水集中处理、生活垃圾集中处理场所超过国家和地方规定的排放标准向环境排放应税污染物的，应当缴纳环境保护税。企业事业单位和其他生产经营者贮存或者处置固体废物不符合国家和地方环境保护标准的，应当缴纳环境保护税。

9. C。本题考核的是行政许可。申请事项依法不需要取得行政许可的，应当即时告知申请人不受理，故A选项错误。

申请材料存在可以当场更正的错误的，应当允许申请人当场更正，故B选项错误。

行政机关受理或者不予受理行政许可申请，应当出具加盖本行政机关专用印章和注明日期的书面凭证，故C选项正确、D选项错误。

10. C。本题考核的是刑罚的种类。刑罚分为主刑和附加刑。主刑的种类如下：（1）管制；（2）拘役；（3）有期徒刑；（4）无期徒刑；（5）死刑。附加刑的种类如下：（1）罚金；（2）剥夺政治权利；（3）没收财产。附加刑也可以独立适用。对于犯罪的外国人，可以独立适用或者附加适用驱逐出境。

11. B。本题考核的是施工单位法人与项目经理部的法律关系。项目经理部不具备法人资格，而是施工单位根据建设工程施工项目而组建的非常设的下属机构。项目经理是企业法人授权在建设工程施工项目上的管理者。由于项目经理部不具备独立的法人资格，无法独立承担民事责任。所以，项目经理部行为的法律后果将由企业法人承担。

12. A。本题考核的是违法分包的规定。《建设工程质量管理条例》规定，本条例所称违法分包，是指下列行为：（1）总承包单位将建设工程分包给不具备相应资质条件的单位的；（2）建设工程总承包合同中未有约定，又未经建设单位认可，承包单位将其承包的部分建设工程交由其他单位完成的；（3）施工总承包单位将建设工程主体结构的施工分包给其他单位的；（4）分包单位将其承包的建设工程再分包的。

13. C。本题考核的是注册建造师同时担任两个及以上建设工程施工项目负责人的情形。注册建造师不得同时担任两个及以上建设工程施工项目负责人。发生下列情形之一的除外：（1）同一工程相邻分段发包或分期施工的；（2）合同约定的工程验收合格的；（3）因非承包方原因致使工程项目停工超120天（含），经建设单位同意的。

14. C。本题考核的是资质不良行为认定标准。资质不良行为认定标准：（1）未取得资质证书承揽工程的，或超越本单位资质等级承揽工程的；（2）以欺骗手段取得资质证书承揽工程的；（3）允许其他单位或个人以本单位名义承揽工程的；（4）未在规定期限内办理资质变更手续的；（5）涂改、伪造、出借、转让建筑业企业资质证书的；（6）按照国家规定需要持证上岗的技术工种的作业人员未经培训、考核，未取得证书上岗，情节严重的。A、B选项属于承揽业务不良行为认定标准。D选项属于工程安全不良行为认定标准。

15. D。本题考核的是注册建造师不良行为记录的认定标准。注册建造师有下列行为之一，经有关监督部门确认后由工程所在地建设主管部门或有关部门记入注册建造师执业信用档案：(1)《注册建造师执业管理办法（试行）》第22条所列行为；(2) 未履行注册建造师职责造成质量、安全、环境事故的；(3) 泄露商业秘密的；(4) 无正当理由拒绝或未及时签字盖章的；(5) 未按要求提供注册建造师信用档案信息的；(6) 未履行注册建造师职责造成不良社会影响的；(7) 未履行注册建造师职责导致项目未能及时交付使用的；(8) 不配合办理交接手续的；(9) 不积极配合有关部门监督检查的。D选项属于《注册建造师执业管理办法（试行）》第22条所列行为。

16. B。本题考核的是工程价款的支付。机关、事业单位从中小企业采购货物、工程、服务，应当自货物、工程、服务交付之日起30日内支付款项，故A选项错误。机关、事业单位和大型企业不得要求中小企业接受不合理的付款期限、方式、条件和违约责任等交易条件，不得违约拖欠中小企业的货物、工程、服务款项，故C选项错误。合同约定采取履行进度结算、定期结算等结算方式的，付款期限应当自双方确认结算金额之日起算，故D选项错误。

17. B。本题考核的是核发建设工程规划许可证。在乡、村庄规划区内进行乡镇企业、乡村公共设施和公益事业建设的，建设单位或者个人应当向乡、镇人民政府提出申请，由乡、镇人民政府报城市、县人民政府城乡规划主管部门核发乡村建设规划许可证。

18. C。本题考核的是施工许可证的法定批准条件。申请领取施工许可证的条件之一为有满足施工需要的资金安排、施工图纸及技术资料，建设单位应当提供建设资金已经落实承诺书，施工图设计文件已按规定审查合格。

19. D。本题考核的是建设工程共同承包。《建筑法》规定，大型建筑工程或者结构复杂的建筑工程，可以由两个以上的承包单位联合共同承包。至于中小型或结构不复杂的工程，则无需采用共同承包方式，完全可由一家承包单位独立完成。《建筑法》规定，两个以上不同资质等级的单位实行联合共同承包的，应当按照资质等级低的单位的业务许可范围承揽工程。联合共同承包是国际工程承包的一种通行的做法，一般适用于大型或技术复杂的建设工程项目。《招标投标法》规定，联合体中标的，联合体各方应当共同与招标人签订合同，就中标项目向招标人承担连带责任。共同承包各方应签订联合承包协议，明确约定各方的权利、义务以及相互合作、违约责任承担等条款。各承包方就承包合同的履行对建设单位承担连带责任。

20. D。本题考核的是挂靠。《建筑工程施工发包与承包违法行为认定查处管理办法》第10条列举了应当认定为挂靠的情形：(1) 没有资质的单位或个人借用其他施工单位的资质承揽工程的；(2) 有资质的施工单位相互借用资质承揽工程的，包括资质等级低的借用资质等级高的，资质等级高的借用资质等级低的，相同资质等级相互借用的；(3) 本办法第8条第(3)至(9)项规定的情形，有证据证明属于挂靠的。也即，第8条第(3)至(9)项的违法情形中，如有证据表明构成挂靠的，则以挂靠论处；如不足以认定为挂靠的，则以转包认定。

21. D。本题考核的是邀请招标。国务院发展计划部门确定的国家重点项目和省、自治区、直辖市人民政府确定的地方重点项目不适宜公开招标的，经国务院发展计划部门或者省、自治区、直辖市人民政府批准，可以进行邀请招标，故 A 选项错误。技术复杂、有特殊要求或者受自然环境限制，只有少量潜在投标人可供选择的项目，可以采取邀请招标，故 B 选项错误。国有资金占控股或者主导地位的依法必须进行招标的项目，应当公开招标，故 C 选项错误。

22. A。本题考核的是投标人相互串通投标的情形。有下列情形之一的，属于投标人相互串通投标：（1）投标人之间协商投标报价等投标文件的实质性内容；（2）投标人之间约定中标人；（3）投标人之间约定部分投标人放弃投标或者中标；（4）属于同一集团、协会、商会等组织成员的投标人按照该组织要求协同投标；（5）投标人之间为谋取中标或者排斥特定投标人而采取的其他联合行动。

23. A。本题考核的是询价。根据《政府采购法》，采购的货物规格、标准统一、现货货源充足且价格变化幅度小的政府采购项目，可以采用询价方式采购。

24. C。本题考核的是可撤销合同。可撤销合同，是指因意思表示不真实，通过有撤销权的机构行使撤销权，使已经生效的意思表示归于无效的合同，故 A、B 选项错误。被撤销的民事法律行为自始没有法律约束力，故 D 选项错误。

25. B。本题考核的是违约责任的免除。《民法典》规定，当事人一方因不可抗力不能履行合同的，根据不可抗力的影响，部分或者全部免除责任，但法律另有规定的除外。当事人迟延履行后发生不可抗力的，不能免除责任。

26. B。本题考核的是竣工工程发包方责任的处理。《最高人民法院关于审理建设工程施工合同纠纷案件适用法律问题的解释（一）》规定，发包人具有下列情形之一，造成建设工程质量缺陷，应当承担过错责任：（1）提供的设计有缺陷；（2）提供或者指定购买的建筑材料、建筑构配件、设备不符合强制性标准；（3）直接指定分包人分包专业工程。

27. A。本题考核的是债权转让。债权人转让债权无需得到债务人同意，但要通知债务人方能对债务人生效。未通知债务人的，该转让对债务人不发生效力。债权转让的通知不得撤销，但是经受让人同意的除外。债务人接到债权转让通知后，债务人对让与人的抗辩可以向受让人主张。债权人转让债权的，受让人取得与债权有关的从权利，但是该从权利专属于债权人自身的除外。

28. A。本题考核的是施工合同的解除。承包人将建设工程转包、违法分包的，发包人可以解除合同。

29. A。本题考核的是借款合同的利息。借款的利息不得预先在本金中扣除，利息预先在本金中扣除的，应当按照实际借款数额返还借款并计算利息，故 B 选项错误。借款人对支付利息的期限没有约定或者约定不明确，可以协议补充；不能达成补充协议的，按照合同有关条款或者交易习惯确定。对于不能达成补充协议，也不能按照合同有关条款或者交易习惯确定的，借款期间不满 1 年的，应当在返还借款时一并支付；借款期间 1 年以上的，应当在每届满 1 年时支付，剩余期间不满 1 年的，应当在返还借款时一并支付，故 C 选项错误。借款人应当按照约定的期限返还借款。对借款期限没有约定或者约定不明确,依法仍不能确定的,借款人可以随时返还;贷款人可以催告借款人在合理期限内返还,故 D 选项错误。

30. A。本题考核的是承揽合同的解除。承揽人将其承揽的主要工作交由第三人完成的,应当就第三人完成的工作成果向定作人负责;未经定作人同意的,定作人可以解除合同。定作人不履行协助义务致使承揽工作不能完成的,承揽人可以催告定作人在合理期限内履行义务,并可以顺延履行期限;定作人逾期不履行的,承揽人可以依法解除合同。定作人可以随时解除承揽合同,造成承揽人损失的,应当赔偿损失。

31. C。本题考核的是建设单位的安全责任。建设单位的安全责任包括:(1)依法办理有关批准手续;(2)申领施工许可证应当提供有关安全施工措施的资料;(3)向施工单位提供真实、准确和完整的有关资料;(4)确定建设工程安全作业环境及安全施工措施费用;(5)不得提出违反安全法规的要求以及压缩合同工期;(6)不得要求购买、租赁和使用不符合安全施工要求的用具设备等;(7)严格落实安全设施"三同时"制度;(8)严格落实装修工程和拆除工程的安全要求;(9)建设单位违法行为应承担的法律责任。

32. C。本题考核的是施工起重机械和自升式架设设施的安全管理。在施工现场安装、拆卸施工起重机械和整体提升脚手架、模板等自升式架设设施,必须由具有相应资质的单位承担。

33. D。本题考核的是安全生产许可证的政府监管。安全生产许可证颁发管理机关或者其上级行政机关发现有下列情形之一的,可以撤销已经颁发的安全生产许可证:(1)安全生产许可证颁发管理机关工作人员滥用职权、玩忽职守颁发安全生产许可证的;(2)超越法定职权颁发安全生产许可证的;(3)违反法定程序颁发安全生产许可证的;(4)对不具备安全生产条件的建筑施工单位颁发安全生产许可证的;(5)依法可以撤销已经颁发的安全生产许可证的其他情形。

34. C。本题考核的是施工单位专职安全生产管理人员的施工现场检查职责。建筑施工单位安全生产管理机构专职安全生产管理人员在施工现场检查过程中具有以下职责:(1)查阅在建项目安全生产有关资料、核实有关情况;(2)检查危险性较大工程安全专项施工方案落实情况;(3)监督项目专职安全生产管理人员履责情况;(4)监督作业人员安全防护用品的配备及使用情况;(5)对发现的安全生产违章违规行为或安全隐患,有权当场予以纠正或作出处理决定;(6)对不符合安全生产条件的设施、设备、器材,有权当场作出查封的处理决定;(7)对施工现场存在的重大安全隐患有权越级报告或直接向建设主管部门报告;(8)企业明确的其他安全生产管理职责。

35. D。本题考核的是施工单位项目负责人的安全生产责任。工程项目进行超过一定规模的危险性较大的分部分项工程施工时,建筑施工单位负责人应到施工现场进行带班检查,故 A 选项错误。项目负责人每月带班生产时间不得少于本月施工时间的80%,故 B、C 选项错误。项目负责人是工程项目质量安全管理的第一责任人,应对工程项目落实带班制度负责,故 D 选项正确。

36. C。本题考核的是安全教育培训方式。国务院安委会《关于进一步加强安全培训工

21

作的决定》指出，完善和落实师傅带徒弟制度。高危企业新职工安全培训合格后，要在经验丰富的工人师傅带领下，实习至少 2 个月后方可独立上岗。

37. C。本题考核的是危大工程安全专项施工方案的实施。A 选项中"质量检测资质的单位"说法错误，应为"勘察资质的单位"。B 选项中"由监测单位负责人"说法错误，应为"由检测单位技术负责人"。D 选项中"建设行政主管部门"说法错误，应为"建设单位"。

38. D。本题考核的是生产经营单位应急救援预案分类。专项应急预案，是指生产经营单位为应对某一种或者多种类型生产安全事故，或者针对重要生产设施、重大危险源、重大活动防止生产安全事故而制定的专项性工作方案。

39. A。本题考核的是施工生产安全事故报告及采取相应措施的规定。实行施工总承包的建设工程，由总承包单位负责上报事故。

40. D。本题考核的是施工生产安全事故调查组的职责。住房和城乡建设主管部门应当按照有关人民政府的授权或委托，组织或参与事故调查组对事故进行调查，并履行下列职责：（1）核实事故基本情况，包括事故发生的经过、人员伤亡情况及直接经济损失；（2）核查事故项目基本情况，包括项目履行法定建设程序情况、工程各参建单位履行职责的情况；（3）依据国家有关法律法规和工程建设标准分析事故的直接原因和间接原因，必要时组织对事故项目进行检测鉴定和专家技术论证；（4）认定事故的性质和事故责任；（5）依照国家有关法律法规提出对事故责任单位和责任人员的处理建议；（6）总结事故教训，提出防范和整改措施；（7）提交事故调查报告。

41. A。本题考核的是生产安全事故的报告应遵守的规定。《安全生产法》规定，生产经营单位发生生产安全事故后，事故现场有关人员应当立即报告本单位负责人。

42. B。本题考核的是中止施工安全监督。《房屋建筑和市政基础设施工程施工安全监督工作规程》规定，工程项目因故中止施工的，建设单位应当向监督机构申请办理中止施工安全监督手续，并提交中止施工的时间、原因、在施部位及安全保障措施等资料。

43. C。本题考核的是工程建设团体标准。A 选项中的"高于"说法有误，应该是"低于"。国家支持在重要行业、战略性新兴产业、关键共性技术等领域利用自主创新技术制定团体标准、企业标准，故 B 选项错误。《标准化法》规定，国家鼓励学会、协会、商会、联合会、产业技术联盟等社会团体协调相关市场主体共同制定满足市场和创新需要的团体标准，由本团体成员约定采用或者按照本团体的规定供社会自愿采用，故 D 选项错误。

44. B。本题考核的是无障碍环境建设保障措施。《无障碍环境建设法》规定，县级以上人民政府应当将无障碍环境建设纳入国民经济和社会发展规划，将所需经费纳入本级预算，建立稳定的经费保障机制。具体通过在城市更新、乡村振兴、国家综合立体交通网、数字中国、健康老龄化、基本公共服务等相关规划中统筹纳入无障碍环境建设，落实经费保障。

45. C。本题考核的是施工单位对施工质量负责。工程总承包单位、施工单位及工程监理单位应当建立建设工程质量责任制度，加强对建设工程抗震设防措施施工质量的管理，故 A 选项错误。国家鼓励工程总承包单位、施工单位采用信息化手段采集、留存隐蔽工程施工质量信息，故 B 选项错误。施工单位项目经理应当按照经审查合格的施工图设计文件和施工技术标准进行施工，对因施工导致的工程质量事故或质量问题承担责任，故 D 选项错误。

46. B。本题考核的是涉及结构安全的试块、试件和材料见证取样和送检的比例。根据《房屋建筑工程和市政基础设施工程实行见证取样和送检的规定》，涉及结构安全的试块、试件和材料见证取样和送检的比例不得低于有关技术标准中规定应取样数量的 30%。

47. D。本题考核的是施工质量检验制度。隐蔽工程在隐蔽前，施工单位应当通知建设单位和建设工程质量监督机构。

48. D。本题考核的是建设工程节能验收的规定。《节约能源法》规定，国家实行固定资产投资项目节能评估和审查制度。不符合强制性节能标准的项目，建设单位不得开工建设；已经建成的，不得投入生产、使用。政府投资项目不符合强制性节能标准的，依法负责项目审批的机关不得批准建设。

49. B。本题考核的是竣工验收备案。《房屋建筑和市政基础设施工程竣工验收备案管理办法》规定，建设单位应当自工程竣工验收合格之日起 15 日内，依照本办法规定，向工程所在地的县级以上地方人民政府建设主管部门备案。备案机关发现建设单位在竣工验收过程中有违反国家有关建设工程质量管理规定行为的，应当在收讫竣工验收备案文件 15 日内，责令停止使用，重新组织竣工验收。工程质量监督机构应当在工程竣工验收之日起 5 日内，向备案机关提交工程质量监督报告。备案机关收到建设单位报送的竣工验收备案文件，验证文件齐全后，应当在工程竣工验收备案表上签署文件收讫。

50. A。本题考核的是缺陷责任期的确定。缺陷责任期一般为 1 年，最长不超过 2 年，具体可由发承包双方在合同中约定。缺陷责任期从工程通过竣工验收之日起计。由于承包人原因导致工程无法按规定期限进行竣工验收的，缺陷责任期从实际通过竣工验收之日起计。由于发包人原因导致工程无法按规定期限进行竣工验收的，在承包人提交竣工验收报告 90 天后，工程自动进入缺陷责任期。

51. D。本题考核的是项目规划阶段大气污染防治。编制可能对国家大气污染防治重点区域的大气环境造成严重污染的有关工业园区、开发区、区域产业和发展等规划，应当依法进行环境影响评价。

52. D。本题考核的是施工现场固体废物的减量化和回收再利用。《住房和城乡建设部关于推进建筑垃圾减量化的指导意见》（建质〔2020〕46 号）规定，施工单位应建立建筑垃圾分类收集与存放管理制度，实行分类收集、分类存放、分类处置。鼓励以末端处置为导向对建筑垃圾进行细化分类。严禁将危险废物和生活垃圾混入建筑垃圾。

53. C。本题考核的是属于国家所有的文物范围。下列可移动文物，属于国家所有：（1）中国境内出土的文物，国家另有规定的除外；（2）国有文物收藏单位以及其他国家机关、部队和国有企业、事业组织等收藏、保管的文物；（3）国家征集、购买的文物；（4）公民、法人和其他组织捐赠给国家的文物；（5）法律规定属于国家所有的其他文物。

54. A。本题考核的是施工发现文物报告和保护的规定。《文物保护法》规定，在进行建设工程或者在农业生产中，任何单位或者个人发现文物，应当保护现场，立即报告当地文物行政部门，文物行政部门接到报告后，如无特殊情况，应当在24h内赶赴现场，并在7日内提出处理意见。

55. A。本题考核的是无固定期限劳动合同。《劳动合同法》规定，具有下列情形之一，劳动者提出或者同意续订、订立劳动合同的，除劳动者提出订立固定期限劳动合同外，应当订立无固定期限劳动合同：(1) 劳动者在该用人单位连续工作满10年的；(2) 用人单位初次实行劳动合同制度或者国有企业改制重新订立劳动合同时，劳动者在该用人单位连续工作满10年且距法定退休年龄不足10年的；(3) 连续订立2次固定期限劳动合同，且劳动者没有《劳动合同法》第39条和第40条第1项、第2项规定的情形，续订劳动合同的。

56. C。本题考核的是终止劳动合同的经济补偿。《劳动合同法》规定，经济补偿的标准，按劳动者在本单位工作的年限，每满1年支付1个月工资的标准向劳动者支付。6个月以上不满1年的，按1年计算；不满6个月的，向劳动者支付半个月工资的经济补偿。该企业应当给予李某的经济补偿是：6000×2+6000÷2＝15000元。

57. C。本题考核的是农民工工资保证金制度。根据《工程建设领域农民工工资保证金规定》，施工总承包单位采用银行保函替代工资保证金，发生拖欠农民工工资的，提供银行保函的经办银行应在收到《支付通知书》5个工作日内，依照银行保函约定支付农民工工资。

58. A。本题考核的是建设项目职业病危害的预评价和审核制度。根据《职业病防治法》规定，新建、扩建、改建建设项目和技术改造、技术引进项目可能产生职业病危害的，建设单位在可行性论证阶段应当向安全生产监督管理部门提交职业病危害预评价报告。

59. D。本题考核的是女职工的特殊保护。怀孕女职工在劳动时间内进行产前检查，所需时间计入劳动时间，故A选项错误。女职工在经期禁忌从事的劳动范围根据《女职工劳动保护特别规定》，女职工在经期禁忌从事的劳动范围有：(1) 冷水作业分级标准中规定的第二级、第三级、第四级冷水作业；(2) 低温作业分级标准中规定的第二级、第三级、第四级低温作业；(3) 体力劳动强度分级标准中规定的第三级、第四级体力劳动强度的作业；(4) 高处作业分级标准中规定的第三级、第四级高处作业，故B选项错误。对怀孕7个月以上的女职工，用人单位不得延长劳动时间或者安排夜班劳动，并应当在劳动时间内安排一定的休息时间，故C选项错误。

60. C。本题考核的是用人单位强令劳动者违章冒险作业，发生重大伤亡事故，造成严重后果的法律责任。《劳动法》规定，用人单位强令劳动者违章冒险作业，发生重大伤亡事故，造成严重后果的，对责任人员依法追究刑事责任。因此，直接的处理是依法追究刑事责任。

61. D。本题考核的是工伤认定决定书的作出。《工伤认定办法》规定，社会保险行政部门应当自工伤认定决定作出之日起20日内，将《认定工伤决定书》或者《不予认定工伤决定书》送达受伤害职工（或者其近亲属）和用人单位，并抄送社会保险经办机构。

62. D。本题考核的是劳动争议调解。《劳动争议调解仲裁法》规定，调解协议生效后，对双方当事人具有约束力，当事人应当履行。此处的"约束力"，不是指调解协议具有强制执行的效果，而是指只能是劳动合同的约束力。达成调解协议后，如果一方当事人在协议约定期限内不履行调解协议，一方当事人一般不能请求人民法院强制对方执行，而只能依法申请仲裁。

63. D。本题考核的是人民调解协议。经人民调解委员会调解达成调解协议的，可以制作调解协议书。当事人认为无需制作调解协议的，可以采取口头协议的方式，人民调解员应当记录协议内容，故 A 选项错误。经人民调解委员会调解达成的调解协议对当事人双方具有法律约束力，当事人应当履行。当事人就调解协议的履行或者调解协议的内容发生争议的，一方当事人可以向法院提起诉讼，故 B、C 选项错误。经人民调解委员会调解达成调解协议后，双方当事人认为有必要的，可以自调解协议生效之日起 30 日内共同向人民法院申请司法确认，故 D 选项正确。

64. A。本题考核的是仲裁协议的效力。仲裁协议独立存在，合同的变更、解除、终止或者无效，以及合同成立后未生效、被撤销等，均不影响仲裁协议的效力。B 选项中的"合同无效则仲裁协议无效"说法有误，应该是"合同未成立也不影响仲裁协议的效力"。C 选项中的"在仲裁裁决作出前"说法有误，应该是"在仲裁庭首次开庭前"。仲裁协议是仲裁机构受理仲裁案件的基础，是仲裁庭审理和裁决的依据。没有仲裁协议，一方申请仲裁的，仲裁委员会不予受理，故 D 选项错误。

65. D。本题考核的是仲裁中和解。当事人申请仲裁后，可以自行和解。达成和解协议的，可以请求仲裁庭根据和解协议作出裁决书，也可以撤回仲裁申请。当事人达成和解协议，撤回仲裁申请后反悔的，可以根据仲裁协议申请仲裁。和解达成的协议不具有强制执行的效力。

66. B。本题考核的是民事诉讼的协议管辖。根据《民事诉讼法》，合同或者其他财产权益纠纷的当事人可以书面协议选择被告住所地、合同履行地、合同签订地、原告住所地、标的物所在地等与争议有实际联系的地点的人民法院管辖，但不得违反《民事诉讼法》对级别管辖和专属管辖的规定。

67. B。本题考核的是诉讼时效的中断。《民法典》规定，有下列情形之一的，诉讼时效中断，从中断、有关程序终结时起，诉讼时效期间重新计算：（1）权利人向义务人提出履行请求；（2）义务人同意履行义务；（3）权利人提起诉讼或者申请仲裁；（4）与提起诉讼或者申请仲裁具有同等效力的其他情形。

68. B。本题考核的是行政复议中止。《行政复议法》第 39 条规定，行政复议期间有下列情形之一的，行政复议中止：（1）作为申请人的公民死亡，其近亲属尚未确定是否参加行政复议；（2）作为申请人的公民丧失参加行政复议的行为能力，尚未确定法定代理人参加行政复议；（3）作为申请人的公民下落不明；（4）作为申请人的法人或者其他组织终止，尚未确定权利义务承受人；（5）申请人、被申请人因不可抗力或者其他正当理由，不能参加行政复议；（6）依照规定进行调解、和解，申请人和被申请人同意中止；（7）行政复议案件涉及的法律适用问题需要有权机关作出解释或者确认；（8）行政复议案件审理需要以其他案件的审理结果为依据，而其他案件尚未审结；（9）有《行政复议法》第 56 条或者第 57 条规定的情形；（10）需要中止行政复议的其他情形。行政复议中止的原因消除后，应当及时恢复行政复议案件的审理。行政复议机关中止、恢复行政复议案件的审理，应当书面告知当事人。A、C、D 选项属于终止行政复议的情形。

69. B。本题考核的是行政诉讼受案范围。《行政诉讼法》规定，人民法院受理公民、法人或者其他组织提起的下列诉讼：（1）对行政拘留、暂扣或者吊销许可证和执照、责令停产停业、没收违法所得、没收非法财物、罚款、警告等行政处罚不服的；（2）对限制人身自由或者对财产的查封、扣押、冻结等行政强制措施和行政强制执行不服的；（3）申请行政许可，行政机关拒绝或者在法定期限内不予答复，或者对行政机关作出的有关行政许可的其他决定不服的；（4）对行政机关作出的关于确认土地、矿藏、水流、森林、山岭、草原、荒地、滩涂、海域等自然资源的所有权或者使用权的决定不服的；（5）对征收、征用决定及其补偿决定不服的；（6）申请行政机关履行保护人身权、财产权等合法权益的法定职责，行政机关拒绝履行或者不予答复的；（7）认为行政机关侵犯其经营自主权或者农村土地承包经营权、农村土地经营权的；（8）认为行政机关滥用行政权力排除或者限制竞争的；（9）认为行政机关违法集资、摊派费用或者违法要求履行其他义务的；（10）认为行政机关没有依法支付抚恤金、最低生活保障待遇或者社会保险待遇的；（11）认为行政机关不依法履行、未按照约定履行或者违法变更、解除政府特许经营协议、土地房屋征收补偿协议等协议的；（12）认为行政机关侵犯其他人身权、财产权等合法权益的。除上述规定外，人民法院受理法律、法规规定可以提起诉讼的其他行政案件。

70. A。本题考核的是行政案件判决的类型。行政行为证据确凿，适用法律、法规正确，符合法定程序的，或者原告申请被告履行法定职责或者给付义务理由不成立的，人民法院判决驳回原告的诉讼请求。

二、多项选择题

71. A、C、D、E； 72. A、B、C； 73. C、D；
74. A、B； 75. A、D； 76. A、C、D、E；
77. A、C、E； 78. A、B、C； 79. C、E；
80. A、C、D； 81. A、C、E； 82. A、C、E；
83. C、D； 84. C、E； 85. A、B；
86. B、C、D、E； 87. A、B、E； 88. A、C、D、E；
89. A、B、C； 90. B、D、E； 91. A、C；
92. B、C、D、E； 93. A、C、D、E； 94. A、C、D、E；
95. A、B、C； 96. A、B、C； 97. C、E；
98. D、E； 99. A、C、E； 100. A、C、E。

【解析】

71. A、C、D、E。本题考核的是用益物权。用益物权包括土地承包经营权、建设用地使用权、宅基地使用权、居住权和地役权。

72. A、B、C。本题考核的是权利质权。债务人或者第三人可以将有权处分的下列权利出质：（1）汇票、本票、支票；（2）债券、存款单；（3）仓单、提单；（4）可以转让的基金份额、股权；（5）可以转让的注册商标专用权、专利权、著作权等知识产权中的财产权；（6）现有的以及将有的应收账款；（7）法律、行政法规规定可以出质的其他财产权利。

73. C、D。本题考核的是侵权。从建筑物中抛掷物品造成他人损害的，公安等机关应当依法及时调查，查清责任人，故 A 选项错误。禁止从建筑物中抛掷物品。从建筑物中抛掷物品或者从建筑物上坠落的物品造成他人损害的，由侵权人依法承担侵权责任，故 B、E 选项错误。可能加害的建筑物使用人补偿后，有权向侵权人追偿，故 C 选项正确。物业服务企业等建筑物管理人未采取必要的安全保障措施的，应当依法承担未履行安全保障义务的侵权责任，故 D 选项正确。

74. A、B。本题考核的是重大责任事故罪。重大责任事故罪，是指在生产、作业中违反有关重大伤亡事故或者造成其他严重后果的行为。本罪的构成是：（1）本罪侵犯的客体是厂矿企业、事业单位的安全生产制度。（2）本罪在客观方面表现为在生产、作业活动中，违反有关安全管理的规定，因而发生重大伤亡事故，或者造成其他严重后果。（3）本罪的犯罪主体，包括对生产、作业负有组织、指挥或者管理职责的负责人、管理人员、实际控制人、投资人等人员，以及直接从事生产、作业的人员。（4）本罪的主观方面是过失。行为人违反规章制度可能是故意的，但对于自己违章行为所造成的重大事故是由于疏忽大意而没有预见或者已经预见而轻信能够避免，这是判断具有本罪过失的重要根据。

75. A、D。本题考核的是代理的法律特征。代理人在代理权限内，以被代理人的名义实施的民事法律行为，对被代理人发生效力。代理人具有以下特征：（1）代理人必须在代理权限范围内实施代理行为；（2）代理人以被代理人的名义实施代理行为；（3）代理人在被代理人的授权范围内独立地表现自己的意志；（4）被代理人对代理行为承担民事责任。被代理人对代理人的代理行为应承担的责任，既包括对代理人在执行代理任务的合法行为承担民事责任，也包括对代理人不当代理行为承担民事责任。

76. A、C、D、E。本题考核的是简化建筑业企业资质的规定。《国务院办公厅关于进一步优化营商环境降低市场主体制度性交易成本的意见》（国办发〔2022〕30 号）规定，深入推进告知承诺等改革，积极探索"一业一证"改革，推动行政许可减环节、减材料、减时限、减费用。

77. A、C、E。本题考核的是优化营商环境的总体原则。总体原则：（1）转变政府职能；（2）坚持市场化、法治化、国际化原则；（3）建立营商环境评价制度。

78. A、B、C。本题考核的是核发建设工程规划许可证。对符合控制性详细规划和规划条件的，由城市、县人民政府城乡规划主管部门或者省、自治区、直辖市人民政府确定的镇人民政府核发建设工程规划许可证。

79. C、E。本题考核的是施工许可证的办理。《建筑工程施工许可管理办法》规定，工程投资额在 30 万元以下或者建筑面积在 300m² 以下的建筑工程，可以不申请办理施工许可证。故 A 选项可以不办理，C 选项需要办理施工许可证。按照国务院规定的权限和程序批准开工报告的建筑工程，不再领取施工许可证。故 B 选项不需要办理施工许可证。抢险救灾及其他临时性房屋建筑和农民自建低层住宅的建筑活动，不适用《建筑法》，故 D 选项

27

不需要办理。对依法通过竞争性谈判或单一来源方式确定供应商的政府采购工程建设项目，应严格执行《建筑法》《建筑工程施工许可管理办法》等规定，对符合申请条件的，应当颁发施工许可证，故 E 选项需要办理施工许可证。

80. A、C、D。本题考核的是建设工程总承包的法律责任。工程总承包项目经理不得同时在两个或者两个以上工程项目担任工程总承包项目经理、施工项目负责人，故 B 选项错误。分包单位应当服从工程总承包单位的安全生产管理，分包单位不服从管理导致生产安全事故的，由分包单位承担主要责任，分包不免除工程总承包单位的安全责任，故 E 选项错误。

81. A、C、E。本题考核的是投标保证金。招标人终止招标，已经收取投标保证金的，招标人应当及时退还所收取的投标保证金及银行同期存款利息，故 B 选项错误。招标人在招标文件中要求投标人提交投标保证金的，投标保证金不得超过招标项目估算价的 2%，故 D 选项错误。

82. A、C、E。本题考核的是要约失效的情形。有下列情形之一的，要约失效：（1）要约被拒绝；（2）要约人依法撤销；（3）承诺期限届满，受要约人未作出承诺；（4）受要约人对要约的内容作出实质性变更。

83. C、D、E。本题考核的是建设工程无效施工合同的主要情形。《最高人民法院关于审理建设工程施工合同纠纷案件适用法律问题的解释（一）》规定，建设工程施工合同具有下列情形之一的，应当依据民法典第 153 条第 1 款的规定，认定无效：（1）承包人未取得建筑业企业资质或者超越资质等级的；（2）没有资质的实际施工人借用有资质的建筑施工单位名义的；（3）建设工程必须进行招标而未招标或者中标无效的。承包人因转包、违法分包建设工程与他人签订的建设工程施工合同，应当依据民法典第 153 条第 1 款及第 791 条第 2 款、第 3 款的规定，认定无效。

84. C、E。本题考核的是设计单位的安全责任。设计单位的安全责任：（1）按照法律、法规和工程建设强制性标准进行设计；（2）明确施工安全关键点并提出指导意见，《建设工程安全生产管理条例》规定，设计单位应当考虑施工安全操作和防护的需要，对涉及施工安全的重点部位和环节在设计文件中注明，并对防范生产安全事故提出指导意见；（3）对"三新"等工程的施工安全提出措施建议；（4）对工程设计成果负责。

85. A、B。本题考核的是取得安全生产许可证必须具备的条件。建筑施工单位取得安全生产许可证，应当具备的安全生产条件：（1）建立、健全安全生产责任制，制定完备的安全生产规章制度和操作规程。（2）保证本单位安全生产条件所需资金的投入。（3）设置安全生产管理机构，按照国家有关规定配备专职安全生产管理人员。（4）主要负责人、项目负责人、专职安全生产管理人员经建设主管部门或者其他有关部门考核合格。（5）特种作业人员经有关业务主管部门考核合格，取得特种作业操作资格证书。（6）管理人员和作业人员每年至少进行 1 次安全生产教育培训并考核合格。（7）依法参加工伤保险，依法为施工现场从事危险作业的人员办理意外伤害保险，为从业人员缴纳保险费。（8）施工现场的办公、生活区及作业场所和安全防护用具、机械设备、施工机具及配件符合有关安全生产法律、法规、标准和规程的要求。（9）有职业危害防治措施，并为作业人员配备符合国家标准或者行业标准的安全防护用具和安全防护服装。(10) 有对危险性较大的分部分项工程及施工现场易发生重大事故的部位、环节的预防、监控措施和应急预案。(11) 有生产安全事故应急救援预案、应急救援组织或者应急救援人员,配备必要的应急救援器材、设备。(12) 法律、法规规定的其他条件。

86. A、C、D、E。本题考核的是施工单位施工作业人员的权力。按照《劳动法》《建筑法》《安全生产法》《建设工程安全生产管理条例》等法律、行政法规的规定,施工作业人员主要享有如下的安全生产权利:(1) 施工安全生产的知情权和建议权;(2) 施工安全防护用品的获得权;(3) 对危险行为的批评、检举、控告权和拒绝违章指挥权;(4) 紧急避险权;(5) 获得救治和请求民事赔偿权;(6) 获得工伤保险、安全生产责任保险和意外伤害保险赔偿的权利;(7) 依靠工会维护合法权益。

87. A、B、E。本题考核的是需要论证、审查的专项施工方案。《建设工程安全生产管理条例》规定,施工单位应当在施工组织设计中编制安全技术措施和施工现场临时用电方案,对下列达到一定规模的危险性较大的分部分项工程编制专项施工方案,并附具安全验算结果,经施工单位技术负责人、总监理工程师签字后实施,由专职安全生产管理人员进行现场监督:(1) 基坑支护与降水工程;(2) 土方开挖工程;(3) 模板工程;(4) 起重吊装工程;(5) 脚手架工程;(6) 拆除、爆破工程;(7) 国务院建设行政主管部门或者其他有关部门规定的其他危险性较大的工程。上述工程中涉及深基坑、地下暗挖工程、高大模板工程的专项施工方案,施工单位还应当组织专家进行论证、审查。

88. A、C、D、E。本题考核的是生产安全事故应急救援预案的评审。《生产安全事故应急预案管理办法》规定,地方各级人民政府应急管理部门应当组织有关专家对本部门编制的部门应急预案进行审定;必要时,可以召开听证会,听取社会有关方面的意见。参加应急预案评审的人员应当包括有关安全生产及应急管理方面的专家。评审人员与所评审应急预案的生产经营单位有利害关系的,应当回避。应急预案的评审或者论证应当注重基本要素的完整性、组织体系的合理性、应急处置程序和措施的针对性、应急保障措施的可行性、应急预案的衔接性等内容。

89. A、B、C、E。本题考核的是建设工程抗震性能鉴定制度。《防震减灾法》规定,已经建成的下列建设工程,未采取抗震设防措施或者抗震设防措施未达到抗震设防要求的,应当按照国家有关规定进行抗震性能鉴定,并采取必要的抗震加固措施:(1) 重大建设工程;(2) 可能发生严重次生灾害的建设工程;(3) 具有重大历史、科学、艺术价值或者重要纪念意义的建设工程;(4) 学校、医院等人员密集场所的建设工程;(5) 地震重点监视防御区内的建设工程。

90. A、B、D、E。本题考核的是工程监理单位的质量责任和义务。根据《建设工程质量管理条例》的规定,工程监理单位应当依法取得相应等级的资质证书,并在其资质等级许可的范围内承担工程监理业务。禁止工程监理单位超越本单位资质等级许可的范围或者以其他工程监理单位的名义承担工程监理业务。禁止工程监理单位允许其他单位或者个人以本单位的名义承担工程监理业务。工程监理单位不得转让工程监理业务。工程监理单位应当依照法律、法规以及有关技术标准、设计文件和建设工程承包合同,代表建设单位对施工质量实施监理，并对施工质量承担监理责任。未经监理工程师签字，建筑材料、建筑构配件和设备不得在工程上使用或者安装，施工单位不得进行下一道工序的施工。未经总监理工程师签字，建设单位不拨付工程款，不进行竣工验收。

91. A、C。本题考核的是施工单位的质量责任和义务。分包单位应当按照分包合同的约定对其分包工程的质量向总承包单位负责，总承包单位与分包单位对分包工程的质量承担连带责任，故 B 选项错误。施工单位在施工过程中发现设计文件和图纸有差错的，应当及时提出意见和建议，故 D 选项错误。隔震减震装置属于建设工程主体结构的施工，应当由总承包单位自行完成，故 E 选项错误。

92. B、C、D、E。本题考核的是竣工验收应当具备的法定条件。A 选项的正确表述应为：有工程使用的主要建筑材料、建筑构配件和设备的进场试验报告。

93. A、C、D、E。本题考核的是建设项目噪声污染的防治。建设项目的噪声污染防治设施应当与主体工程同时设计、同时施工、同时投产使用，故 B 选项错误。

94. A、C、D、E。本题考核的是劳动合同的无效或者部分无效。《劳动合同法》第 26 条规定，下列劳动合同无效或者部分无效：（1）以欺诈、胁迫的手段或者乘人之危，使对方在违背真实意思的情况下订立或者变更劳动合同的；（2）用人单位免除自己的法定责任、排除劳动者权利的；（3）违反法律、行政法规强制性规定的。

95. A、B、C。本题考核的是劳务派遣的相关知识。用工单位不得将被派遣劳动者再派遣到其他用人单位，故 D 选项错误。劳务派遣单位和用工单位不得向被派遣劳动者收取费用，故 E 选项错误。

96. A、B、D、E。本题考核的是未成年工的劳动保护。未成年工的特殊保护是针对未成年工处于生长发育期的特点，一般情况下，对未成年工实行缩短工作时间，禁止安排未成年工从事夜班工作和加班加点工作。根据《劳动法》，不得安排未成年工从事矿山井下、有毒有害、国家规定的第 4 级体力劳动强度的劳动和其他禁忌从事的劳动。用人单位应按下列时间要求对未成年工定期进行健康检查：（1）安排工作岗位之前；（2）工作满 1 年；（3）年满 18 周岁，距前一次的体检时间已超过半年。

97. C、E。本题考核的是劳动争议的范围。最高人民法院《关于审理劳动争议案件适用法律若干问题的解释（一）》规定，下列纠纷不属于劳动争议：（1）劳动者请求社会保险经办机构发放社会保险金的纠纷；（2）劳动者与用人单位因住房制度改革产生的公有住房转让纠纷；（3）劳动者对劳动能力鉴定委员会的伤残等级鉴定结论或者对职业病诊断鉴定委员会的职业病诊断鉴定结论的异议纠纷；（4）家庭或者个人与家政服务人员之间的纠纷；（5）个体工匠与帮工、学徒之间的纠纷；（6）农村承包经营户与受雇人之间的纠纷。

98. A、D、E。本题考核的是仲裁协议。仲裁协议必须以书面形式作出。仲裁协议应当采用书面形式，口头方式达成的仲裁意思表示无效，故 A 选项正确，B 选项错误。仲裁协议包括合同中订立的仲裁条款和以其他书面方式在纠纷发生前或者纠纷发生后达成的请求仲裁的协议，故 C 选项错误。当事人采用仲裁方式解决纠纷，应当双方自愿，达成仲裁协议。没有仲裁协议，一方申请仲裁的，仲裁委员会不予受理，故 D 选项正确。仲裁协议是当事人申请仲裁、排除法院管辖的依据，故 E 选项正确。

99. A、C、E。本题考核的是合议制度。人民法院审理案件的组织形式分合议制和独任制两种。合议制是由审判员、陪审员共同组成合议庭或者由审判员组成合议庭进行审理的审判组织形式。独任制是由审判员一人独任审理的审判组织形式。合议制是人民法院审理案件的基本组织形式，除了法律规定应当适用或可以适用独任制审判案件的特定情形外，均应组成合议庭对案件进行审判。合议庭评议案件，实行少数服从多数的原则。评议应当制作笔录，由合议庭成员签名。评议中的不同意见，必须如实记入笔录。

100. A、C、E。本题考核的是行政复议的申请。同一行政复议案件申请人人数众多的，可以由申请人推选代表人参加行政复议。代表人参加行政复议的行为对其所代表的申请人发生效力，但是代表人变更行政复议请求、撤回行政复议申请、承认第三人请求的，应当经被代表的申请人同意。

《建设工程法规及相关知识》考前冲刺试卷（三）及解析

《建设工程法规及相关知识》考前冲刺试卷（三）

一、单项选择题（共70题，每题1分。每题的备选项中，只有1个最符合题意）

1. 从法的形式来看，《宁波市政府投资建设工程造价管理办法》属于（　　）。
   A. 地方性法规　　　　　　　　B. 行政法规
   C. 部门规章　　　　　　　　　D. 地方政府规章

2. 根据《立法法》，地方性法规、规章之间不一致时，由有关机关依照规定的权限作出裁决，关于裁决权限的说法，正确的是（　　）。
   A. 同一机关制定的新的一般规定与旧的特别规定不一致时，由制定机关的上级机关裁决
   B. 地方性法规与部门规章之间对同一事项的规定不一致，不能确定如何适用时，应当提请全国人民代表大会常务委员会裁决
   C. 部门规章与地方政府规章之间对同一事项的规定不一致时，由部门规章的制定机关进行裁决
   D. 根据授权制定的法规与法律规定不一致，不能确定如何适用时，由全国人民代表大会常务委员会裁决

3. 建设单位通过拍卖方式取得一宗建设用地使用权，其建设用地使用权的设立时间是（　　）。
   A. 土地使用权出让合同订立时　　B. 建设用地使用权登记时
   C. 土地使用权出让合同生效时　　D. 拍卖结束时

4. 根据《民法典》，下列财产不可以抵押的是（　　）。
   A. 生产设备　　　　　　　　　B. 建设用地使用权
   C. 正在建设的建筑物　　　　　D. 集体所有的宅基地

5. 下列事项中，属于专利权保护对象的是（　　）。
   A. 施工单位的名称或标志　　　B. 施工单位编制的投标文件
   C. 施工单位编制的施工方案　　D. 施工单位发明的新技术

6. 在我国侵权行为的归责原则中，损害双方的当事人对损害结果的发生都没有过错，

但如果受害人的损失得不到补偿又显失公平的情况下,由人民法院根据具体情况和公平的观念,要求当事人分担损害后果是指（　　）。

A. 过错推定责任　　　　　　　　B. 无过错责任原则
C. 公平责任原则　　　　　　　　D. 过错责任原则

7. 某广告公司受施工单位委托制作并安装的广告牌致行人损害,关于民事责任承担的说法,正确的是（　　）。

A. 施工单位承担赔偿责任,广告公司承担补充赔偿责任
B. 广告公司承担赔偿责任,施工单位承担补充赔偿责任
C. 施工单位承担赔偿责任,但其有权向广告公司追偿
D. 广告公司承担赔偿责任,施工单位不承担责任

8. 关于车辆购置税的说法,正确的是（　　）。

A. 车辆购置税实行一次性征收
B. 购置二手车需要征收车辆购置税
C. 受赠的车辆免征车辆购置税
D. 城市公交企业购置的公共车辆征收购置税

9. 下列行政行为中,属于行政强制措施的是（　　）。

A. 加处罚款或者滞纳金　　　　　B. 排除妨碍、恢复原状
C. 查封场所、设施或者财物　　　D. 划拨存款、汇款

10. 某开发商在一大型商场项目的开发建设中,违反国家规定,擅自降低工程质量标准,因而造成重大安全事故。该事故责任主体应该承担的刑事责任是（　　）。

A. 工程重大安全事故罪　　　　　B. 重大责任事故罪
C. 重大劳动安全事故罪　　　　　D. 串通投标罪

11. 行为人没有代理权,仍然实施代理行为,关于其法律后果的说法,正确的是（　　）。

A. 相对人可以催告被代理人自收到通知之日起3个月内予以追认
B. 被代理人未作表示的,视为追认
C. 相对人知道或应当知道行为人无权代理的,相对人和行为人承担连带责任
D. 相对人有理由相信行为人有代理权的,代理行为有效

12. 关于建筑业企业资质证书使用与延续的说法,正确的是（　　）。

A. 企业资质情况可以通过扫描建筑业企业资质证书复印件的二维码查询
B. 企业跨地区参加招标投标活动,应当提供建筑业企业资质证书原件
C. 建筑业企业资质证书有效期为3年
D. 延续申请应当于建筑企业资质证书有效期届满1个月前提出

13. 下列文件中,必须有施工单位的注册建造师签字盖章的是（　　）。

A. 施工总承包合同　　　　　　　B. 监理日志
C. 单位工程质量验收记录　　　　D. 与建设单位的联系函

14. 施工单位的下列不良行为记录中,属于工程安全不良行为的是（　　）。

A. 将承包的工程转包或者违法分包的

B. 未取得安全生产许可证擅自进行生产的

C. 未取得资质证书承揽工程的

D. 在施工中偷工减料，使用不合格建筑材料的

15. 根据《招标投标违法行为记录公告暂行办法》，关于招标投标违法行为记录公告的说法，正确的是（　　）。

A. 公告部门接到招标投标违法行为记录更正书面申请后，应在7个工作日内进行核对

B. 公告的记录与行政处理决定的相关内容一致的，应当告知申请人

C. 被公告的招标投标当事人认为公告记录与行政处理决定的相关内容不符的，可以向公告部门提出书面更正申请，公告部门在作出答复前停止对违法行为记录的公告

D. 行政处理决定在被行政复议或行政诉讼期间，公告部门应当停止对违法行为记录的公告

16. 根据《保障中小企业款项支付条例》，机关、事业单位和大型企业不履行及时支付中小企业款项义务，情节严重的，（　　）。

A. 支付4倍的逾期利息　　　　　　B. 处以3万元以上5万元以下的罚款

C. 处以罚金　　　　　　　　　　　D. 依法实施失信惩戒

17. 关于建设单位确需变更规划条件的说法，错误的是（　　）。

A. 变更后的规划条件通报同级土地主管部门并公示

B. 城乡规划主管部门必须向城市、县人民政府城乡规划主管部门提出申请

C. 城乡规划主管部门应当及时将依法变更后的规划条件报有关人民政府土地主管部门备案

D. 变更内容不符合控制性详细规划的，城乡规划主管部门不得批准

18. 根据《建筑法》，在建的建筑工程因故中止施工的，建设单位应当自中止施工之日起（　　）内，向施工许可证的发证机关报告，并按照规定做好建筑工程的维护管理工作。

A. 15天　　　　　　　　　　　　　B. 1个月

C. 2个月　　　　　　　　　　　　　D. 3个月

19. 关于工程总承包单位的说法，正确的是（　　）。

A. 工程总承包单位不得是工程总承包项目的代建单位

B. 建设单位应当采用招标方式选择工程总承包单位

C. 工程总承包单位可以是具有相应工程设计资质的设计单位

D. 工程总承包单位不得是联合体

20. 关于分包工程的说法，正确的是（　　）。

A. 分包工程承包人在提供分包工程履约担保后，不得要求分包工程发包人提供分包工程付款担保

B. 中标人可以自行决定将中标项目的部分非主体、非关键性工作分包给他人完成

C. 中标人和分包人就分包项目向招标人根据各自过错承担相应的责任

D. 施工总承包的，建筑工程主体结构的施工必须由总承包单位完成

21. 在评标委员会组建过程中，下列做法符合法律规定的是（   ）。

A. 评标委员会成员的名单仅在评标结束前保密

B. 评标委员会7个成员中，招标人的代表为3名

C. 项目评标专家从招标代理机构的专家库内的相关专家名单中随机抽取

D. 评标委员会成员由3人组成

22. 关于潜在投标人或者其他利害关系人对招标文件有异议的说法，正确的是（   ）。

A. 异议应当在投标截止时间7日前提出

B. 对招标人的异议答复不服的，可以向有关行政监督部门投诉

C. 招标人应当自收到异议之日起7日内作出答复

D. 招标人作出答复前，可以继续进行招标投标活动

23. 关于框架协议采购的最高限制单价的说法，正确的是（   ）。

A. 确定最高限制单价时，有政府定价的，执行政府定价

B. 最高限制单价是供应商第二阶段响应报价的最高限价

C. 在封闭式框架协议中，付费标准即为最高限制单价

D. 确定最高限制单价时必须通过需求调查，并根据需求标准科学确定

24. 根据《民法典》，不属于新要约的情形是（   ）。

A. 受要约人超过承诺期限发出承诺的

B. 受要约人在承诺期限内发出承诺，按通常情形不能及时到达要约人的

C. 受要约人超过承诺期限发出承诺，而要约人及时通知受要约人该承诺有效的

D. 受要约人对要约的内容作出实质性变更的

25. 某材料采购合同，约定采购方先支付合同总价5%作为预付款。采购方在支付预付款前获得确切证据证明供货方抽逃资金，以逃避债务，采购方未按时支付预付款，这是采购方行使的（   ）。

A. 同时履行抗辩权　　　　　　　　B. 后履行抗辩权

C. 不安抗辩权　　　　　　　　　　D. 合同中止履行的权利

26. 关于无效合同法律后果的说法，正确的是（   ）。

A. 无效合同自被确认为无效时起没有法律约束力

B. 合同无效的，不影响合同中有关解决争议方法的条款的效力

C. 无效合同的当事人因该合同取得的财产，应当折价补偿

D. 无效合同中双方都有过错的，仅需承担各自的损失

27. 采取固定总价的施工合同中约定混凝土强度为C25，出于安全考虑，建设单位将混凝土强度提高到C30。施工合同中无C30混凝土的计价标准，双方对该混凝土计价发生争议。关于工程价款处理的说法，正确的是（   ）。

A. 协商不成，可以参照签订施工合同时当地建设行政主管部门发布的计价方法或计价标准确定

B. 应按照建设单位提出的计价标准予以补偿

C. 应按照施工单位提出的计价标准予以补偿

D. 合同总价款不予调整

28. 2023年9月15日，甲材料供应商与丙材料供应商订立书面合同，转让甲对乙施工单位的30万元债权。同年9月25日，乙接到甲关于转让债权的通知。关于该债权转让的说法，正确的是（　　）。

A. 甲与丙之间的债权转让合同9月25日生效

B. 丙于9月15日可以向乙主张30万元债权

C. 甲与丙之间的债权转让行为于9月25日对乙生效

D. 乙拒绝清偿30万元债务的，丙可以要求甲和乙承担连带责任

29. 甲企业对乙企业的债务提供保证担保，但没有约定保证方式，根据《民法典》，甲企业依法承担（　　）。

A. 一般保证责任　　　　　　B. 连带保证责任

C. 按份保证责任　　　　　　D. 优先保证责任

30. 如果货运合同当事人没有明确约定，货物在运输过程中因不可抗力灭失，则关于运费支付的说法，正确的是（　　）。

A. 未收取运费的，承运人不得要求支付运费

B. 运费由收货人承担

C. 已收取运费的，托运人无权要求返还

D. 运费由承运人和托运人共同承担

31. 提供施工现场相邻建筑物和构筑物、地下工程的有关资料，并保证资料的真实、准确、完整是（　　）的安全责任。

A. 建设单位　　　　　　　　B. 勘察单位

C. 设计单位　　　　　　　　D. 施工单位

32. 下列选项中，属于监理单位安全责任的事项有（　　）。

A. 编制安全施工大纲

B. 制定安全技术措施

C. 确定建设工程安全费用

D. 监督施工单位对安全事故隐患进行整改

33. 关于建筑施工单位安全生产许可证的说法，正确的是（　　）。

A. 企业在安全生产许可证有效期内未发生死亡事故的，安全生产许可证自动续期

B. 安全生产许可证的有效期为5年

C. 安全生产许可证有效期满前30天可以向原颁发管理机关办理延期手续

D. 安全生产许可证遗失补办，由申请人告知资质许可机关，由资质许可机关在官网发布信息

34. 根据《房屋市政工程生产安全重大事故隐患判定标准（2022版）》，下列重大事故隐患中，应当判定为施工安全管理重大事故隐患的是（　　）。

A. 对因基坑工程施工可能造成损害的毗邻重要建筑物、构筑物和地下管线等，未采取

专项防护措施

B. 模板支架拆除及滑模、爬模爬升时，混凝土强度未达到设计或规范要求

C. 建筑施工特种作业人员未取得特种作业人员操作资格证书上岗作业

D. 有限空间作业时现场未有专人负责监护工作

35. 甲公司是某项目的总承包单位，乙公司是该项目的建设单位指定的分包单位。在施工过程中，乙公司拒不服从甲公司的安全生产管理，最终造成安全生产事故，则（　　）。

A. 甲公司负主要责任 B. 乙公司负主要责任
C. 乙公司负全部责任 D. 监理公司负主要责任

36. 根据《安全生产法》，对于未如实记录安全生产教育和培训情况的生产经营单位可以（　　）。

A. 给予警告 B. 吊销营业执照
C. 责令限期改正 D. 降低资质等级

37. 根据《危险性较大的分部分项工程安全管理规定》，关于危大工程专项施工方案的说法，正确的是（　　）。

A. 危大工程实行施工总承包的，专项施工方案应当由施工总承包单位编制

B. 危大工程实行分包的，专项施工方案应当由相关专业分包单位组织编制

C. 分包单位组织编制的专项施工方案应当由分包单位负责人签字并加盖单位公章

D. 超过一定规模的危大工程，建设单位应当组织专家会议论证专项施工方案

38. 因设计优化使得施工总承包项目现场暂时停止施工的，增加的现场防护费用由（　　）承担。

A. 建设单位 B. 设计单位
C. 总承包单位 D. 分包单位

39. 根据《生产安全事故应急预案管理办法》，生产经营单位（　　）负责组织编制和实施本单位的应急预案，并对应急预案的真实性和实用性负责。

A. 项目经理 B. 主要负责人
C. 专职安全管理员 D. 分管负责人

40. 应急预案演练结束后，应急预案演练组织单位应当对应急预案演练效果进行评估，撰写（　　）。

A. 应急预案演练评估意见书 B. 应急预案演练评估分析报告
C. 应急预案演练评估报告 D. 应急预案演练评估结果报告

41. 负有安全生产监督管理职责的部门对生产经营单位作出处罚决定后（　　）个工作日内在监督管理部门公示系统予以公开曝光。

A. 3 B. 5
C. 7 D. 10

42. 建设行政主管部门安全生产监督机构应当按照有关规定，对项目安全生产标准化作出评定，并向施工单位发放（　　）。

A.《终止施工安全监督告知书》

B.《恢复施工安全监督告知书》
C.《项目安全生产标准化考评结果告知书》
D.《中止施工安全监督告知书》

43. 关于对工程建设各阶段执行强制性标准的情况实施监督机构的说法，正确的是（   ）。
    A. 工程建设全过程的执行情况由建设项目规划审查机构实施监督
    B. 工程建设前期咨询阶段的执行情况由工程质量监督机构实施监督
    C. 工程建设验收阶段的执行情况由建筑安全监督管理机构实施监督
    D. 工程建设勘察阶段的执行情况由施工图设计文件审查机构实施监督

44. 根据《无障碍环境建设法》，（   ）应当统筹协调和督促指导有关部门在各自职责范围内做好无障碍环境建设工作。
    A. 县级以上人民政府   B. 残疾人联合会
    C. 乡镇人民政府   D. 老龄协会

45. 根据《建设工程质量管理条例》，建设单位应当在施工前委托原设计单位或者具有相应资质等级的设计单位提出设计方案的是涉及（   ）的装修工程。
    A. 改变建筑局部使用功能   B. 增加内部装饰
    C. 增加投资额度   D. 建筑承重结构变动

46. 根据《建设工程质量管理条例》，施工人员对涉及结构安全的试块、试件以及有关材料，应当在（   ）监督下现场取样，并送具有相应资质等级的质量检测单位进行检测。
    A. 施工单位质量管理部门   B. 设计单位或监理单位
    C. 建设单位或监理单位   D. 工程质量监督机构

47. 下列试块、试件和材料中，必须实施见证取样和送检的是（   ）。
    A. 屋面、厕浴间使用的防水材料
    B. 非承重结构的钢筋及连接接头试件
    C. 用于防水层上保护层的商品混凝土
    D. 抹灰砂浆中使用的掺加剂

48. 关于建设工程竣工规划验收的说法，正确的是（   ）。
    A. 工程竣工后，建设单位应当依法向城乡建设行政主管部门提出竣工规划验收申请
    B. 对于验收合格的建设工程，城乡规划行政主管部门出具建设工程规划许可证
    C. 建设工程未经核实或者经核实不符合规划条件的，建设单位不得组织竣工验收
    D. 建设单位必须在竣工验收后 3 个月内向城乡规划行政主管部门报送有关竣工验收资料

49. 根据《城市建设档案管理规定》，建设单位应当在工程竣工验收后（   ）个月内，向城建档案馆报送一套符合规定的建设工程档案。
    A. 3   B. 1
    C. 6   D. 12

50. 根据《建设工程质量保证金管理办法》，关于缺陷责任期确定的说法，不正确是

（　　）。

    A. 缺陷责任期一般为1年，最长不超过2年

    B. 缺陷责任期的期限由法律直接规定

    C. 缺陷责任期从工程通过竣工验收之日起计

    D. 由于承包人原因导致工程无法按规定期限进行竣工验收的，缺陷责任期从实际通过竣工验收之日起计

51. 关于建设单位扬尘污染防治责任的说法，错误的是（　　）。

    A. 暂时不能开工的建设用地应当对裸露地面进行覆盖

    B. 应当将防治扬尘污染的费用在施工承包合同中明确由施工单位承担

    C. 超过3个月不能开工的建设用地，应当进行绿化、铺装或者遮盖

    D. 在施工承包合同中明确施工单位扬尘污染防治责任

52. 某施工单位在接受环境执法机构监督检查时弄虚作假，可以处（　　）罚款。

    A. 2万元以上30万元以下　　　　B. 5万元以上10万元以下

    C. 2万元以上20万元以下　　　　D. 20万元以上30万元以下

53. 历史文化名镇、名村批准公布后，（　　）应当组织编制历史文化名镇、名村保护规划。

    A. 所在地县级人民政府　　　　B. 所在地县级人民政府文物行政部门

    C. 历史文化名城人民政府　　　　D. 历史文化名城人民政府文物行政部门

54. 根据《文物保护法》，下列对违法行为处理方法中，正确的是（　　）。

    A. 擅自迁移、拆除不可移动文物的，处以罚款

    B. 刻划、涂污文物尚不严重的，由公安机关或文物所在单位给予警告，可以并处罚款

    C. 擅自在文物保护范围内建设工程的，吊销资质证书

    D. 刻划、涂污文物尚不严重的，由公安机关或文物所在单位处以罚款

55. 用人单位与劳动者建立劳动关系的时间是（　　）。

    A. 劳动合同订立之日　　　　B. 劳动合同备案之日

    C. 劳动合同经行政主管部门批准之日　　D. 用工之日

56. 关于劳动合同履行的说法，正确的是（　　）。

    A. 用人单位变更名称，原劳动合同可终止

    B. 用人单位发生合并或者分立，原劳动合同解除

    C. 用人单位变更投资人不影响劳动合同的履行

    D. 用人单位变更法定代表人，应当重新订立劳动合同

57. 根据《工程建设领域农民工工资保证金规定》，施工合同额低于（　　）万元的工程，且该工程的施工总承包单位在签订施工合同前一年内承建的工程未发生工资拖欠的，可免除该工程存储工资保证金。

    A. 200　　　　　　　　　　　　B. 300

    C. 400　　　　　　　　　　　　D. 500

58. 根据《劳务派遣暂行规定》，被派遣劳动者在用工单位因工作遭受事故伤害，关于

申请工伤认定的说法，正确的是（ ）。

A. 用工单位申请，劳务派遣单位协助

B. 被派遣劳动者申请，劳务派遣单位协助

C. 劳务派遣单位申请，用工单位协助

D. 被派遣劳动者申请，劳动行政部门协助

59. 根据《女职工劳动保护特别规定》，对怀孕（ ）个月以上的女职工，用人单位不得延长劳动时间或者安排夜班劳动，并应当在劳动时间内安排一定的休息时间。

A. 4 B. 5

C. 6 D. 7

60. 根据《工伤保险条例》，职工因工致残，应当保留劳动关系，退出工作岗位的伤残等级范围是（ ）伤残。

A. 九级至十级 B. 七级至八级

C. 五级至六级 D. 一级至四级

61. 职工认为是工伤，用人单位不认为是工伤的，由（ ）承担举证责任。

A. 职工 B. 鉴定机构

C. 劳动部门 D. 用人单位

62. 根据《劳动争议调解仲裁法》，劳动争议申请仲裁的时效期限为（ ），仲裁时效期间从当事人知道或者应当知道其权利被侵害之日起计算。

A. 2个月 B. 6个月

C. 1年 D. 2年

63. 某工程施工合同因被拖欠工程款发生纠纷，施工方诉至人民法院，后本案经调解达成协议，并制作了协调书。关于本案中调解的说法，正确的是（ ）。

A. 当事人一方不愿调解，人民法院应当暂缓判决

B. 人民法院审理民事案件，调解过程应公开

C. 制作调解书的日期为调解书生效日期

D. 调解书经双方当事人签收即发生法律效力

64. 下列有关仲裁的事项中，不属于《仲裁法》规定仲裁协议应当具有的内容是（ ）。

A. 仲裁事项 B. 选定的仲裁委员会

C. 请求仲裁的意思表示 D. 仲裁裁决的效力

65. 根据《仲裁法》，关于仲裁庭组成的说法，正确的是（ ）。

A. 当事人未在仲裁规则规定的期限内选定仲裁员的，由仲裁委员会主任指定

B. 独任仲裁庭，由3名仲裁员组成仲裁庭

C. 首席仲裁员必须由仲裁委员会主任指定

D. 当事人约定3名仲裁员组成仲裁庭的，必须各自选定1名仲裁员

66. 关于民事诉讼管辖权异议的说法，正确的是（ ）。

A. 人民法院受理案件后，当事人对管辖权有异议的，应当在法庭辩论终结前提出

B. 人民法院对当事人提出的异议，审查后认为异议成立的，裁定驳回起诉
C. 当事人未提出管辖权异议并应诉答辩的，视为受诉人民法院有管辖权
D. 对人民法院就级别管辖权异议作出的裁定，当事人不得提起上诉

67. 民事诉讼的证据不包括（　　）。

　　A. 书证　　　　　　　　　　　　B. 物证
　　C. 视听资料　　　　　　　　　　D. 科学试验

68. 法律、行政法规规定应当先向行政复议机关申请行政复议的，行政复议机关决定不予受理的，公民、法人或者其他组织可以自收到决定书之日起（　　）日内，依法向人民法院提起行政诉讼。

　　A. 10　　　　　　　　　　　　　B. 15
　　C. 20　　　　　　　　　　　　　D. 30

69. 关于人民法院管辖权的说法，正确的是（　　）。

A. 原告向两个以上有管辖权的人民法院起诉的，由最先受理的人民法院管辖
B. 有管辖权的人民法院由于特殊原因，不能行使管辖权的，移送上级人民法院直接管辖
C. 两个以上人民法院都有管辖权的诉讼，原告可以向其中一个人民法院起诉
D. 人民法院之间因管辖权发生争议，报请共同上级人民法院直接管辖

70. 发生法律效力的行政判决书、行政裁定书、行政赔偿判决书和行政调解书，由（　　）执行。

　　A. 第一审人民法院
　　B. 第二审人民法院
　　C. 申请人所在地的基层人民法院
　　D. 做出判决、裁定的上级人民法院

二、多项选择题（共30题，每题2分。每题的备选项中，有2个或2个以上符合题意，至少有1个错项。错选，本题不得分；少选，所选的每个选项得0.5分）

71. 建设单位对建设工程项目的权利来自物权中最基本的权利—所有权，所有权的权能包括（　　）。

　　A. 占用权　　　　　　　　　　　B. 使用权
　　C. 担保权　　　　　　　　　　　D. 收益权
　　E. 处分权

72. 关于留置权的说法，正确的有（　　）。

A. 留置权人负有妥善保管留置财产的义务
B. 留置权人因保管不善致使留置财产毁损、灭失的，应当承担赔偿责任
C. 留置权人无权收取留置财产的孳息
D. 留置财产折价或者拍卖、变卖后，其价款超过债权数额的部分归债务人所有
E. 债务人可以请求留置权人在债务履行期限届满后行使留置权

73. 增值税是以商品和劳务在流转过程中产生的增值额作为征税对象而征收的一种流转

税，其特点有（　　）。

A. 增值税是对销售收入全额征收

B. 增值税的征税范围具有普遍性

C. 增值税实行价外税制度

D. 增值税有利于税负转嫁

E. 增值税是以不含税的销售额为计税依据的

74. 下列处罚中，属于行政处罚的有（　　）。

A. 罚款 B. 罚金

C. 冻结财产 D. 没收违法所得

E. 开除

75. 属于非法人组织的有（　　）。

A. 会计师事务所 B. 个人独资企业

C. 有限合伙企业 D. 律师事务所

E. 普通合伙企业

76. 对于无权代理行为，"被代理人"可以根据无权代理的行为后果行使的权利有（　　）。

A. 催告权 B. 默认权

C. 拒绝权 D. 追认权

E. 撤销权

77. 一律不得设立行政许可的情形有（　　）。

A.《行政许可法》规定不得设立行政许可的事项

B. 国务院规定不得设立行政许可的事项

C. 市场机制能够解决

D. 事中事后监管能够解决

E. 省、自治区、直辖市人民政府规定不得设立行政许可的事项

78. 根据《国务院办公厅关于清理规范工程建设领域保证金的通知》（国办发〔2016〕49号），工程建设项目中可以设立的保证金有（　　）。

A. 投标保证金 B. 履约保证金

C. 工程质量保证金 D. 农民工工资保证金

E. 信用保证金

79. 2023年1月15日，某建设单位为其工程领取了施工许可证，因未能按期开工，建设单位于2023年3月10日、5月10日两次向发证机关报告了工程准备的进展情况，直到2023年7月1日开工建设。关于该工程施工许可证的说法，正确的有（　　）。

A. 该工程施工许可证自行废止

B. 应当在2023年4月15日前申请延期

C. 延期开工未超过6个月，施工许可证继续有效

D. 2023年7月1日开工之前，需要重新申领施工许可证

E. 不能按期开工，应当在 1 个月内报告

80. 根据《房屋建筑和市政基础设施项目工程总承包管理办法》，关于工程总承包的说法，正确的有（   ）。

A. 工程总承包单位可以同时是工程总承包项目的代建单位

B. 工程总承包单位应当同时具有与工程规模相适应的工程设计资质和施工资质，或者由具有相应资质的设计单位和施工单位组成联合体

C. 政府投资项目不得由工程总承包单位或者分包单位垫资建设

D. 工程总承包单位和分包单位就分包工程对建设单位承担连带责任

E. 工程总承包单位不得将工程直接发包给分包单位

81. 招标人采用资格预审办法对潜在投标人进行资格审查的，应当（   ）。

A. 发布资格预审公告　　　　　　B. 发布招标公告

C. 发布投标邀请书　　　　　　　D. 编制招标文件

E. 编制资格预审文件

82. 关于定金的说法，正确的有（   ）。

A. 当事人可以约定一方向对方给付定金作为债权的担保

B. 定金合同自实际交付定金时成立

C. 定金一旦给付，不得要求返还

D. 定金的数额超过主合同标的额 20% 的部分不产生定金的效力

E. 实际交付的定金数额多于或者少于约定数额的，视为变更约定的定金数额

83. 根据《民法典》，当事人可以解除合同的情形有（   ）。

A. 当事人一方迟延履行主要债务，经催告后在合理期限内仍未履行的

B. 在履行期限届满前，当事人一方明确表示或者以自己的行为表明不履行主要债务的

C. 因不可抗力致使不能实现合同目的

D. 债务人依法将标的物提存的

E. 当事人一方迟延履行债务或者有其他违约行为致使不能实现合同目的

84. 根据《建设工程安全生产管理条例》，施工起重机械和整体提升脚手架、模板等自升式架设设施安装、拆卸单位有（   ）行为，经有关部门或者单位职工提出后，对事故隐患仍不采取措施，因而发生重大伤亡事故或者造成其他严重后果，构成犯罪的，对直接责任人员，依照刑法有关规定追究刑事责任。

A. 未由专业技术人员现场监督的

B. 未出具自检合格证明或者出具虚假证明的

C. 使用未经安全性能检测或者经检测不合格的机械设备和施工机具及配件的

D. 未编制拆装方案、制定安全施工措施的

E. 未向施工单位进行安全使用说明，办理移交手续的

85. 关于工程监理单位安全责任的说法，正确的有（   ）。

A. 对安全事故隐患进行整改

B. 对安全技术措施或者专项施工方案进行审查

C. 依法对施工安全事故隐患进行处理

D. 依法办理临时中断道路交通批准手续

E. 承担建设工程安全生产的监理责任

86. 根据《建设工程安全生产管理条例》，施工单位的（　　）应当经建设行政主管部门或者其他有关部门考核合格后方可任职。

A. 项目技术人员　　　　　　　　B. 消防安全责任人

C. 主要负责人　　　　　　　　　D. 项目负责人

E. 专职安全生产管理人员

87. 根据国务院办公厅《消防安全责任制实施办法》，关于单位落实消防安全主体责任应履行的职责的说法，正确的有（　　）。

A. 生产经营单位安全费用应当保证大部分用于消防工作

B. 应当建立专职或志愿消防队、微型消防站

C. 建立与公安消防队联勤联动机制

D. 保障疏散通道、安全出口、消防车通道畅通

E. 对建筑消防设施每年至少进行一次全面检测

88. 根据《房屋市政工程生产安全事故报告和查处工作规程》，事故报告主要内容应当包括（　　）。

A. 事故的简要经过和初步原因

B. 事故的发生时间、地点和工程项目名称

C. 事故的应急救援的情况

D. 事故已经造成或者可能造成的伤亡人数（包括下落不明人数）

E. 事故工程项目的建设单位及项目负责人、施工单位及其法定代表人和项目经理、监理单位及其法定代表人和项目总监

89. 根据《建设抗震管理条例》，县级以上人民政府住房和城乡建设主管部门或者其他有关监督管理部门履行建设工程抗震监督管理职责时，有权采取的措施有（　　）。

A. 向施工单位和施工人员调查了解相关情况

B. 查封涉嫌违反抗震设防标准的施工现场

C. 对抗震结构材料、构件和隔震减震装置实施抽样检测

D. 对建设工程或者施工现场进行监督检查

E. 查阅、复制建设单位有关建设工程抗震的文件和资料

90. 根据《建设工程监理范围和规模标准规定》，必须实行监理的项目有（　　）。

A. 总投资为2800万元的卫生项目

B. 成片开发建设的4万 m² 的住宅小区工程

C. 使用外国政府援助资金，项目总投资为300万美元的水资源保护项目

D. 项目总投资额为4600万元的公路项目

E. 项目总投资额为1800万元的体育场馆项目

91. 根据《建设工程质量管理条例》，关于施工单位质量责任的说法，正确的有

（   ）。
   A. 未经教育培训或考试不合格人员，不得上岗作业
   B. 发现设计文件有差错应及时要求设计单位修改
   C. 按有关要求对建筑材料、构配件进行检验
   D. 涉及结构安全的试块直接取样送检
   E. 隐蔽工程在隐蔽前，应通知建设单位和质量监督机构

92. 根据《建设工程质量管理条例》，关于质量保修期限的说法，正确的有（   ）。
   A. 地基基础工程最低保修期限为设计文件规定的该工程合理使用年限
   B. 屋面防水工程最低保修期限为3年
   C. 给排水管道工程最低保修期限为2年
   D. 供热工程最低保修期限为2个采暖期
   E. 建设工程的保修期自交付使用之日起计算

93. 根据《历史文化名城名镇名村保护条例》，在历史文化名城、名镇、名村保护范围内禁止进行的活动有（   ）。
   A. 修建生产、储存腐蚀性物品的工厂
   B. 在历史建筑上涂污
   C. 开矿破坏历史风貌的活动
   D. 占用保护规划确定保留的道路
   E. 改变河湖水系自然状态的活动

94. 根据《劳动合同法》，劳动合同终止的情形有（   ）。
   A. 用人单位营业执照到期的
   B. 用人单位进入破产重整程序的
   C. 劳动者开始依法享受基本养老保险待遇的
   D. 劳动者死亡，或者被人民法院宣告死亡或者宣告失踪的
   E. 用人单位决定提前解散的

95. 根据《劳动合同法》，劳务派遣用工岗位具有（   ）。
   A. 替代性   B. 辅助性
   C. 临时性   D. 长期性
   E. 关键性

96. 用人单位应当为劳动者建立职业健康监护档案，并按照规定的期限妥善保存。职业健康监护档案应当包括（   ）。
   A. 劳动者个人家庭情况   B. 劳动者的职业史
   C. 职业病危害接触史   D. 职业健康检查结果
   E. 职业病诊疗资料

97. 根据《重大劳动保障违法行为社会公布办法》，下列可能构成重大劳动保障违法行为，应当向社会公布的有（   ）。
   A. 克扣劳动者劳动报酬，数额较大的

B. 拒不支付劳动报酬，依法移送司法机关追究刑事责任的
C. 违反工作时间和休息休假规定，情节严重的
D. 劳动者自行离职，未办理离职手续
E. 因劳动保障违法行为造成严重不良社会影响的

98. 根据《民事诉讼法》，对国内仲裁而言，人民法院不予执行仲裁裁决的情形包括（ ）。

A. 约定的仲裁协议无效
B. 仲裁事项不属于仲裁协议的范围
C. 裁决所依据的证据是伪造的
D. 原作出仲裁裁决的仲裁机构被撤销
E. 申请人执行人死亡

99. 下列民事案件执行过程中出现的情形中，人民法院应当裁定终结执行的有（ ）。

A. 据以执行的法律文书被撤销的
B. 案外人对执行标的提出确有理由异议的
C. 作为被执行人的公民死亡，无遗产可供执行，又无义务承担人的
D. 作为一方当事人的法人或者其他组织终止，尚未确定权利义务承受人的
E. 作为被执行人的公民因生活困难无力偿还借款，无收入来源，又丧失劳动能力的

100. 行政诉讼期间，不停止行政行为的执行，但有（ ）情形之一的，裁定停止执行。

A. 人民法院认为该行政行为的执行会给国家利益造成重大损害的
B. 原告或者利害关系人认为需要停止执行的
C. 原告申请停止执行，人民法院认为该行政行为的执行会造成难以弥补的损失，并且停止执行不损害国家利益、社会公共利益的
D. 被告申请停止执行的
E. 人民法院认为该行政行为的执行会给社会公共利益造成重大损害的

考前冲刺试卷（三）参考答案及解析

一、单项选择题

1. D；	2. D；	3. B；	4. D；	5. D；
6. C；	7. C；	8. A；	9. C；	10. A；
11. D；	12. A；	13. C；	14. B；	15. B；
16. D；	17. C；	18. B；	19. A；	20. D；
21. C；	22. B；	23. A；	24. C；	25. C；
26. B；	27. A；	28. C；	29. A；	30. A；
31. A；	32. D；	33. D；	34. C；	35. B；
36. C；	37. A；	38. A；	39. B；	40. C；
41. C；	42. C；	43. D；	44. A；	45. D；
46. C；	47. A；	48. C；	49. A；	50. C；
51. B；	52. C；	53. A；	54. B；	55. D；
56. C；	57. B；	58. C；	59. D；	60. D；
61. D；	62. C；	63. D；	64. D；	65. A；
66. C；	67. D；	68. B；	69. C；	70. A。

【解析】

1. D。本题考核的是法的形式。目前，省、自治区、直辖市和设区的市的人民政府都制定了大量地方政府规章，如《重庆市建设工程造价管理规定》《宁波市政府投资建设工程造价管理办法》等。

2. D。本题考核的是法的效力层级。A 选项的正确表述是：同一机关制定的新的一般规定与旧的特别规定不一致时，由制定机关裁决。地方性法规与部门规章之间对同一事项的规定不一致，不能确定如何适用时，由国务院提出意见，国务院认为应当适用地方性法规的，应当决定在该地方适用地方性法规的规定；认为应当适用部门规章的，应当提请全国人民代表大会常务委员会裁决，故 B 选项错误。部门规章与地方政府规章之间对同一事项的规定不一致时，由国务院裁决，故 C 选项错误。

3. B。本题考核的是建设用地使用权。设立建设用地使用权的，应当向登记机构申请建设用地使用权登记。建设用地使用权自登记时设立。登记机构应当向建设用地使用权人发放权属证书。建设用地使用权人应当合理利用土地，不得改变土地用途；需要改变土地用途的，应当依法经有关行政主管部门批准。建设用地使用权人应当依照法律规定以及合同约定支付出让金等费用。建设用地使用权人建造的建筑物、构筑物及其附属设施的所有权属于建设用地使用权人，但是有相反证据证明的除外。

4. D。本题考核的是不得抵押的财产。下列财产不得抵押：（1）土地所有权；（2）宅基地、自留地、自留山等集体所有土地的使用权，但是法律规定可以抵押的除外；（3）学校、幼儿园、医疗机构等为公益目的成立的非营利法人的教育设施、医疗卫生设施和其他公益设施；（4）所有权、使用权不明或者有争议的财产；（5）依法被查封、扣押、监管的财产；（6）法律、行政法规规定不得抵押的其他财产。

5. D。本题考核的是专利法保护的对象。专利法保护的对象就是专利权的客体，各国规定各不相同。我国《专利法》保护的是发明创造专利权，并规定发明创造是指发明、实用新型和外观设计。其中发明是指产品、方法或者其改进所提出的新的技术方案。

6. C。本题考核的是侵权行为的归责原则。公平责任原则，是指损害双方的当事人对损害结果的发生都没有过错，但如果受害人的损失得不到补偿又显失公平的情况下，由人民法院根据具体情况和公平的观念，要求当事人分担损害后果。

7. C。本题考核的是侵权责任的承担。建筑物、构筑物或者其他设施倒塌、塌陷造成他人损害的，由建设单位与施工单位承担连带责任，但是建设单位与施工单位能够证明不存在质量缺陷的除外。建设单位、施工单位赔偿后，有其他责任人的，有权向其他责任人追偿。因所有人、管理人、使用人或者第三人的原因，建筑物、构筑物或者其他设施倒塌、塌陷造成他人损害的，由所有人、管理人、使用人或者第三人承担侵权责任。

8. A。本题考核的是车辆购置税。《车辆购置税法》规定，在中华人民共和国境内购置汽车、有轨电车、汽车挂车、排气量超过150毫升的摩托车的单位和个人，为车辆购置税的纳税人，应当依照规定缴纳车辆购置税。购置，是指以购买、进口、自产、受赠、获奖或者其他方式取得并自用应税车辆的行为。

9. C。本题考核的是行政强制的种类。行政强制的种类包括行政强制措施的种类和行政强制执行的种类。行政强制措施的种类：（1）限制公民人身自由；（2）查封场所、设施或者财物；（3）扣押财物；（4）冻结存款、汇款；（5）其他行政强制措施。A、B、D选项属于行政强制执行的种类。

10. A。本题考核的是工程重大安全事故罪。工程重大安全事故罪，是指建设单位、设计单位、施工单位、工程监理单位违反国家规定，降低工程质量标准，造成重大安全事故的行为。

11. D。本题考核的是无权代理与表见代理的规定。相对人可以催告被代理人自收到通知之日起30日内予以追认，故A选项错误。未经被代理人追认的，对被代理人不发生效力，故B选项错误。相对人知道或者应当知道行为人无权代理的，相对人和行为人按照各自的过错承担责任，故C选项错误。

12. A。本题考核的是建筑业企业资质证书的使用与延续。为切实减轻企业负担，各有关部门和单位在对企业跨地区承揽业务监督管理、招标活动中，不得要求企业提供建筑业企业资质证书原件，企业资质情况可通过扫描建筑业企业资质证书复印件的二维码查询，故A选项正确、B选项错误。《建筑业企业资质管理规定》中规定，资质证书有效期为5年，故C选项错误。建筑业企业资质证书有效期届满，企业继续从事建筑施工活动的，应当于资质证书有效期届满3个月前，向原资质许可机关提出延续申请，故D选项错误。

17

13. C。本题考核的是建造师的基本权利。施工单位签署质量合格的文件上，必须有注册建造师的签字盖章。

14. B。本题考核的是工程安全不良行为认定标准。工程安全不良行为认定标准：（1）在本单位发生重大生产安全事故时，主要负责人不立即组织抢救或在事故调查处理期间擅离职守或逃匿的，主要负责人对生产安全事故隐瞒不报、谎报或拖延不报的；（2）对建筑安全事故隐患不采取措施予以消除的；（3）不设立安全生产管理机构、配备专职安全生产管理人员或分部分项工程施工时无专职安全生产管理人员现场监督的；（4）主要负责人、项目负责人、专职安全生产管理人员、作业人员或特种作业人员，未经安全教育培训或经考核不合格即从事相关工作的；（5）未在施工现场的危险部位设置明显的安全警示标志，或未按照国家有关规定在施工现场设置消防通道、消防水源、配备消防设置和灭火器材的；（6）未向作业人员提供安全防护用具和安全防护服装的；（7）未按照规定在施工起重机械和整体提升脚手架、模板等自升式架设设施验收合格后登记的；（8）使用国家明令淘汰、禁止使用的危及施工安全的工艺、设备、材料的；（9）违法挪用列入建设工程概算的安全生产作业环境及安全施工措施所需费用的；（10）施工前未对有关安全施工的技术要求作出详细说明的；（11）未根据不同施工阶段和周围环境及季节、气候的变化，在施工现场采取相应的安全施工措施，或在城市市区内的建设工程的施工现场未实行封闭围挡的；（12）在尚未竣工的建筑物内设置员工集体宿舍的；（13）施工现场临时搭建的建筑物不符合安全使用要求的；（14）未对因建设工程施工可能造成损害的毗邻建筑物、构筑物和地下管线等采取专项防护措施的；（15）安全防护用具、机械设备、施工机具及配件在进入施工现场前未经查验或查验不合格即投入使用的；（16）使用未经验收或验收不合格的施工起重机械和整体提升脚手架、模板等自升式架设设施的；（17）委托不具有相应资质的单位承担施工现场安装、拆卸施工起重机械和整体提升脚手架、模板等自升式架设设施的；（18）在施工组织设计中未编制安全技术措施、施工现场临时用电方案或专项施工方案的；（19）主要负责人、项目负责人未履行安全生产管理职责的，或不服管理、违反规章制度和操作规程冒险作业的；（20）施工单位取得资质证书后，降低安全生产条件的，或经整改仍未达到与其资质等级相适应的安全生产条件的；（21）取得安全生产许可证发生重大安全事故的；（22）未取得安全生产许可证擅自进行生产的；（23）安全生产许可证有效期满未办理延期手续，继续进行生产的，或逾期不办理延期手续，继续进行生产的；（24）转让安全生产许可证，接受转让的，冒用或使用伪造的安全生产许可证的。A选项属于承揽业务不良行为认定标准。C选项属于资质不良行为认定标准。D选项属于质量不良行为认定标准。

15. B。本题考核的是招标违法行为记录公告的相关规定。被公告的招标投标当事人认为公告记录与行政处理决定的相关内容不符的，可向公告部门提出书面更正申请，并提供相关证据。公告部门接到书面申请后，应在5个工作日内进行核对，故A选项错误。公告的记录与行政处理决定的相关内容不一致的，应当给予更正并告知申请人，故B选项正确。公告的记录与行政处理决定的相关内容一致的，应当告知申请人。公告部门在作出答复前不停止对违法行为记录的公告，故C、D选项错误。

16. D。本题考核的是建立投诉处理和失信惩戒制度。规定省级以上人民政府负责中小企业促进工作综合管理的部门应当建立便利畅通的渠道，受理拒绝或者迟延支付中小企业款项相关投诉，并及时作出相应处理；机关、事业单位和大型企业不履行及时支付中小企业款项义务，情节严重的，依法实施失信惩戒。

17. C。本题考核的是规划变更。建设单位应当按照规划条件进行建设；确需变更的，必须向城市、县人民政府城乡规划主管部门提出申请。变更内容不符合控制性详细规划的，城乡规划主管部门不得批准。城市、县人民政府城乡规划主管部门应当及时将依法变更后的规划条件通报同级土地主管部门并公示。建设单位应当及时将依法变更后的规划条件报有关人民政府土地主管部门备案。

18. B。本题考核的是核验施工许可证的规定。《建筑法》规定，在建的建筑工程因故中止施工的，建设单位应当自中止施工之日起1个月内，向发证机关报告。

19. A。本题考核的是工程总承包单位。工程总承包单位不得是工程总承包项目的代建单位、项目管理单位、监理单位、造价咨询单位、招标代理单位，故A选项正确。

建设单位依法采用招标或者直接发包等方式选择工程总承包单位，故B选项错误。

工程总承包单位应当同时具有与工程规模相适应的工程设计资质和施工资质，或者由具有相应资质的设计单位和施工单位组成联合体，故C、D选项错误。

20. D。本题考核的是分包工程发包人可以就分包合同的履行，要求分包工程承包人提供分包工程履约担保；分包工程承包人在提供担保后，要求分包工程发包人同时提供分包工程付款担保的，分包工程发包人应当提供，故A选项错误。中标人按照合同约定或者经招标人同意，可以将中标项目的部分非主体、非关键性工作分包给他人完成，故B选项错误。中标人和分包人应就分包项目向招标人承担连带责任，故C选项错误。

21. C。本题考核的是评标委员会的组成。依法必须进行招标的项目，其评标委员会由招标人的代表和有关技术、经济等方面的专家组成，成员为5人以上单数，其中技术、经济等方面的专家不得少于成员总数的2/3，评标委员会成员的名单在中标结果确定前应当保密。招标人可从招标代理机构的专家库内的相关专家名单中或从国务院有关部门或者省、自治区、直辖市人民政府有关部门提供的专家名册中随机抽取评标专家。

22. B。本题考核的是对招标文件有异议的做法。潜在投标人或者其他利害关系人对招标文件有异议的，应当在投标截止时间10日前提出。招标人应当自收到异议之日起3日内作出答复；作出答复前，应当暂停招标投标活动。

23. A。本题考核的是框架协议采购。最高限制单价是供应商第一阶段响应报价的最高限价。在开放式框架协议中，付费标准即为最高限制单价。确定最高限制单价时，有政府定价的，执行政府定价；没有政府定价的，应当通过需求调查，并根据需求标准科学确定。

24. C。本题考核的是新要约。如果承诺对要约内容进行实质性变更的，不构成承诺，而视为一项新要约或反要约。承诺须于承诺期限内作出，否则也应视为新的要约。

25. C。本题考核的是不安抗辩权。应当先履行债务的当事人，有确切证据证明对方有下列情形之一的，可以中止履行：（1）经营状况严重恶化；（2）转移财产、抽逃资金，以逃避债务；（3）丧失商业信誉；（4）有丧失或者可能丧失履行债务能力的其他情形。

26. B。本题考核的是无效合同法律后果。无效的或者被撤销的民事法律行为自始没有法律约束力，故 A 选项错误。民事法律行为无效、被撤销或者确定不发生效力后，行为人因该行为取得的财产，应当予以返还；不能返还或者没有必要返还的，应当折价补偿，故 C 选项错误。无效合同中双方都有过错的，应当各自承担相应的责任，故 D 选项错误。

27. A。本题考核的是工程质量标准的变化导致价格纠纷的处理。《最高人民法院关于审理建设工程施工合同纠纷案件适用法律问题的解释（一）》规定，当事人对建设工程的计价标准或者计价方法有约定的，按照约定结算工程价款。因设计变更导致建设工程的工程量或者质量标准发生变化，当事人对该部分工程价款不能协商一致的，可以参照签订建设工程施工合同时当地建设行政主管部门发布的计价方法或者计价标准结算工程价款。

28. C。本题考核的是债权转让。债权人转让债权无需得到债务人同意，但要通知债务人方能对债务人生效。未通知债务人的，该转让对债务人不发生效力。甲与丙之间的债权转让合同9月15日生效，故 A 选项错误。9月25日乙接到甲关于转让债权的通知，因此丙于9月25日可以向乙主张30万元债权，故 B 选项错误。甲将该债权转让给丙后，甲从该债权债务关系中分离，因此丙无权要求甲和乙承担连带责任，故 D 选项错误。

29. A。本题考核的是保证方式。保证的方式有两种，分为一般保证和连带责任保证。当事人在保证合同中对保证方式没有约定或者约定不明确的，按照一般保证承担保证责任。

30. A。本题考核的是承运人的义务。货物在运输过程中因不可抗力灭失，未收取运费的，承运人不得要求支付运费；已收取运费的，托运人可以请求返还。

31. A。本题考核的是建设单位的安全责任。建设单位应当向施工单位提供施工现场及毗邻区域内供水、排水、供电、供气、供热、通信、广播电视等地下管线资料，气象和水文观测资料，相邻建筑物和构筑物、地下工程的有关资料，并保证资料的真实、准确、完整。

32. D。本题考核的是工程监理单位的安全责任。工程监理单位的安全责任：（1）对建设工程安全生产的总体监督；（2）审查安全技术措施或专项施工方案；（3）依法处理施工安全事故隐患；（4）承担建设工程安全生产的监理责任。

33. D。本题考核的是施工单位安全生产许可证。企业在安全生产许可证有效期内，严格遵守有关安全生产的法律法规，未发生死亡事故的，安全生产许可证有效期届满时，经原安全生产许可证颁发管理机关同意，不再审查，安全生产许可证有效期延期3年，故 A 选项的表述过于片面了。安全生产许可证的有效期为3年，故 B 选项错误。安全生产许可证有效期满需要延期的，企业应当于期满前3个月向原安全生产许可证颁发管理机关办理延期手续，故 C 选项错误。

34. C。本题考核的是生产安全事故隐患排查治理制度。施工安全管理有下列情形之一的，应判定为重大事故隐患：（1）建筑施工单位未取得安全生产许可证擅自从事建筑施工活动；（2）施工单位的主要负责人、项目负责人、专职安全生产管理人员未取得安全生产考核合格证书从事相关工作；（3）建筑施工特种作业人员未取得特种作业人员操作资格证书上岗作业；（4）危险性较大的分部分项工程未编制、未审核专项施工方案，或未按规定组织专家对"超过一定规模的危险性较大的分部分项工程范围"的专项施工方案进行论证。

35. B。本题考核的是分包单位应当承担的法定安全生产责任。《建筑法》规定，分包单位向总承包单位负责，服从总承包单位对施工现场的安全生产管理。《建设工程安全生产管理条例》进一步规定，分包单位应当服从总承包单位的安全生产管理，分包单位不服从管理导致生产安全事故的，由分包单位承担主要责任。

36. C。本题考核的是施工单位违法行为应承担的法律责任。生产经营单位未如实记录安全生产教育和培训情况的，责令限期整改，可以处10万元以下的罚款；逾期未改正的，责令停产停业整顿，并处10万元以上20万元以下的罚款，对其直接负责的主管人员和其他直接责任人员处2万元以上5万元以下的罚款。

37. A。本题考核的是危大工程安全专项施工方案的编制。危大工程实行分包的，专项施工方案可以由相关专业分包单位组织编制，故B选项错误。危大工程实行分包并由分包单位编制专项施工方案的，专项施工方案应当由总承包单位技术负责人及分包单位技术负责人共同审核签字并加盖单位公章，故C选项错误。对于超过一定规模的危大工程，施工单位应当组织召开专家论证会对专项施工方案进行论证，故D选项错误。

38. A。本题考核的是施工现场安全防护。《建设工程安全生产管理条例》规定，施工单位应当根据不同施工阶段和周围环境及季节、气候的变化，在施工现场采取相应的安全施工措施。施工现场暂时停止施工的，施工单位应当做好现场防护，所需费用由责任方承担，或者按照合同约定执行。本题因设计优化造成停工，建设单位应该承担费用。

39. B。本题考核的是施工生产安全事故应急救援预案编制主体。生产经营单位主要负责人负责组织编制和实施本单位的应急预案，并对应急预案的真实性和实用性负责；各分管负责人应当按照职责分工落实应急预案规定的职责。

40. C。本题考核的是生产安全事故应急救援预案演练。应急预案演练结束后，应急预案演练组织单位应当对应急预案演练效果进行评估，撰写应急预案演练评估报告，分析存在的问题，并对应急预案提出修订意见。

41. C。本题考核的是安全生产相关信息系统。负有安全生产监督管理职责的部门应当加强对生产经营单位行政处罚信息的及时归集、共享、应用和公开，对生产经营单位作出处罚决定后7个工作日内在监督管理部门公示系统予以公开曝光，强化对违法失信生产经营单位及其有关从业人员的社会监督，提高全社会安全生产诚信水平。

42. C。本题考核的是终止施工安全监督。建设行政主管部门安全生产监督机构应当按照有关规定，对项目安全生产标准化作出评定，并向施工单位发放《项目安全生产标准化考评结果告知书》。

43. D。本题考核的是工程建设强制性标准的实施管理。建设项目规划审查机构应当对工程建设规划阶段执行强制性标准的情况实施监督；施工图设计文件审查单位应当对工程建设勘察、设计阶段执行强制性标准的情况实施监督；建筑安全监督管理机构应当对工程建设施工阶段执行施工安全强制性标准的情况实施监督；工程质量监督机构应当对工程建设施工、监理、验收等阶段执行强制性标准的情况实施监督。

44. A。本题考核的是无障碍环境建设监督管理。《无障碍环境建设法》规定，县级以上人民政府应当统筹协调和督促指导有关部门在各自职责范围内做好无障碍环境建设工作。

45. D。本题考核的是装修工程和拆除工程的规定。《建设工程质量管理条例》规定，涉及建筑主体和承重结构变动的装修工程，建设单位应当在施工前委托原设计单位或者具有相应资质等级的设计单位提出设计方案；没有设计方案的，不得施工。房屋建筑使用者在装修过程中，不得擅自变动房屋建筑主体和承重结构。

46. C。本题考核的是施工单位的质量责任和义务。《建设工程质量条例》规定，施工人员对涉及结构安全的试块、试件以及有关材料，应当在建设单位或者工程监理单位监督下现场取样，并送具有相应资质等级的质量检测单位进行检测。

47. A。本题考核的是施工检测的见证取样和送检制度。下列试块、试件和材料必须实施见证取样和送检：(1) 用于承重结构的混凝土试块；(2) 用于承重墙体的砌筑砂浆试块；(3) 用于承重结构的钢筋及连接接头试件；(4) 用于承重墙的砖和混凝土小型砌块；(5) 用于拌制混凝土和砌筑砂浆的水泥；(6) 用于承重结构的混凝土中使用的掺加剂；(7) 地下、屋面、厕浴间使用的防水材料；(8) 国家规定必须实行见证取样和送检的其他试块、试件和材料。

48. C。本题考核的是建设工程竣工规划验收。A选项中的"城乡建设行政主管部门"说法有误，应该是"城乡规划行政主管部门"。对于验收合格的，由城乡规划行政主管部门出具规划认可文件或核发建设工程竣工规划验收合格证，故B选项错误。建设单位应当在竣工验收后6个月内向城乡规划主管部门报送有关竣工验收资料，故D选项错误。

49. A。本题考核的是提交档案资料的时限。根据《城市建设档案管理规定》，建设单位应当在工程竣工验收后3个月内，向城建档案馆报送一套符合规定的建设工程档案。

50. B。本题考核的是缺陷责任期。缺陷责任期的期限由发承包双方在合同中约定，故B选项错误。

51. B。本题考核的是施工扬尘污染防治。建设单位应当将防治扬尘污染的费用列入工程造价，并在施工承包合同中明确施工单位扬尘污染防治责任。暂时不能开工的建设用地，建设单位应当对裸露地面进行覆盖；超过3个月的，应当进行绿化、铺装或者遮盖。

52. C。本题考核的是拒绝监督检查或者在接受监督检查时弄虚作假的法律责任。违反《大气污染防治法》规定，以拒绝进入现场等方式拒不接受生态环境主管部门及其环境执法机构或者其他负有大气环境保护监督管理职责的部门的监督检查，或者在接受监督检查时弄虚作假的，由县级以上人民政府生态环境主管部门或者其他负有大气环境保护监督管理职责的部门责令改正，处2万元以上20万元以下的罚款；构成违反治安管理行为的，由公安机关依法予以处罚。

53. A。本题考核的是在历史文化名镇、名村保护范围内进行工程建设的要求。历史文化名镇、名村批准公布后，所在地县级人民政府应当组织编制历史文化名镇、名村保护规划。

54. B。本题考核的是在文物保护单位的保护范围和建设控制地带内进行建设工程违法行为应承担的法律责任。《文物保护法》规定，有下列行为之一，尚不构成犯罪的，由县级以上人民政府文物主管部门责令改正，造成严重后果的，处5万元以上50万元以下的罚款；情节严重的，由原发证机关吊销资质证书：擅自迁移、拆除不可移动文物的；擅自在文物保护单位的保护范围内进行建设工程或者爆破、钻探、挖掘等作业的，故A、C选项错误。刻划、涂污或者损坏文物尚不严重的，或者损毁依法设立的文物保护单位标志的，由公安机关或者文物所在单位给予警告，可以并处罚款，故 B 选项正确、D 选项错误。

55. D。本题考核的是订立劳动合同应当注意的事项。用人单位自用工之日起即与劳动者建立劳动关系。

56. C。本题考核的是劳动合同的履行。用人单位变更名称、法定代表人、主要负责人或者投资人等事项，不影响劳动合同的履行。用人单位发生合并或者分立等情况，原劳动合同继续有效，劳动合同由承继其权利和义务的用人单位继续履行。

57. B。本题考核的是农民工工资保证金制度。根据《工程建设领域农民工工资保证金规定》，施工合同额低于 300 万元的工程，且该工程的施工总承包单位在签订施工合同前一年内承建的工程未发生工资拖欠的，各地区可结合行业保障农民工工资支付实际，免除该工程存储工资保证金。

58. C。本题考核的是被派遣劳动者的工伤认定。根据《劳务派遣暂行规定》，用工单位应当按照《劳动合同法》第 62 条规定，向被派遣劳动者提供与工作岗位相关的福利待遇，不得歧视被派遣劳动者。被派遣劳动者在用工单位因工作遭受事故伤害的，劳务派遣单位应当依法申请工伤认定，用工单位应当协助工伤认定的调查核实工作。

59. D。本题考核的是女职工劳动保护。根据《女职工劳动保护特别规定》，女职工在孕期不能适应原劳动的，用人单位应当根据医疗机构的证明，予以减轻劳动量或者安排其他能够适应的劳动。

对怀孕 7 个月以上的女职工，用人单位不得延长劳动时间或者安排夜班劳动，并应当在劳动时间内安排一定的休息时间。

怀孕女职工在劳动时间内进行产前检查，所需时间计入劳动时间。

60. D。本题考核的是工伤致残待遇。劳动者因工致残被鉴定为 1 级至 4 级伤残的，即丧失劳动能力的，保留劳动关系，退出工作岗位，用人单位不得终止劳动合同。

61. D。本题考核的是工伤认定。职工或者其近亲属认为是工伤，用人单位不认为是工伤的，由用人单位承担举证责任。

62. C。本题考核的是劳动争议申请仲裁的时间。根据《劳动争议调解仲裁法》规定，劳动争议申请仲裁的时效期间为 1 年。仲裁时效期间从当事人知道或者应当知道其权利被侵害之日起计算。

63. D。本题考核的是法院调解。当事人一方或者双方坚持不愿调解、调解未达成协议或者调解书送达前一方反悔的，人民法院应当及时判决，故 A 选项错误。人民法院审理民事案件，除当事人同意公开的外，调解过程不公开，故 B 选项错误。调解书经双方当事人签收后，即具有法律效力，最后收到调解书的当事人签收的日期为调解书生效日期，故 C 选项错误、D 选项正确。

64. D。本题考核的是仲裁协议的内容。合法有效的仲裁协议应当具有下列法定内容：（1）请求仲裁的意思表示；（2）仲裁事项；（3）选定的仲裁委员会。

65. A。本题考核的是仲裁庭的组成。当事人没有在仲裁规则规定的期限内约定仲裁庭的组成方式或者选定仲裁员的，由仲裁委员会主任指定，故 A 选项正确。独任仲裁庭，是指由 1 名仲裁员组成的仲裁庭，故 B 选项错误。当事人约定由 3 名仲裁员组成仲裁庭的，应当各自选定或者各自委托仲裁委员会主任指定 1 名仲裁员，第 3 名仲裁员由当事人共同选定或者共同委托仲裁委员会主任指定。第 3 名仲裁员是首席仲裁员，故 C、D 选项错误。

66. C。本题考核的是民事诉讼管辖权的异议。根据《民事诉讼法》，人民法院受理案件后，当事人对管辖权有异议的，应当在提交答辩状期间提出，故 A 选项错误。人民法院对当事人提出的异议，应当审查。异议成立的，裁定将案件移送有管辖权的人民法院；异议不成立的，裁定驳回。注意是驳回异议，不是驳回起诉，故 B 选项错误。当事人未提出管辖异议，并应诉答辩或者提出反诉的，视为受诉人民法院有管辖权，但违反级别管辖和专属管辖规定的除外，故 C 选项正确。当事人不服地方人民法院管辖异议裁定的，有权在裁定书送达之日起 10 日内向上一级人民法院提起上诉，故 D 选项错误。

67. D。本题考核的是证据的种类。《民事诉讼法》规定，证据包括：（1）当事人的陈述；（2）书证；（3）物证；（4）视听资料；（5）电子数据；（6）证人证言；（7）鉴定意见；（8）勘验笔录。

68. B。本题考核的是行政复议的受理。法律、行政法规规定应当先向行政复议机关申请行政复议、对行政复议决定不服再向人民法院提起行政诉讼的，行政复议机关决定不予受理、驳回申请或者受理后超过行政复议期限不作答复的，公民、法人或者其他组织可以自收到决定书之日起或者行政复议期限届满之日起 15 日内，依法向人民法院提起行政诉讼。

69. C。本题考核的是人民法院的管辖权。两个以上人民法院都有管辖权的案件，原告可以选择其中一个人民法院提起诉讼，故 C 选项正确。原告向两个以上有管辖权的人民法院提起诉讼的，由最先立案的人民法院管辖，故 A 选项错误。有管辖权的人民法院由于特殊原因，不能行使管辖权的，由上级人民法院指定管辖。人民法院之间因管辖权发生争议，由争议双方协商解决；协商解决不了的，报请其共同上级人民法院指定管辖，故 B、D 选项错误。

70. A。本题考核的是行政诉讼的执行。发生法律效力的行政判决书、行政裁定书、行政赔偿判决书和行政调解书，由第一审人民法院执行。第一审人民法院认为情况特殊，需要由第二审人民法院执行的，可以报请第二审人民法院执行；第二审人民法院可以决定由其执行，也可以决定由第一审人民法院执行。

二、多项选择题

71. A、B、D、E；	72. A、B、D、E；	73. B、C、D、E；
74. A、D；	75. B、C、E；	76. C、D；
77. A、B、C、D；	78. A、B、C、D；	79. A、B、D；
80. B、C、D；	81. A、E；	82. A、B、D、E；
83. A、B、C、E；	84. B、D；	85. B、C、E；
86. C、D、E；	87. C、D、E；	88. A、B、D、E；
89. A、C、D、E；	90. C、D、E；	91. A、C、E；

92. A、C、D；　　　　　　93. A、B、C、D；　　　　　　94. C、D、E；
95. A、B、C；　　　　　　96. B、C、D、E；　　　　　　97. A、B、C、E；
98. A、B、C；　　　　　　99. A、C、E；　　　　　　　　100. A、C、E。

【解析】

71. A、B、D、E。本题考核的是所有权的定义。财产所有权的权能，是指所有权人对其所有的财产依法享有的权利，包括占有权、使用权、收益权、处分权。

72. A、B、D、E。本题考核的是留置权。留置权人负有妥善保管留置财产的义务，故A选项正确。因保管不善致使留置财产毁损、灭失的，应当承担赔偿责任，故B选项正确。留置权人有权收取留置财产的孳息，故C选项错误。留置财产折价或者拍卖、变卖后，其价款超过债权数额的部分归债务人所有，不足部分由债务人清偿，故D选项正确。债务人可以请求留置权人在债务履行期限届满后行使留置权，故E选项正确。

73. B、C、D、E。本题考核的是增值税的特点。增值税具有以下特点：（1）增值税只对商品在生产流通过程中的价值增值额征收，不会重复计税，这是增值税最本质的特征，也是增值税区别于其他间接税的显著特点。（2）实行价外税制度。增值税是以不含税的销售额为计税依据的，增值税专用发票的开具都会分别注明商品的价格和增值税税额部分。在计税时，作为计税依据的销售额中不包含增值税税额，这样有利于形成均衡的生产价格，并有利于税负转嫁。（3）从增值税的征税范围看，对从事应税交易的所有单位和个人，在货物、服务、无形资产、不动产和金融商品增值的各个生产流通环节向纳税人普遍征收，具有普遍性。

74. A、D。本题考核的是行政处罚的种类。行政处罚的种类：（1）警告、通报批评；（2）罚款、没收违法所得、没收非法财物；（3）暂扣许可证件、降低资质等级、吊销许可证件；（4）限制开展生产经营活动、责令停产停业、责令关闭、限制从业；（5）行政拘留；（6）法律、行政法规规定的其他行政处罚。

75. B、C、E。本题考核的是非法人组织。非法人组织是不具有法人资格，但是能够依法以自己的名义从事民事活动的组织。非法人组织包括个人独资企业、合伙企业、不具有法人资格的专业服务机构等。合伙企业是指自然人、法人和其他组织依照《合伙企业法》在中国境内设立的普通合伙企业和有限合伙企业。不具有法人资格的专业服务机构主要指未取得法人资格的律师事务所、会计师事务所等专业服务机构。

76. C、D。本题考核的是无权代理。《民法典》规定，行为人没有代理权、超越代理权或者代理权终止后，仍然实施代理行为，未经被代理人追认的，对被代理人不发生效力。相对人可以催告被代理人自收到通知之日起30日内予以追认。被代理人未作表示的，视为拒绝追认。行为人实施的行为被追认前，善意相对人有撤销的权利。撤销应当以通知的方式作出。

77. A、B、C、D。本题考核的是营商环境优化。新设行政许可应当按照《行政许可法》和国务院的规定严格设定标准，并进行合法性、必要性和合理性审查论证。对通过事中事后监管或者市场机制能够解决以及《行政许可法》和国务院规定不得设立行政许可的事项，一律不得设立行政许可，严禁以备案、登记、注册、目录、规划、年检、年报、监制、认定、认证、审定以及其他任何形式变相设定或者实施行政许可。

78. A、B、C、D。本题考核的是建设工程领域保证金。《国务院办公厅关于清理规范工程建设领域保证金的通知》（国办发〔2016〕49号）规定，对建筑业企业在工程建设中需缴纳的保证金，除依法依规设立的投标保证金、履约保证金、工程质量保证金、农民工工资保证金外，其他保证金一律取消。

79. A、B、D。本题考核的是施工许可证的延期、核验与重新办理。《建筑法》规定，建设单位应当自领取施工许可证之日起3个月内开工。因故不能按期开工的，应当向发证机关申请延期；延期以两次为限，每次不超过3个月。既不开工又不申请延期或者超过延期时限的，施工许可证自行废止。因故不能按期开工超过6个月的，应当重新办理开工报告的批准手续。

80. B、C、D。本题考核的是工程总承包的规定。工程总承包单位不得是工程总承包项目的代建单位、项目管理单位、监理单位、造价咨询单位、招标代理单位，故A选项错误。工程总承包单位应当同时具有与工程规模相适应的工程设计资质和施工资质，或者由具有相应资质的设计单位和施工单位组成联合体，故B选项正确。政府投资项目所需资金应当按照国家有关规定确保落实到位，不得由施工单位垫资建设，故C选项正确。对于分包工程的责任承担，由总承包单位和分包单位向建设单位承担连带责任，故D选项正确。工程总承包单位可以采用直接发包的方式进行分包，故E选项错误。

81. A、E。本题考核的是对资格预审文件、招标文件的要求。招标人采用资格预审办法对潜在投标人进行资格审查的，应当发布资格预审公告、编制资格预审文件。

82. A、B、D、E。本题考核的是定金。《民法典》规定，当事人可以约定一方向对方给付定金作为债权的担保，故A选项正确。

定金合同自实际交付定金时成立。定金合同从实际交付定金之日起生效，故B选项正确。

债务人履行债务的，定金应当抵作价款或者收回。给付定金的一方不履行债务或者履行债务不符合约定，致使不能实现合同目的的，无权请求返还定金；收受定金的一方不履行债务或者履行债务不符合约定，致使不能实现合同目的的，应当双倍返还定金，故选项错误。

定金的数额由当事人约定，但不得超过主合同标的额的20%，超过部分不产生定金的效力，故D选项正确。

实际交付的定金数额多于或者少于约定数额的，视为变更约定的定金数额，故E选项正确。

83. A、B、C、E。本题考核的是合同的解除。《民法典》第563条规定了法定解除。有下列情形之一的，当事人可以解除合同：（1）因不可抗力致使不能实现合同目的；（2）在履行期限届满前，当事人一方明确表示或者以自己的行为表明不履行主要债务；（3）当事人一方迟延履行主要债务，经催告后在合理期限内仍未履行；（4）当事人一方迟延履行债务或者有其他违约行为致使不能实现合同目的；（5）法律规定的其他情形。以持续履行的债务为内容的不定期合同,当事人可以随时解除合同,但是应当在合理期限之前通知对方。A、B、C、E选项属于可以解除合同的情形。D选项属于合同终止的情形。

84. B、D。本题考核的是出租单位违法行为应承担的法律责任。施工起重机械和整体提升脚手架、模板等自升式架设设施安装、拆卸单位有下列行为之一的,责令限期改正,处5万元以上10万元以下的罚款;情节严重的,责令停业整顿,降低资质等级,直至吊销资质证书;造成损失的,依法承担赔偿责任:(1)未编制拆装方案、制定安全施工措施的;(2)未由专业技术人员现场监督的;(3)未出具自检合格证明或者出具虚假证明的;(4)未向施工单位进行安全使用说明,办理移交手续的。

施工起重机械和整体提升脚手架、模板等自升式架设设施安装、拆卸单位有以上规定的第(1)项、第(3)项行为,经有关部门或者单位职工提出后,对事故隐患仍不采取措施,因而发生重大伤亡事故或者造成其他严重后果,构成犯罪的,对直接责任人员,依照刑法有关规定追究刑事责任。

85. B、C、E。本题考核的是工程监理单位的安全责任。工程监理单位的安全责任:(1)对建设工程安全生产的总体监督;(2)审查安全技术措施或专项施工方案;(3)依法处理施工安全事故隐患;(4)承担建设工程安全生产的监理责任。对安全事故隐患进行整改是施工单位的安全责任。依法办理临时中断道路交通批准手续是建设单位的安全责任。

86. C、D、E。本题考核的是施工单位管理人员的考核。《建设工程安全生产管理条例》规定,施工单位的主要负责人、项目负责人、专职安全生产管理人员应当经建设行政主管部门或者其他有关部门考核合格后方可任职。

87. C、D、E。本题考核的是落实消防安全职责的具体要求。国务院办公厅《消防安全责任制实施办法》(国办发〔2017〕87号)规定,单位应当落实消防安全主体责任,履行下列职责:(1)明确各级、各岗位消防安全责任人及其职责,制定本单位的消防安全制度、消防安全操作规程、灭火和应急疏散预案。定期组织开展灭火和应急疏散演练,进行消防工作检查考核,保证各项规章制度落实。(2)保证防火检查巡查、消防设施器材维护保养、建筑消防设施检测、火灾隐患整改、专职或志愿消防队和微型消防站建设等消防工作所需资金的投入。生产经营单位安全费用应当保证适当比例用于消防工作。(3)按照相关标准配备消防设施、器材,设置消防安全标志,定期检验维修,对建筑消防设施每年至少进行一次全面检测,确保完好有效。设有消防控制室的,实行24小时值班制度,每班不少于2人,并持证上岗。(4)保障疏散通道、安全出口、消防车通道畅通,保证防火防烟分区、防火间距符合消防技术标准。人员密集场所的门窗不得设置影响逃生和灭火救援的障碍物。保证建筑构件、建筑材料和室内装修装饰材料等符合消防技术标准。(5)定期开展防火检查、巡查,及时消除火灾隐患。(6)根据需要建立专职或志愿消防队、微型消防站,加强队伍建设,定期组织训练演练,加强消防装备配备和灭火药剂储备,建立与公安消防队联勤联动机制,提高扑救初起火灾能力。(7)消防法律、法规、规章以及政策文件规定的其他职责。

88. A、B、D、E。本题考核的是事故报告内容。《房屋市政工程生产安全事故报告和查处工作规程》规定,事故报告主要应当包括以下内容:(1)事故的发生时间、地点和工程项目名称；（2）事故已经造成或者可能造成的伤亡人数（包括下落不明人数）；（3）事故工程项目的建设单位及项目负责人、施工单位及其法定代表人和项目经理、监理单位及其法定代表人和项目总监；（4）事故的简要经过和初步原因；（5）其他应当报告的情况。

89. A、C、D、E。本题考核的是政府主管部门建设工程抗震监督管理。《建设抗震管理条例》规定，县级以上人民政府住房和城乡建设主管部门或者其他有关监督管理部门履行建设工程抗震监督管理职责时，有权采取以下措施：（1）对建设工程或者施工现场进行监督检查；（2）向有关单位和人员调查了解相关情况；（3）查阅、复制被检查单位有关建设工程抗震的文件和资料；（4）对抗震结构材料、构件和隔震减震装置实施抽样检测；（5）查封涉嫌违反抗震设防强制性标准的施工现场；（6）发现可能影响抗震质量的问题时，责令相关单位进行必要的检测、鉴定。

90. C、D、E。本题考核的是必须实行监理的建设工程。下列建设工程必须实行监理：（1）国家重点建设工程；（2）大中型公用事业工程；（3）成片开发建设的住宅小区工程；（4）利用外国政府或者国际组织贷款、援助资金的工程；（5）国家规定必须实行监理的其他工程。

《建设工程监理范围和规模标准规定》进一步规定，国家重点建设工程，是指依据《国家重点建设项目管理办法》所确定的对国民经济和社会发展有重大影响的骨干项目。

大中型公用事业工程，是指项目总投资额在3000万元以上的下列工程项目：（1）供水、供电、供气、供热等市政工程项目；（2）科技、教育、文化等项目；（3）体育、旅游、商业等项目；（4）卫生、社会福利等项目；（5）其他公用事业项目。

成片开发建设的住宅小区工程，建筑面积在5万 m^2 以上的住宅建设工程必须实行监理；5万 m^2 以下的住宅建设工程，可以实行监理，具体范围和规模标准，由省、自治区、直辖市人民政府建设行政主管部门规定。

利用外国政府或者国际组织贷款、援助资金的工程范围包括：（1）使用世界银行、亚洲开发银行等国际组织贷款资金的项目；（2）使用国外政府及其机构贷款资金的项目；（3）使用国际组织或者国外政府援助资金的项目。

国家规定必须实行监理的其他工程包括以下两类。（1）项目总投资额在3000万元以上关系社会公共利益、公众安全的下列基础设施项目：①煤炭、石油、化工、天然气、电力、新能源等项目。②铁路、公路、管道、水运、民航以及其他交通运输业等项目。③邮政、电信枢纽、通信、信息网络等项目。④防洪、灌溉、排涝、发电、引（供）水、滩涂治理、水资源保护、水土保持等水利建设项目。⑤道路、桥梁、地铁和轻轨交通、污水排放及处理、垃圾处理、地下管道、公共停车场等城市基础设施项目。⑥生态环境保护项目。⑦其他基础设施项目。（2）学校、影剧院、体育场馆项目。

91. A、C、E。本题考核的是施工单位的质量责任。施工单位在施工过程中发现设计文件和图纸有差错的，应当及时提出意见和建议，故B选项错误。施工人员对涉及结构安全的试块、试件以及有关材料，应当在建设单位或者工程监理单位监督下现场取样，并送具有相应资质等级的质量检测单位进行检测，故D选项错误。

92. A、C、D。本题考核的是建设工程最低保修期限。在正常使用条件下，建设工程最低保修期限为：（1）基础设施工程、房屋建筑的地基基础工程和主体结构工程，为设计文件规定的该工程合理使用年限。（2）屋面防水工程、有防水要求的卫生间、房间和外墙面的防渗漏，为5年。故B选项错误。（3）供热与供冷系统，为2个采暖期、供冷期。（4）电气管道、给排水管道、设备安装和装修工程，为2年。建设工程的保修期，自竣工验收合格之日起计算。故E选项错误。

93. A、B、C、D。本题考核的是在历史文化名城名镇名村保护范围内进行工程建设的要求。根据《历史文化名城名镇名村保护条例》，在历史文化名城、名镇、名村保护范围内禁止进行下列活动：（1）开山、采石、开矿等破坏传统格局和历史风貌的活动；（2）占用保护规划确定保留的园林绿地、河湖水系、道路等；（3）修建生产、储存爆炸性、易燃性、放射性、毒害性、腐蚀性物品的工厂、仓库等；（4）在历史建筑上刻划、涂污。

94. C、D、E。本题考核的是劳动合同的终止情形。《劳动合同法》规定，有下列情形之一的，劳动合同终止：（1）劳动合同期满的；（2）劳动者开始依法享受基本养老保险待遇的；（3）劳动者死亡，或者被人民法院宣告死亡或者宣告失踪的；（4）用人单位被依法宣告破产的；（5）用人单位被吊销营业执照、责令关闭、撤销或者用人单位决定提前解散的；（6）法律、行政法规规定的其他情形。

95. A、B、C。本题考核的是劳务派遣用工岗位的特点。从性质上看，劳务派遣只能作为特殊的用工形式存在，属于补充形式，不能代替传统的劳动关系和用工方式。所以，只能在临时性、辅助性或者替代性的工作岗位上实施。

96. B、C、D、E。本题考核的是职业健康监护档案的内容。用人单位应当为劳动者建立职业健康监护档案，并按照规定的期限妥善保存。职业健康监护档案应当包括劳动者的职业史、职业病危害接触史、职业健康检查结果和职业病诊疗等有关个人健康资料。

97. A、B、C、E。本题考核的是实施重大劳动保障违法行为社会公布办法。《重大劳动保障违法行为社会公布办法》规定，人力资源社会保障行政部门对下列已经依法查处并作出处理决定的重大劳动保障违法行为，应当向社会公布：（1）克扣、无故拖欠劳动者劳动报酬，数额较大的；拒不支付劳动报酬，依法移送司法机关追究刑事责任的；（2）不依法参加社会保险或者不依法缴纳社会保险费，情节严重的；（3）违反工作时间和休息休假规定，情节严重的；（4）违反女职工和未成年工特殊劳动保护规定，情节严重的；（5）违反禁止使用童工规定的；（6）因劳动保障违法行为造成严重不良社会影响的；（7）其他重大劳动保障违法行为。

98. A、B、C。本题考核的是不予执行仲裁裁决的情形。《民事诉讼法》规定，被申请人提出证据证明仲裁裁决有下列情形之一的，经人民法院组成合议庭审查核实，裁定不予执行：（1）当事人在合同中没有订有仲裁条款或者事后没有达成书面仲裁协议的；（2）裁决的事项不属于仲裁协议的范围或者仲裁机构无权仲裁的；（3）仲裁庭的组成或者仲裁的程序违反法定程序的；（4）裁决所根据的证据是伪造的；（5）对方当事人向仲裁机构隐瞒了足以影响公正裁决的证据的；（6）仲裁员在仲裁该案时有贪污受贿，徇私舞弊，枉法裁决行为的。

99. A、C、E。本题考核的是执行终结。执行终结，是指执行过程中发生法定情形，导致执行程序已无必要或者无可能性，故而结束执行的制度。有下列情形之一的，人民法院裁定终结执行：（1）申请人撤销申请的；（2）据以执行的法律文书被撤销的；（3）作为被执行人的公民死亡，无遗产可供执行，又无义务承担人的；（4）追索赡养费、扶养费、抚养费案件的权利人死亡的；（5）作为被执行人的公民因生活困难无力偿还借款，无收入来源，又丧失劳动能力的；（6）人民法院认为应当终结执行的其他情形。

100. A、C、E。本题考核的是行政诉讼的审理和判决。诉讼期间，不停止行政行为的执行。但有下列情形之一的，裁定停止执行：（1）被告认为需要停止执行的；（2）原告或者利害关系人申请停止执行，人民法院认为该行政行为的执行会造成难以弥补的损失，并且停止执行不损害国家利益、社会公共利益的；（3）人民法院认为该行政行为的执行会给国家利益、社会公共利益造成重大损害的；（4）法律、法规规定停止执行的。当事人对停止执行或者不停止执行的裁定不服的，可以申请复议一次。